HERIBERT PRANTL

DIE KRAFT DER HOFFNUNG

Denkanstöße in schwierigen Zeiten

Projektmanagement: Sabine Sternagel
Gestaltung: Sibylle Schug
Herstellung: Thekla Licht, Hermann Weixler
Druck- und Bindearbeiten: CPI – Ebner & Spiegel, Ulm
Printed in Germany
ISBN: 978-3-86497-423-6

HERIBERT PRANTL

DIE KRAFT DER HOFFNUNG

Denkanstöße in schwierigen Zeiten

Süddeutsche Zeitung Edition

INHALT

Es gibt Hoffnungen, die erscheinen verrückt; aber sie sind es nicht. Diese verrückten Hoffnungen sind nämlich oft gerade diejenigen Hoffnungen, die helfen, nicht verrückt zu werden.

Die Kraft der Hoffnung

Ihr Wert misst sich nicht daran, wie realistisch sie ist.

D ie größte Hoffnung findet man nicht selten bei denen, die keinen Grund haben zu hoffen. Eine evangelische Pfarrerin, die Sterbende begleitet, erzählt, dass sie Schwerstkranke erlebt hat, die bis zum Schluss hofften. Sie hofften, bis sie starben. Im Lauf der Krankheit änderte sich ihre Hoffnung: Anfangs hofften sie auf Heilung, später auf eine gute Begegnung, auf einen Besuch, auf einen schönen Tag; und dann auf ein seliges Ende. Haben sie sich etwas vorgemacht? Nein, sie machten sich nichts vor, sie hofften. Das sind zweierlei Dinge.

Hoffnungslosigkeit als Attitüde

Auffällig oft reden diejenigen die Hoffnung schlecht, denen es persönlich gar nicht schlecht geht. Die vermeintlich hoffnungslosen Fälle können es sich nicht erlauben auf Hoffnung zu verzichten. Hoffnungslosigkeit ist eine Attitüde, die man sich nicht leisten kann, wenn es wirklich schlecht steht. Es gibt eine Schwarzseherei, die jede Zuversicht lächerlich macht und die sich fast genüsslich darin ergeht, die Schlechtigkeit der Welt auszumalen: Engagement lohnt sich, heißt es da, am Ende nicht, alles wird immer schlechter, und Kritik sowieso nicht gehört. Man kann die Geschichte der Misserfolge fast einer jeden guten Sache erzählen. Man kann das Lied der schlechten Erfahrung singen. Man kann die eigene Zukunftslosigkeit so finster beschreiben, dass die Zukunft vor einem wegläuft. Man kann die Leiden der Zeit in allen Facetten beschreiben und die Indizien des drohenden Untergangs ausmalen. »Greueln« nannte Sebastian Haffner solches Schwelgen in den Furchtbarkeiten der Zeit; er beschrieb es als einen masochistischen und moralischen Selbstmord. Das Greueln fällt in den Zeiten, in denen die Welt an den Trumps und den Erdoğans krankt, nicht besonders schwer; wir leben in einer Zeit, in der an die Stelle des Glaubens an den Fortschritt der Aufklärung das Gefühl fortschreitender existentieller Unsicherheit tritt.

Optimismus als Willen zur Zukunft

Aber selbst wenn es keinen Anlass zum Hoffen gibt, gibt es doch einen Grund dazu: Da, wo man jede Hoffnung fahren lässt, wird die Welt zur Hölle. »Lasst, die ihr eingeht, alle Hoffnung fahren« , steht, so schreibt Dante, in dunkler Farbe auf der Pforte zur Hölle. Hoffnung lässt die Welt nicht zum Teufel gehen. Das ist kein Plädoyer dafür, das Schlechte schön zu reden, und auch nicht dafür, große Probleme zu bagatellisieren. Die Kraft der Hoffnung steckt nicht im billigen, nicht im blinden Optimismus. Der Theologe und Widerstandskämpfer Dietrich Bonhoeffer unterschied zwischen zwei Arten von Optimismus:»Optimismus ist in seinem Wesen keine Ansicht über die gegenwärtige Situation, sondern er ist eine Lebenskraft, eine Kraft der Hoffnung, wo andere resignieren, eine Kraft, den Kopf hochzuhalten, wenn alles fehlzuschlagen scheint, eine Kraft, Rückschläge zu ertragen, eine Kraft, die die Zukunft niemals dem Gegner läßt, sondern sie für sich in Anspruch nimmt. Es gibt gewiß auch einen dummen, feigen Optimismus, der verpönt werden muß. Aber den Optimismus als Willen zur Zukunft soll niemand verächtlich machen, auch wenn er hundertmal irrt.« Die Kraft der Hoffnung verweigert dem Unglück und dem Unheil den totalen Zugriff. Man darf die Sprache der Rettung und des Glaubens nicht verlernen, auch wenn man sie manchmal nur noch unter Seufzen und Stöhnen aussprechen kann.

Die Hoffnung macht den Menschen größer

Wie geht so ein Hoffen? Muss man sich selber einen Vor-Schuss an Optimismus spritzen, bevor man anfängt, etwas zu tun – muss man sich selbst die Gewissheit injizieren, dass es etwas bringen wird? So ist es nicht. Hoffnung fängt schlicht mit dem eigenen Tun an. Vaclav Havel, als Dissident immer wieder inhaftiert und später erster Staatspräsident der Tschechischen Republik, hat es so formuliert:»Je ungünstiger die Situation ist, in der wir unsere Hoffnung bewähren, desto tiefer ist diese Hoffnung. Hoffnung ist eben nicht Optimismus. Es ist nicht die Überzeugung, dass etwas gut ausgeht. Sondern Hoffnung ist die Gewissheit, dass etwas Sinn hat, ohne Rücksicht darauf, wie es ausgeht.« Hoffnung beginnt damit, dass man sich ans Werk macht, einfach weil es wahr ist, einfach weil es ein Muss ist, dem man nicht widerstehen kann, auch wenn man auf verlorenem Posten steht. Der Hoffende gleicht dem Professor MacHugh aus James Joyce' Ulysses. »Wir sind immer der verlorenen Sache treu gewesen, sagte der Professor. Erfolg bedeutet für uns den Tod von Intellekt und Phantasie.«

Solche phantastische Hoffnung kann die Kraft geben, über den eigenen Schatten zu springen. Glaube kann Berge versetzen. Aber wenn es nicht gut ausgeht? Wenn es kein Happy End gibt? War dann die Hoffnung umsonst? Das Leben ist kein Hollywoodfilm. Es gibt das Scheitern der besten Sache; und es gibt den unaufhaltsamen Fortgang einer Krankheit aller Hoffnung zum Trotz. Dennoch: Soll ein Höllenbewohner von Guantanamo aufhören zu hoffen, irgendwann frei zu kommen? Soll ein Bewohner der elenden Flüchtlingslager aufhören zu hoffen, irgendwann ein Zuhause zu finden? Sollte der Schwerkranke aufhören zu hoffen, Heilung zu erlangen? War die Hoffnung dann dummes Zeug, wenn er nicht frei kommt, wenn er kein Zuhause findet, seinen Lebtag keinen Frieden sieht, am Ende doch stirbt? Kaum eine Hoffnung ist je umsonst.

Ein Hoffen, das nicht die Augen verschließt vor der Wirklichkeit wie sie ist, hat Wert und Würde jenseits des Erfolgs. Manche meinen, ein Scheitern strafe den Hoffenden Lügen. Wer so urteilt, betrachtet die Dinge vom Ende, vom vermeintlichen Erfolg oder Misserfolg. Man sollte die Dinge aber von der Mitte des Tuns aus betrachten. Inmitten der Arbeit, inmitten des Entschlusses, inmitten der Krankheit und des Leidens macht die Hoffnung den Menschen größer als die Angst. Wenn ein Mensch sich das Leben nimmt, dann liegt es meistens nicht daran, dass die Dinge sind, wie sie sind. Es liegt daran, dass ihm jede Hoffnung fehlt – selbst die Hoffnung wieder hoffen zu können. Der Suizid ist der Notausgang aus der vollkommenen Hoffnungslosigkeit.

Der Schmerz des Nochnicht

Hoffnung hilft, die Dinge nicht nur zu ertragen, sondern zu tragen, auch die eigentlich unerträglichen. Und wenn man nicht mehr hoffen kann? Was ist, wenn der Hoffnung der Atem ausgeht? Hoffnung ist zwar etwas Tätiges, aber sie ist keine Sportart, die man trainieren kann. Dann ist man darauf angewiesen, dass Andere für einen hoffen. Und man kann sich anstecken lassen von der Hoffnung Anderer.

Die Schwester der Hoffnung ist die Geduld. Geduld ist nichts Passives. Man darf sie nicht verwechseln mit einem »Gib dich zufrieden und sei still«. Geduld ist weit entfernt davon alles zu dulden. Sie ist weit entfernt von einer Apathie, die alles hinnimmt und sich in alles schickt. Die Geduld gibt die Erwartung nicht auf. Sie ist kein Aufgeben, sondern ein Festhalten. Der Geduldige hält die Erwartungen fest und die Hoffnung hoch. Er ist nicht wunschlos glücklich. Er lässt sich seine Wünsche nicht abschminken, sie sind ihm weiter ins Gesicht geschrieben. Darum wohnt in der Geduld immer die Spannung, manchmal auch der Schmerz des Nochnicht.

Es ist bitter, wenn das Wort Zukunft vom Frohwort zum Drohwort wird. Das darf nicht passieren. Die bedrohlichen politischen Irrlehren der Gegenwart, der populistische Extremismus und der neue aggressive Nationalismus, sind keine Naturgewalten, sie sind nicht zwangsläufig, sie kommen nicht einfach unausweichlich auf uns zu und über uns. Es gibt keine Zukunft, von der man sagen könnte, dass es sie einfach gibt, dass sie einfach auf uns zu und über uns kommt. Zukunft ist nichts Feststehendes, nichts Festgefügtes, Zukunft kommt nicht einfach – es gibt nur eine Zukunft, die sich jeden gegenwärtigen Augenblick formt: je nach dem, welchen Weg ein Mensch, welchen eine Gesellschaft wählt, welche Entscheidungen die Menschen treffen, welche Richtung die Gesellschaft einschlägt. Daran sollte man denken, wenn die nächste düstere Prognosen einem den Mut rauben will. Die Zukunft ist nicht geformt, sie wird geformt. Die Frage ist nicht, welche Zukunft man hat oder erduldet, die Frage ist, welche Zukunft man haben will und wie man darauf hinlebt und hinarbeitet.

Nelson Mandela und Semiya Şimşek

Der Wert der Hoffnung misst sich nicht daran, wie realistisch sie ist, und auch nicht daran, ob sie am Ende von Erfolg gekrönt ist. Nelson Mandela hielt die Hoffnung auf ein anderes Südafrika durch, obwohl wenig dafür sprach in all den Jahren, die er im Gefängnis saß, in denen er alt und älter wurde. Nelson Mandela hat Recht behalten mit seiner Hoffnung. Was wäre, wenn er nicht Recht behalten hätte? Wäre er zuschanden geworden an seiner Hoffnung? Hätte er sich am Ende seines Lebens für sie schämen müssen, weil sie eine Illusion war? Semiya Şimşek, die Tochter des Blumenhändlers, den die rechtsextreme NSU-Terrorbande erschossen hat, sagte in einem Interview, sie habe sich all die Jahre gewünscht, »einfach den Tätern gegenüber sitzen und in die Augen blicken zu können«. Das schien eine verrückte Hoffnung; aber sie war nicht verrückt, sie hat ihr vielmehr geholfen nicht verrückt zu werden.

Heribert Prantl, im September 2017

WELCHE ZUKUNFT HAT DIE ZUKUNFT?

Beten Sie? Mit kaum einer anderen Frage kann man Menschen so irritieren. Erstaunlich viele Menschen bekennen sich zum Gebet – und schämen sich dafür. Zu Unrecht, denn das Zwiegespräch mit Gott hilft selbst dann, wenn man nicht an ihn glaubt.

Da hilft nur beten

**Ein Gebet gibt der Not eine Sprache,
es vermeidet die Sprachlosigkeit. Beten heißt,
eine Sprache und eine Geste zu finden
für Glück, Unglück und Wünsche.**

Manchmal scheint es keinen Ausweg mehr zu geben, manchmal gibt es wirklich keinen mehr. Manchmal scheint alles verloren zu sein, manchmal ist wirklich alles verloren. Manchmal gibt es nichts mehr, was Rettung bringt oder wenigstens Zuversicht: keinen Aufschub, keinen Ausweg, keine Flucht und keine Fristung; es gibt nur das echt oder vermeintlich Unabänderliche: kein Ostern, nirgendwo; keine Auferstehung, kein Halleluja.

Manchmal schlägt diese Erkenntnis ein wie ein Blitz; manchmal schleicht sie sich an wie ein Dieb. Manchmal quält die Schärfe dieser Erkenntnis nur einen einzelnen Menschen, kaum ein anderer kann dessen Ausweglosigkeit nachempfinden. Manchmal ist es kein Einzelner, sondern eine große Gefahrengemeinschaft, die ihr Verlorensein spürt.

Kindisch, kindlich, ehrlich

Krankheiten und Katastrophen können eingebildet sein oder furchtbar real; und je nachdem kann der Spruch »Da hilft nur beten« eine kleine, gar spöttische Ermunterung sein, die ein ironisch trainiertes Bewusstsein kitzelt – oder aber ein

19

schicksalsschwerer und verzweiflungsnaher Satz, der ein Wunder beschwört. »Not lehrt beten«, heißt ein Spruch, in dem sich Geschichte und Welterfahrung spiegeln.

Beten Sie? Mit kaum einer anderen Frage kann man Menschen so irritieren. Die Frage ist peinlich, die Antwort ist peinlich; es offenbart sich in dieser sprachlosen Peinlichkeit so etwas wie eine transzendentale Obdachlosigkeit. Beten gilt als kindlich und kindisch – weil das Gebet meist die erste frühe Begegnung mit dem Glauben war. Und doch sind die frommen Verse, die einem die Oma als Abendgebet gelehrt hat, auf zarte Weise vertraut geblieben. Oft ist Beten daher auch das Letzte, was Menschen in ihrem Leben tun. Alpha und Omega.

Willst du hören von Liebe und Tod

Beten Sie? Die Frage gilt als Zumutung, die gestammelte Antwort ist meist auch eine – weil der Beter weiß, dass Beten ohne einen Rest von kindlichem Urvertrauen nicht funktioniert. Beten ist reden mit Gott, mit einem Wesen also, das nicht antwortet. Das ist naiv, das ist seltsam, das ist suspekt, das gilt als ein Überbleibsel der alten und unaufgeklärten Zeiten in einer säkularisierten Welt. Ist das wirklich so? Ist Beten praktizierte Unvernunft?

»Willst du hören von Liebe und Tod« – so beginnt der mittelalterliche Roman von Tristan und Isolde. Liebe und Tod: In diesen Worten spiegeln sich das Menschenleben, seine Wunder, seine Not, sein Glück und Schmerz. Die Gebete der Menschen kreisen seit jeher darum: Liebe, Tod, Erbarmen. Beten hat mit Grenzerfahrungen zu tun. Viele Menschen beten – trotzdem sind sie nicht immer gläubig. Für manche ist der Akt eine Art Therapie. Sie schöpfen Kraft aus dem Gebet. Wie weit hat sich das Ritual von seinen Ursprüngen entfernt? Beten, sagen die Religionswissenschaftler, sei schlechthin selbstverständlich. Ist das noch so in Westeuropa? In allen heiligen Büchern sämtlicher Religionen ist das Beten einfach da und immer da gewesen. Beten war und ist also ein Menschheitsbrauch. Geht er zu Ende, oder verändert er sich? Ist das Kreuz, das der Fußballer vor dem Elfmeter schlägt, ein letzter Rest des Brauchtums – und das Händefalten in einer Notlage auch?

Das Gebet ist lebendiger als die Kirchen, die es lehren

In Umfragen bekennen sich erstaunlich viele Menschen zum Beten. Sie tun das oft schamhaft und ungelenk. Aber ist das nicht besser als die Schamlosigkeit, mit der US-Präsident Bush jr. sich vor dem Irak-Angriff öffentlich im Gebet gezeigt hat?

Das Gebet ist lebendiger als die Kirchen, die es lehren. Es ist deswegen lebendiger, weil man weder die kirchlichen Lehren noch ihre Hierarchie dazu unbedingt braucht; andererseits hängen die Rituale auch daran, dass die Institutionen, die diese Rituale tradieren, weiter existieren.

Das Beten gibt der Not eine Sprache, es vermeidet die Sprachlosigkeit in existenzieller Lage. Beten heißt: eine Sprache und eine Geste finden für Glück, Unglück und Wünsche. Da gibt es nichts, was man nicht sagen dürfte – bis dahin, dass der Beter seinen Gott schüttelt und anklagt: »Warum hast du mich verlassen?« »Warum?«, klagt der Beter. »Wie lange?«, fragt er. Man erlegt sich keine Zensur auf im Gebet. Ist das Glaube? Das ist nicht wichtig. Man kann auch ungläubig beten.

Wichtig ist: Wer Fragen stellt, resigniert nicht. Wer fragt, klagt, bittet, wer aufbegehrt – der hat schon angefangen, etwas zu unternehmen gegen das, was ihm und den anderen angetan wird. Wer es nicht mit dem religiösen Wort »Gebet« benennen will, nenne es therapeutisches Selbstgespräch. Und wenn das, was man Gebet nennt, dabei hilft, der absoluten Sinnlosigkeit standzuhalten, wenn der Tod so nicht das allerletzte Wort hat – dann ist das überhaupt nichts Frömmlerisches, dann hat das Gebet etwas Österliches: Es hilft beim Wieder-Aufstehen.

21

Was kann ein Gebet denn schon ändern, fragt man sich. Christen glauben an die Macht des Gebetes, daran, dass es sehr viel ändern kann. Sie bestürmen ihren Gott daher mit kleinen und großen Bitten. Es gibt »Weltgebetstage« für bestimmte Anliegen. Und die Wallfahrtsorte hängen voll mit Danksagungen für erfahrene Hilfe. Das alles muss man nicht glauben; und als Nichtchrist mag man das belächeln. Gott, wenn es ihn gibt, ist kein Icon, das man anklickt, um das Programm zu öffnen, das man haben will.

Das Gebet verändert – den Betenden

Wenn ein christlicher Schriftsteller wie der zu Unrecht vergessene Reinhold Schneider 1936 in seinem berühmten Sonett wider die Nazis schreibt »Allein den Betern kann es noch gelingen / Das Schwert ob unseren Häuptern aufzuhalten« – dann denkt man sich, dass ein klarer Widerstand der Kirchen erfolgreicher gewesen wäre als die Beterei. Aber das ist überheblich, weil Beten tatsächlich etwas verändert. Es verändert den Betenden. Dem evangelischen Pfarrer Dietrich Bonhoeffer, der kurz vor Kriegsende 1945 hingerichtet wurde, war klar, dass man Hitler nicht wegbeten konnte. Aber aus dem Gebet schöpfte er Kraft zum Widerstand. Es ist die Macht des Gebetes, dass es etwas mit dem Menschen macht, der betet.

Beten kann heilen und wieder mit dem Lebenswillen verbinden. Teresa von Avila, die vor rund 500 Jahren geborene Mystikerin, vergleicht die Wirkung des Gebets für die Seele mit dem Regen, der einen Garten bewässert. Das Klage- und Bittgespräch macht ruhiger, geordneter, gewisser. Es macht auch mutiger. Manchmal so, dass man die Welt tatsächlich ein wenig zum Guten verändern kann.

Erschienen in der Süddeutschen Zeitung vom
4.,5. und 6. April 2015, Ostern

Wer nicht viel weiß, erlässt Dogmen.
Wer mehr weiß, fragt. Wer viel weiß, betet.

Das Vertrauen in die Utopie

Wie und warum man glauben kann. Und warum glauben nicht vom Denken entbindet.

Vielleicht tut man sich leichter mit dem Glauben, wenn man in Regensburg, wenn man im bayerischen Rom aufgewachsen ist. Die Stadt hat einen römischen Zauber, nicht nur für den, der dort, wie ich, groß geworden ist – und nicht nur wegen der unglaublichen Kirchen- und Klosterdichte dort. Die Stadt war der Hauptort von Kaisern und Königen, Sitz des immerwährenden Reichstags, Zentrum des Alten Reiches, Mittelpunkt des Heiligen Römischen Reiches deutscher Nation; und wenn man auf der Steinernen Brücke steht und in Richtung Dom schaut, dann spürt man das, irgendwie.

Die kleinere Schwester von Rom

Die Stadt war schon Hauptstadt, als Hamburg und Berlin noch nicht einmal Städte waren. Sie ist nicht kleindeutsch; nur kleingeistig, manchmal. Regensburg ist die kleinere Schwester von Rom, sie ist Vorläuferin von Brüssel als europäische Hauptstadt.

Regensburg ist theologisch die Stadt der katholischen Dogmatik. Die katholischen Bischöfe dort waren und sind Dogma-

25

tiker. Das Wort Dogma löst nicht unbedingt gute Assoziationen aus. Knopf eins, natürlich: Inquisition, Scheiterhaufen, Rechthaberei. Enge und Denkverbote – das war und das ist die Verirrung des Dogmas. Aber: Dogmatik ist keine Basta-Wissenschaft; sie wird nur zu oft so gehandhabt. Mit Dogma kann man, idealiter, Aufrichtigkeit, gedankliche Klarheit, Glaube und Verstehen verbinden; und die Reflexion der Widersprüche. Dafür ist die Dogmatik eigentlich da.

Den einen wärmt der Mantel, dem anderen wird er zu eng

Eine Klosterschwester, sie hatte wohl keine besonders guten Erfahrungen mit dem Dogma, hat mir einmal gesagt: Wer nicht viel weiß, erlässt Dogmen; wer mehr weiß, fragt; wer viel weiß, betet.

Glaube lernt man nicht, indem man Dogmen und den Katechismus auswendig lernt, sondern wie eine Sprache, in der man aufwächst. Der Glaube wird einem von den Eltern wie ein Mantel um die Schultern gelegt. Die einen wärmt der Mantel, den anderen wird er zu schwer und zu eng. Wenn er einem zu eng wird, kann man ihn wegwerfen; man kann ihn auch in Ehren halten. So mag ich es halten. Und ich mag am Sonntag mit meiner alten Mutter die alten Kirchenlieder singen.

Jungfrauengeburt – das ist ein emanzipatorischer Begriff

Wenn man glaubt, muss man dann alles glauben, was im Glaubensbekenntnis steht, inklusive Hölle und Jungfrauengeburt? Welche Frage. Glauben entbindet nicht vom Denken. Wer meint, die Hölle sei ein Ort, zu dem man gelangen kann, wenn man den Spaten in die Hand nimmt und tief genug gräbt, hat nichts kapiert. Fragen Sie einen Bootsflüchtling, der im lumpigen Schlauchboot über das Mittelmeer nach Europa geflohen ist, fragen Sie ihn, wo die Hölle ist; er wird um die Antwort nicht verlegen sein. Und: Wer meint, die Jungfrauengeburt sei eine Unterabteilung der Sexualkunde und in Marias Vagina zu veri- oder falsifizieren, der ist borniert oder aufklärungsverblödet. Jungfrauengeburt – das ist ein emanzipatorischer Begriff in der Bibel. Er besagt, dass etwas Neues zur Welt kommt, das nicht patriarchaler Macht entspringt.

Die Sprache des Credo ist eine mythische, keine historische oder biologische. Glauben hat nichts zu tun mit unkritischem Fürwahrhalten, es ist ein Vertrauen in eine Utopie.

Der Text basiert auf einem Interview in Die Zeit / Christ und Welt vom 21. Januar 2013

Es gibt den Ring der Unversöhnlichkeit: Er macht aus dem Nächsten den Anderen; aus dem Nachbarn den Gegner, aus dem Flüchtling den Feind. Ein Engel ist jeder, der die Kraft hat, aus diesem Ring der Unversöhnlichkeit zu springen.

Die verletzlichen Boten der Menschlichkeit

**Engel sind keine himmlische Eingreiftruppe.
Sie sind die Chiffre für den Wunsch, behütet zu sein.**

An Weihnachten, dem Fest also, an dem die Engel in den Tannenzweigen landen und vor und über den Krippen die frohe Botschaft verkünden, könnte man es sich zur Übung machen, den »Engel des Jahres« zu wählen und sich dabei von Bildern inspirieren zu lassen – von Raffael, Rembrandt, Chagall oder Anselm Kiefer. Das wäre eine multikulturelle Übung, denn Engel sind keine christliche und jüdische Spezialität; sie finden sich auch auf Bildern, auf denen man Mohammed in den Himmel reiten sieht.

Auf den Flügeln Spuren von Blut

Vor der Abstimmung über den Engel des Jahres sollte man die Ereignisse des zu Ende gegangenen Jahres rekapitulieren. Wer den Terror und die Grausamkeiten des IS vor Augen hat, das Elend der Flüchtlinge und den Absturz des Germanwings-Flugzeugs in den Meeralpen – der wird für ein Bild des finnischen Malers Hugo Simberg votieren. Es heißt »Der verwundete Engel«, hängt im Ateneum in Helsinki: Man sieht einen jugendlichen Engel, von zwei Jungen auf einer Bahre getragen; er hat eine Binde über den Augen, auf den Flügeln finden sich Spuren von Blut. Es ist ein Gegenbild zu den rauschhaft gloriosen Bildern von der Herrlichkeit des Himmels. Es ist ein trauriges Bild, ein Bild vom Versagen eines Schutzengels. »Fürchtet euch nicht!«, sagt der Weihnachtsengel im Evangelium. Beim Bild des Malers Simberg fürchtet man auch um den Engel.

Man hat sich oft gefürchtet im vergangenen Jahr. Ist Angst aber nicht eine gesunde Regung? Angst erschüttert, sie zwingt Fragen auf: Was ist so kostbar, dass man Angst hat, es zu verlieren? Angst ist eine Unterbrechung, die wichtig ist – auf dass man dann die richtige Entscheidung trifft. Diese Angst ist eine andere als die neuen deutschen Ängste, die gern zu »diffusen Ängsten« kumulieren; diese Pegida-Ängste erweisen sich bei näherer Betrachtung nur als rassistische Ressentiments. Sie sind die Schafspelze, die sich der Hass umhängt, um Wolfsgedanken zu verbreiten. Engel erregen Furcht, keine diffusen Ängste. Sie fordern auf, Furcht zur Besinnung zu nutzen und so zu überwinden.

Throne und Herrschaften

Wer den Kosmos der Engel studiert, so wie ihn Glaube, Wunsch und Vorstellung geschaffen haben, der findet vornehmlich sehr mächtige Exemplare. Die alten Theologen haben den himmlischen Luftraum in neun Chöre gegliedert: die Seraphim und Cherubim, die Throne und Herrschaften, die Mächte und Gewalten, die Fürstentümer, Erzengel und normalen Engel. Sie begleiten und geleiten, schützen, trösten und kämpfen; sie blasen Posaunen, führen Schwerter, besiegen Teufel. Wenn man von den Engeln nichts anderes sieht als einen Kopf und zwei Flügel, heißen sie Putten und zieren als Stimmungsträger die Barockkirchen und Weihnachtskarten.

Die mittelalterlichen Scholastiker sind auf der Spur der Engel zur Hochform aufgelaufen. Die berühmteste scholastische

Frage war die, wie viele Engel Platz haben auf der Spitze einer Nadel; daran exemplifizierte sich der Streit über die Körperlichkeit der Engel. Der Kirchenhistoriker Karl August von Hase hat die Engel deshalb zu »metaphysischen Fledermäusen« erklärt. Scholastik und Spott haben aber nichts daran geändert, dass heute mehr Menschen an Engel glauben als an Gott.

Pfeile des Tages, Seuchen des Mittags, Grauen der Nacht

Weil die Engel Flügel haben, sind sie aus den heiligen Schriften heraus und hinein in den Alltag geflogen; dort kleben sie bisweilen am Zuckerguss fest. Engel haben ihren Platz im Alltag unabhängig vom Gottglauben gefunden: Es gibt rettende und heilende Engel, Friedensengel, die Schutz- und Todesengel. Viele Menschen glauben an Signale der Transzendenz, daran, dass menschliches Bewusstsein in Verbindung treten kann mit einer Wirklichkeit, die jenseits der Alltagswirklichkeit existiert. Der Engel ist eine Chiffre dafür, er ist der Name für den Wunsch, behütet zu sein. Kein anderer Taufspruch ist daher so beliebt wie der aus Psalm 91: »Der Herr hat seinen Engeln befohlen, dass sie dich behüten auf allen deinen Wegen.« Das ist tröstlich; wenn man aber den ganzen Psalm liest, schüttelt es einen; da geht es um die Albträume des Lebens, da ist die Rede von den Pfeilen des Tages, den Seuchen des Mittags, dem Grauen der Nacht.

Erst Krippe, dann Kreuz

Die Engel als himmlische Eingreiftruppe? Das Neue Testament lehrt es anders: erst Krippe, dann Kreuz! Die Lebenserfahrung lehrt es auch anders: Wo waren die Engel, die die Flüchtlinge behüteten auf all ihren Wegen übers Mittelmeer? Wo waren sie beim Germanwings-Flug 4U9525? Aber schon die biblischen Engel verweigern sich ja, genau besehen, der

Leibwächterrolle, die ihnen Mythos und Volksfrömmigkeit verpasst haben.

Mahner und Systemkritiker

Die Menschen spüren, dass die Lebensrisiken größer werden und wollen sie abwenden. Statt gegen die Ursachen zu rebellieren, hofft man auf Engel, die es wieder richten. Engel sollen den Lebensplan beschützen, aber nicht durcheinanderbringen. Die biblischen Engel sind aber keine Krisenmanager und keine persönlichen Bodyguards, sie sind keine Verstärkung des eigenen Ego. Sie sind etwas anderes: Sie sind Mahner, Gewissen, Systemkritiker; sie fordern Entscheidungen: Sie wollen, dass der Mensch um den richtigen Weg ringt und dann »englisch« handelt. So ein Engel ist der Engel der Weihnachtsgeschichte, wenn er »Fürchtet euch nicht!« sagt, bevor er Unglaublichkeiten verkündet und den Hirten ansinnt, sie zu glauben und danach zu handeln. Der Weihnachtsengel verkündet, dass nicht Kaiser Augustus der Erlöser ist, sondern ein Kind in der Krippe. Es braucht Mut, so etwas zu glauben, den Mut zur Utopie. Dass es eine Utopie ist, weiß die Weihnachtsgeschichte selbst, denn das ist der tiefere Sinn, wenn sie erzählt, dass es »keinen Ort« *(u-topos)* in der Herberge gab.

Der Engel mit der blutigen Nase

Einen Ort für Utopien zu schaffen: Das ist Weihnachten. Engel sind Leute, die daran glauben, dass Menschlichkeit und Gewaltlosigkeit möglich sind und die danach handeln. Engel ist jeder, der die Kraft hat, aus dem Ring der Unversöhnlichkeit zu springen; dem Ring, der aus dem Nächsten den Anderen macht, aus dem Nachbarn den Gegner, aus dem Flüchtling den Feind. Allmächtige Engel gibt es womöglich nicht; als Engel holt man sich oft eine blutige Nase, holt man sich Verletzungen wie Simbergs Engel. Aber die verletzlichen Boten der Menschlichkeit sind unverzichtbar, um an der Welt nicht zu verzweifeln.

Erschienen in der Süddeutschen Zeitung vom 24. Dezember 2015

Der Jesuit Friedrich Spee von Langenfeld war Priester in der Zeit der Hexenverfolgung. Er konnte diesen Terror nicht stoppen; aber er konnte tun, was ein Einzelner tun kann: den Terror anklagen. Spee wurde zum Widerständler, zum Whistleblower des 17. Jahrhunderts.

Reiß die Himmel auf

Die Weltzuversicht vieler Menschen ist zerrissen. Es gilt, weder in billigen Trost, noch in Trostlosigkeit zu verfallen.

Es gibt Zeiten der Verzweiflung. In einer solchen Zeit schrieb der Jesuit Friedrich Spee das Lied »O Heiland reiß die Himmel auf«. Das war vor bald 400 Jahren, im Dreißigjährigen Krieg, es war die Zeit der Hexenverfolgung; Spee war ihr leidenschaftlicher Gegner – und er war der Beichtvater ihrer Opfer. Er hat die Folter gesehen, den Hass des Mobs und den Wahn in den Augen der Richter. Er hat die Opfer in Blut und Ekel liegen sehen. Er hat die Urteile gehört, Urteile »im Namen des Vaters und des Sohnes und des Heiligen Geistes«. Er wusste um die Unschuld der Opfer, aber er hat kein Urteil verhindern, er hat nur trösten können. Er hat sich überlegt, ob er sich selbst »den kopff herunter hawen« lässt. Aber dann hat er ihn lieber zum Denken benutzt, hat weitergetröstet und weiterbegleitet zum Scheiterhaufen – und Gott angeschrien in seinem Lied: Reiß auf! Reiß ab! Schlag aus!

Der bittere Ruf nach Gerechtigkeit

Das Lied ist kein Klingeling. Es ist der bittere Ruf nach Gerechtigkeit; es ist die Klage darüber, dass Weihnachten nicht kommt, obwohl es im Kalender steht. Die Klage legt die Ent-

35

täuschung frei und bricht der Sehnsucht Bahn. Sie ist der Versuch, sich zu wehren gegen kollektiven Wahn. Spee flieht nicht, auch nicht in simple Antworten. Er konnte den Terror nicht stoppen; aber er konnte tun, was ein Einzelner tun kann: ihn anklagen. Das hat er getan: Er hat es nicht bei Forderungen an den himmlischen Heiland belassen; er wurde zum Widerständler, zum Whistleblower des 17. Jahrhunderts.

Sein Trostschrei-Lied ist heute so erschütternd wahr wie 1622. Die letzten Jahre waren Jahre an der Schwelle vom Zweifel zur Verzweiflung. Es war, als habe die Weltgeschichte den Weltstaubsauger eingeschaltet. Es ist, als säßen an den Reglern der Saugleistung Leute wie Erdoğan und Trump, als säßen dort die Populisten und Nationalisten, diejenigen, von denen man glaubte, dass ihre Zeit vorbei sei – und dazu, immer und immer wieder, die Terroristen. Es ist, als saugten sie die bisherigen Grundgewissheiten weg und den Boden der Gewissheiten gleich mit. Die Welt wird bodenlos. In der Türkei gibt es neue Hexenjagden. Auf den Philippinen protzt ein Präsident damit, dass er ein Mörder ist. In Deutschland wurde der Weihnachtsmarkt zum Ort des Terrors. Das sicher Geglaubte ist nicht mehr sicher. Der Glaube daran, dass Demokratie und Rechtsstaatlichkeit sich, und sei es langsam, weiterentwickeln, der Glaube an den Fortschritt der Aufklärung ist erschüttert; er hat tiefe Risse.

Wünsche erfüllen sich die Menschen selbst

Das Weihnachtsgefühl ist daher nicht wohlig, sondern bang; es ist das Gefühl existenzieller Unsicherheit; es ist das Gefühl, dass unvermittelt die Barbarei durch diese Risse kriechen könnte. Aleppo, der Südsudan, Jemen, Afghanistan, Mossul – das alles ist Tausende Kilometer weg, aber die eigene Hilflosigkeit ist nahe. Man wünscht sich daher zu Weihnachten kein neues iPhone, das einem dann die schlechten Nachrichten noch schöner präsentiert; man wünscht sich etwas anderes, etwas Großes: dass der Engel, der in der Weihnachtsgeschichte »Friede auf Erden« verheißt, vielleicht doch nicht gelogen hat; dass der finstere Lauf der Dinge angehalten wird und der Himmel zerreißt, wie in der Legende von der Heiligen Nacht. Aber die Zeiten der Wünsche sind versunken im Märchen. Wünsche erfüllt kein Engel, kein Christkind, keine Fee. Wünsche erfüllen sich die Menschen selbst. Bei Wünschen, die man in Geschenkpapier einwickeln kann, geht das gut. Bei nackten Lebenswünschen, denen nach Frieden, Herberge, Mitmenschlichkeit, tut man sich schwer; wenn die Menschen sie sich zu erfüllen versuchen, tun sie das oft verzweifelt wie die Briten beim Brexit.

Die Flüchtlinge als Boten des Unglücks

Die Weltzuversicht vieler Menschen ist zerborsten. Die Gewissheit schwindet, etwas Sinnvolles tun zu können, die Gewissheit, dass jeder seine kleine oder größere Welt besser machen kann. Selbst manchen von denen, die mit Herzblut Flüchtlingen geholfen haben, kam das Grundvertrauen abhanden, damit Gutes getan zu haben. Die Gewissheit ist einem Ohnmachtsgefühl gewichen, dem Gefühl, einem Sog ausgesetzt zu sein. Es ist ein Sog der Fremdbestimmung; auf den Einzelnen scheint es nicht mehr anzukommen.

Immer mehr Menschen meinen, sie seien von »der Globalisierung« austauschbar gemacht worden, die vermeintlich über sie kommt wie eine göttliche Schicksalsmacht. Sie leben, sie gehen, mobil wie keine Generation zuvor – aber auf welches Ziel hin? Vielen erscheint ihr Lebenslauf wie der Lauf des Hamsters im Rad. Sie sind nur Masse, die einem Gebot von außen folgt, so wie Maria und Josef in der Weihnachtsgeschichte des Evangelisten Lukas dem Globalisierungsgebot des Kaisers Augustus gefolgt sind, dass der ganze Erdkreis sich registrieren lassen solle. »Jedermann ging« – so hieß es damals, so heißt es heute. Die Flüchtlingsexistenz wird zum Merkmal der heutigen Zeit. Denn das Gefühl der flüchtigen Existenz haben auch Menschen in den Ländern, in die sich die Flüchtlinge flüchten. Sie erleben die Flüchtlinge als Boten eines Unglücks, das auch ihnen auflauert; Zygmunt Bauman hat das klug beschrieben. Also wehren sie sich gegen die Fremden, um ihnen nicht gleich zu werden; sie sehen die Fremden als Menetekel.

Unter dem Rad der Geschichte

Spee hat damals, in größter Verzweiflung, nicht resigniert: Er hat getröstet, geschrieben, geschrien. Er hat, anonym, die Streitschrift »Cautio Criminalis« verfasst, den Anti-Hexenhammer, darin für die Unschuldsvermutung, für ein faires Verfahren, für Menschen- und Frauenrechte geworben. Er hat Gott angefleht und angefaucht und sich selber auch. Er hat in seinem Lied nicht das süße Christkind angerufen, sondern den »Heiland«, der selbst unter das Rad der Geschichte kam und Gewaltopfer wurde. Wie dieser hat er der Verzweiflung standgehalten; er hat sie produktiv werden lassen. Spee war ein Befreiungstheologe, auch wenn es mit der Befreiung von der Hexenjagd noch länger als ein Jahrhundert gedauert hat. Er ist weder dem billigen Trost noch der Trostlosigkeit verfallen. Er ist ein Weihnachtsvorbild.

»Vielleicht gibt es schönere Zeiten«, hat Jean-Paul Sartre gesagt. »Aber dies ist unsere Zeit.« Sie braucht Leute, die zur Not den Himmel aufreißen, wenn die Erde die Hölle ist. Dann wird Weihnachten.

Erschienen in der Süddeutschen Zeitung vom 24. Dezember 2016

Ein Recht auf Vergebung gibt es nicht.
Vergebung ist ein gesetzloses Wunder.

Die Verzeihung des Unverzeihlichen

Die KZ-Überlebende Eva Mozes Kor hat dem Angeklagten Oskar Gröning im Auschwitz-Prozess die Hand gereicht.

Oskar Gröning, angeklagt der dreihunderttausendfachen Beihilfe zum Mord in Auschwitz, hat vor Gericht um Vergebung gebeten. Kann man das Ungeheuerliche vergeben? Darf man es vergeben? Wer kann vergeben? Das Gericht, die Richter – sie können es nicht. Die Macht der Vergebung ist dem Gericht nicht gegeben. Richter müssen Schuld oder Unschuld feststellen; sie können bei erwiesener Schuld die Strafe bemessen, »Im Namen des Volkes« steht über ihrem Urteil.

Vergeltung ist das Gegenteil von Vergebung

Im Namen des Volkes zu vergeben: Das geht ganz generell nicht, und schon gar nicht bei einem Menschheitsverbrechen wie dem Holocaust, bei dem Zigtausende Täter aus diesem Volk stammen. Vergebung ist kein staatlicher, sondern ein intimer Akt, eine Kommunikation zwischen Täter und Opfer.

In jeder Strafe steckt eine Spur von Vergeltung, von Sühne und von Abschreckung. Vergeltung ist das Gegenteil von Vergebung. Vergeben kann nur der Verletzte, der Missachtete, der Geschundene, Gepeinigte. Eine Überlebende von Auschwitz,

Nebenklägerin im Prozess, hat nun dem Angeklagten vergeben: Eva Mozes Kor. Sie ist auf den Angeklagten zugegangen, hat ihm die Hand gereicht. Schon einige Zeit vor dem Prozess hatte sie gesagt: »Ich habe den größten Teil meines Lebens gelitten. Erst unter den Nazis, dann unter meinem Hass auf die Nazis.«

Ist die Verzeihung des Unverzeihlichen möglich?

Als sie einen SS-Arzt traf, der seine Untaten bereute, hat sie das bewogen, ihm zu vergeben. »Ich habe einfach allen Nazis vergeben«, erklärt sie; »und sie konnten sich noch nicht einmal dagegen wehren.« Das ist kein bitterer Spott, das ist keine Pointe; das ist Gnade. Andere Überlebende, andere Opfer kritisieren diesen Akt der Vergebung heftigst. Steht er nicht im Widerspruch zum Wesen der Nazi-Untaten und zu ihrer Dimension? Ist die Verzeihung des Unverzeihlichen möglich? Indes: Die alte Frau Kor hat keine Erklärung im Namen der Opfer, der anderen Überlebenden, der Nebenkläger im Verfahren, abgegeben; nur persönlich hat sie vergeben, für die Taten, die an ihr selbst begangen wurden. Es ist auch dies, angesichts der Ungeheuerlichkeit der Verbrechen, etwas Unfassbares.

Ein gesetzloses Wunder

Und wer dürfte dieser Frau vorhalten, dass sie für ihr Vergeben die große Bühne, den Gerichtssaal und das Fernsehen, gewählt hat? Vergeben ist eine höchstpersönliche Gabe; sie entzieht sich dem zugreifenden Objektivierungs- und Beurteilungsvorgang. Wie Vergebung gewährt wird, ist Sache des Vergebenden. Darüber soll man nicht rechten, weil es kein Recht auf Vergebung gibt.

Darf nun eine Frau, die dem Täter vergibt, weiterhin noch Nebenklägerin im Strafprozess sein? Gewiss. Sie kann vergeben und bezeugen. Es geht im Prozess um die Feststellung der Schuld des Angeklagten. Es ist Teil der souveränen Besonderheit der Vergebung, dass sie der rechtskräftigen Feststellung der Fakten und der strafrechtlichen Schuld auch vorausgreifen kann. Vergebung passt eigentlich, hier zeigt es sich, nicht in die endliche Ordnung der Dinge; das macht sie zum Ereignis. Das macht sie zum gesetzlosen Wunder.

Erschienen in der Süddeutschen Zeitung vom 29. April 2015

Der ehemalige SS-Unterscharführer Oskar Gröning war von 1942 bis 1944 im Konzentrations- und Vernichtungslager Auschwitz tätig gewesen. Vom Landgericht Lüneburg wurde er 2015 wegen Beihilfe zum Mord in 300 000 Fällen zu vier Jahren Haft verurteilt. Das Gericht berücksichtigte, dass sich der 93-Jährige zu seiner moralischen Verantwortung bekannt und Reue gezeigt habe. Er hebe sich aus der Masse der SS-Männer heraus, welche in Prozessen ihre Taten meist bestritten oder beschönigt habe.

Es gibt Dinge, die man sich nicht selber schaffen kann. Dazu gehört die Ent-Schuldigung. Man kann sich eben nicht entschuldigen. Das kann nur der Verletzte, der Geschädigte. Darum kann man nur um Entschuldigung bitten in der Hoffnung, dass der Verletzte Vergebung gewährt.

Rache rettet nichts

**Recht ohne Gnade wird tödlich;
Gnade ohne Recht wird gleichgültig.**

D ie Geschichte von der Ehebrecherin, die niemand verurteilt, ist eine der schönsten und frechsten Geschichten der Bibel; sie steht beim Evangelisten Johannes: Wir werden Zeugen eines Streitfalls im Tempel: Männer schleppen eine Frau herbei, die beim Ehebruch ertappt worden ist. Es gibt hier kein Vertun: Nach dem Gesetz muss sie gesteinigt werden. »Was sagst du?« fragen sie Jesus. Er antwortet nicht. Wie im Spiel schreibt er im Sand. Und dann sein Vorschlag an die Männer: »Wer unter euch ohne Sünde ist, werfe den ersten Stein auf sie!« Die Männer schleichen sich davon, einer nach dem anderen. Auch Jesus hat kein Verdammungsurteil. Die Frau ist frei. Sie wird nicht mehr sündigen.

Der erste Stein

Was ist geschehen? Der Kreislauf der Selbstverständlichkeiten ist durchbrochen worden. Selbstverständlich ist, dass es ein Gesetz gibt, das die Welt und den Gang der Dinge beschützt. Dieses Gesetz, um das es hier geht, verlangt die Treue in der Ehe. Zur Zeit Jesus war es eine Existenz- und Überlebensfrage, dass man in eine Familie eingebunden war. Darum und nicht aus Moral musste die Sexualität geregelt werden. Mit dem Verstoß gegen das Gesetz war das geordnete Leben in Gefahr. Ehebruch galt damals nicht als Fehltritt, sondern als Verbrechen, weil er die Lebensgrundlage des Einzelnen und der Gemeinschaft in Frage stellte.

Die Männer, die die Frau bringen, sind also nicht unbedingt nur ein Haufen rachsüchtiger Kerle oder scheinheiliger Machos, gegen die Jesus die arme Frau beschützen würde. Diese Männer wollen das Leben aller schützen. Das Böse sollte ausgerottet werden, indem die Böse getötet wird. Es war nicht pure Rachsucht. Es war diese Vorstellung vom Zusammenhang des Ganzen, der dieses Gesetz hart und unerbittlich machte.

Ist das Gute, das tötet, gut?

Und Jesus? Schauen wir zuerst, was er alles nicht tut: Er eröffnet kein Tribunal, er fängt keine Befragung an. Er fragt die Frau überhaupt nicht. Er lässt sich überhaupt nicht darauf ein zum Richter zu werden. Genausowenig wird er der Anwalt der Frau. Er entschuldigt sie nicht. Er bagatellisiert ihre Tat auch nicht, er verharmlost nichts. Jesus sagt nicht, dass die Männer Unrecht haben oder dass die Gesetze falsch sind. Das alles tut Jesus nicht. Jesus bückt sich und schreibt mit dem Finger auf die Erde. Das in Stein Geschriebene muss hinunter in irdische Verhältnisse. Das Gesetz ist heruntergekommen vom Berg Sinai. Der sich bückende Jesus holt es noch tiefer, ganz nach unten, auf den Erdboden. Er rückt das, was geschrieben ist, in eine andere Perspektive. Er schreibt das, was in Stein gemeißelt ist, neu dorthin, wo es angewendet werden muss.

Das Gesetz sagt, dass die Frau nicht am Leben bleiben kann. Die Frage ist nur: Ist eine Wahrheit, die tötet, wahr? Ist eine Gerechtigkeit, die tötet, gerecht? Ist das Gute, das tötet, gut?

Wer hat das Recht im Namen der Wahrheit, im Namen der Gerechtigkeit, im Namen des Guten zu töten? Jesus sagt daher: »Wer von euch ohne Sünde ist, der soll den ersten Stein auf sie werfen!« Da gehen die Männer weg, einer nach dem anderen, angefangen von dem Ältesten. Sie gehen weg. Sie haben etwas gelernt. Sie haben ein Stück ihres eigenen Lebens gerettet. Denn einmal könnte der Stein sie treffen.

Das Unverzeihbare

Die Geschichte lehrt, was Vergebung sein kann. Vergebung bedeutet nicht: Nicht so schlimm – Schwamm drüber. »Die Vergebung verzeiht nur das Unverzeihbare« sagt Jacques Derrida. Das ist Gnade, die nicht der Staat, sondern der Verletzte gewährt. Das Recht regelt solche Vergebung nicht. Diese Gnade, diese Vergebung stehen außerhalb des Rechts. Und trotzdem brauchen Recht und Gnade einander – weil Recht ohne Gnade tödlich wird; und Gnade ohne Recht wird gleichgültig.

Heinrich Böll und Ulrike Meinhof

Der Schriftsteller Heinrich Böll hat einst nicht mit dem Finger auf den Boden geschrieben. Er hat einen Artikel geschrieben. Das war in den siebziger Jahren, als die gehasste und gesuchte Terroristin Ulrike Meinhof auf der Flucht war. Er trug die Überschrift »Will Ulrike Gnade oder freies Geleit?« Er selbst wurde dafür verbal gesteinigt von den »Alten« unserer Gesellschaft. Böll war nicht auf der Seite der Terrorgruppe, er hat ihre Verbrechen nicht gutgeheißen. Er hat der BILD-Zeitung vorgeworfen zur Lynchjustiz aufzustacheln und gefragt: »Muß es so kommen? Will Ulrike Meinhof, daß es so kommt? Will sie Gnade oder wenigstens freies Geleit? Selbst wenn sie keines von beiden will, einer muß es ihr anbieten.«

Böll hat gemeint: Die Gesellschaft wird nicht gerettet durch ihr Blut. Blut rettet nichts. Rache rettet nichts. Kein Friede wird durch sie hergestellt. Der Kreislauf der Gewalt wird dadurch nicht unterbrochen.

Die Sünderin des Evangeliums kann nur umkehren, wenn keiner Steine wirft, wenn »die Alten« so klug sind, schweigend zu gehen, weil sie wissen, dass sie nicht ohne Sünde sind. Und die Frau? Wir wissen wenig über sie. Sie steht da in der Mitte. Sie bleibt stumm. Sie rechtfertigt sich nicht, wie auch? Sie ergreift nicht das Wort, bittet nicht um Gnade. Sie hört die Auseinandersetzung der Männer darüber, was mit ihr zu geschehen hat. Sie sieht die Ankläger von dannen gehen. Sie hört den Freispruch Christi: Auch ich verurteile dich nicht!

Es ist nicht leicht sich vergeben zu lassen. Man muss sich selber aus der Hand geben.

Der billige Freibrief

Es gibt Dinge, die man sich nicht selber schaffen kann. Dazu gehört die Ent-Schuldigung. Man kann sich eben nicht entschuldigen. Das kann nur der Verletzte, der Geschädigte. Darum kann man nur um Entschuldigung bitten in der Hoffnung, dass Vergebung gewährt wird. Das hingesagte »Tschuldigung« ist kaum mehr als der billige Freibrief, es beim nächsten Mal wieder zu tun.

Es gehört zur Bitte um Vergebung die Fähigkeit, seiner eigenen Schuld ins Auge zu sehen und es aufzugeben, sich zu rechtfertigen. Wer um Vergebung bittet, muss vorher die Waffen der Selbstverteidigung aus den Händen legen. Es ist eine der schwersten Künste, den Schaden, die Verletzung, die Zerstörung, die man angerichtet hat, anzuschauen. Manches ist eben nicht wieder gut zu machen; es kann mir nur verziehen werden. Das ist schwer. Wie viel leichter ist es zu sagen: Ich war ja nur ein Rädchen im Getriebe. Ich wurde verführt. Andere haben viel mehr angerichtet – und so fort. Noch einmal Derrida: »Die Vergebung verzeiht nur das Unverzeihbare«. Das kann nicht das Recht. Das kann nur die Großherzigkeit der Gnade.

Erschienen in: Anders Handeln. Ein Magazin von Andere Zeiten E.V., Ausgabe 1.2017, Vergebung

Bei Nietzsche ist auch die Helle des Tages nur noch Finsternis: Gott ist tot. Die Worte von Licht, Hoffnung und Freiheit – klingen die nicht ein wenig schal und kläglich? Man hätte es gern anders, man sähe gern den schmetternden Triumph des Guten. Aber die wahre Kraft der Veränderung schmettert nicht.

Das Anti-Verzweiflungsfest

Warum sich der Papst niederkniet und geflohenen Muslimen die Füße wäscht.

Auferstehung, Ostern: Die Trauernden nach den Attentaten feiern das nicht. Auferstehung feiern auch nicht die Flüchtlinge, die im Dreck bei Idomeni liegen und auf Schutz und Hilfe in Europa harren. Auferstehung feiert aber wieder und wieder der Terror. Die Worte von Licht und Hoffnung – klingen die inzwischen nicht ein wenig schal? Die Parolen von der Freiheit, die siegen wird – klingen sie nicht ein wenig kläglich? Man hätte es gern anders. Man sähe gern den österlich schmetternden Triumph des Guten.

Nietzsches Geschichte

In der Ostergeschichte geht es um die Auferstehung des Jesus Christus von den Toten, um Hoffnung und Erlösung. Friedrich Nietzsche hat dazu eine Gegengeschichte geschrieben; sie handelt davon, dass Gott ein für allemal tot ist. »Gott ist tot!«, ruft der »tolle Mensch«, der diese Botschaft verkündet, »Gott bleibt tot! Und wir haben ihn getötet!« Es ist auch dies keine triumphierende Geschichte, nicht die Ausrufung eines neuen Gottes; und auch nicht die Proklamation des Atheismus. Es ist dies vielmehr die Geschichte eines verzweifelten Menschen, der nach Gott sucht und doch weiß, dass er ihn nicht mehr findet. Die suchende Verzweiflung zeigt sich darin, dass er am helllichten Vormittag eine Laterne anzündet und sie schließlich frustriert auf dem Boden des Marktplatzes zerdeppert; das Licht erlischt. Ein trauriger Lucifer? Bei Nietzsche ist auch die Helle des Tages nur noch Finsternis.

Das leere Grab

Bei genauem Hinsehen ist Nietzsches Geschichte von der christlichen nicht so weit weg – schon gar nicht vom Markusevangelium, dem ältesten aller vier Evangelien. Alle vier Oster-Evangelien geben dem Zweifel und der Verzweiflung Raum. Beim Evangelisten Markus liest sich das so: Die Frauen, die den Leichnam Jesu salben wollen, finden ein leeres Grab vor und erschrecken; sie haben Angst, sie flüchten. Diese Erzählung endet daher nicht mit der Auferstehungsfreude (die wurde, als tröstlicher sekundärer Schluss, später hinzugefügt), sondern so: »Schrecken und Entsetzen hatte sie erfasst. Und sie sagten niemandem irgendetwas, denn sie fürchteten sich.« Das ist nahe bei Nietzsches Verzweiflung – und nah bei der Verzweiflung, die der Terror auslöst.

Das letzte Gericht

Ostern ist ein Anti-Verzweiflungsfest. Aber was vertreibt Verzweiflung? Notfalls das verzweifelte Festhalten an der Hoffnung. Die Christen zumal der frühen Jahrhunderte haben ihre Hoffnung darauf gesetzt, dass Christus wiederkommen und Gericht über die Welt halten wird: Er wird »kommen zu richten die Lebenden und die Toten« heißt es im Glaubensbekenntnis. Indes: Christus ließ und lässt auf sich warten. Der Glaube an das letzte Gericht ist trotzdem nicht erledigt, weil die Empörung über himmelschreiende Ungerechtigkeit nicht erledigt ist und das Verlangen nach Genugtuung für die, die um ihr Leben gebracht werden. Selbst wenn niemand mehr an ein göttliches Weltgericht glauben sollte: Diese Empörung, dieses Verlangen werden nie erledigt sein.

Die Maler vieler Jahrhunderte haben das gewusst und zusammen mit der Auferstehung auch dieses letzte Gericht gemalt – drastisch. Die Bilder erscheinen vielen aufgeklärten Christen als religiöse Altlast; sie sind kontaminiert durch Inquisition und Zwangsbekehrung; sie zeigen oft monströse Straf- und Vergeltungsfantasien, die einst dazu dienten, den Glauben mit aller Gewalt durchzusetzen. Heute muten diese Bilder an wie antiquierte Vorlagen für den modernen religiösen Terror.

Der Gewaltspirale Einhalt gebieten

Die glühenden Eiferer aller Glaubensrichtungen irren jedoch gewaltig, wenn sie die Gerichtstexte der Heiligen Schriften als Legitimation missbrauchen, sich selbst zu Richtern und Rächern aufzuschwingen. Im Gegenteil, diese Texte sollten der Gewaltspirale Einhalt gebieten: Die göttliche Instanz soll richten, damit keiner auf die Idee kommt, sich selbst das Vergelten anzumaßen. »Richtet nicht, damit ihr nicht gerichtet werdet« bekräftigt das Matthäusevangelium. Im selben Evangelium wird erklärt, nach welchen Kriterien das Gericht am Ende der Weltzeit funktioniert: »Ich bin hungrig gewesen, und ihr habt mir zu essen gegeben. Ich bin ein Fremder gewesen, und ihr habt mich aufgenommen. Ich bin nackt gewesen, ihr habt mich gekleidet.« Als die Menschen nachfragen, wann sie denn Christus als Fremden aufgenommen hätten, da sagt er den Satz: »Was ihr für einen meiner geringsten Brüder getan habt, das habt ihr mir getan.«

Das ist der Zentralsatz der christlichen Botschaft. Er ist mehr als ein Appell zu Hilfsbereitschaft; er ist ein Satz, der den Armen Recht gibt; ein Satz gegen das Ausspielen von Sicherheit gegen Humanität; er macht Menschlichkeit zur höchsten Instanz. Man kann den Matthäus-Text so fortschreiben: »Ich lag mit meiner Familie im Dreck vor der Grenze.« Die Frage lautet dann: »Und was habt ihr getan?« Diese österliche Frage ist die eigentliche Überlebensfrage für Gott.

Zäune, Mauern, Zeit aufhalten

Nicht religiös formuliert: Welche Welt hat Zukunft? Das Höllenfeuer, mit dem der himmlische Richter droht, soll diese irdische Frage brennend machen; es soll Feuer unterm Hintern machen, sich zu entscheiden: für eine Welt der Solidarität – oder für eine aus Zäunen und Mauern, in ewiger Angst vor dem fremden Nächsten und dem nächsten Fremden? Der Schriftsteller Max Frisch hat ein Drama geschrieben, das »Die Chinesische Mauer« heißt. Der Kaiser von China verkündet »zur Friedenssicherung« den Bau dieser Mauer. Sie soll, so sagt er, den Zweck erfüllen, »die Zeit aufzuhalten« und »die Zukunft zu verhindern«. Merkwürdig, dass dieser Kaiser in Europa heute so viele Kommissare hat. Gewiss: Politiker sollen, auch wenn sie einer C-Partei angehören, Politik nicht mit der Bibel in der Hand machen. Aber interessant ist es schon, dass diejenigen, die am lautesten vom christlichen Abendland reden, am wenigsten davon wissen wollen, dass die Bibel ein Buch für die Solidarität mit den Geringsten ist.

Die Kraft der Demut

Wer die Bilder von den Flüchtlingen an der Grenze bei Idomeni sieht und die Bilder vom Terroranschlag in Brüssel, der möchte es mit dem tollen Menschen bei Nietzsche halten und sein Osterlicht auf den Boden werfen. Papst Franziskus indes hat sich am Gründonnerstag selbst zu Boden geworfen: Er hat sich niedergekniet vor geflohenen Muslimen und ihnen die Füße gewaschen. Im zornigen Ostern steckt die Kraft der Veränderung; in der Demut noch mehr.

Erschienen in der Süddeutschen Zeitung vom 26. März 2016, Ostern

Im Idealfall funktioniert die Globalisierung so wie
Pfingsten: Alle behalten ihre Eigenheit, alle bleiben
verschieden – und sie verstehen sich trotzdem, weil
es den Geist des Wir-Gefühls gibt.

Das Wir-Gefühl

Der europäische Atem, die Irrflüge des Geistes und der Beginn der Globalisierung

Das Fest gehört fest zur christlich-abendländischen Kultur, aber viele Menschen können mit Pfingsten nicht mehr viel anfangen. In der Bibel werden die pfingstlichen Erscheinungen als »Feuerzungen« und »gewaltiges Brausen« beschrieben; wie sich solche Effekte heute darstellen, werden am Samstagabend 200 Millionen Fernsehzuschauer in Europa und den USA bewundern – beim Eurovision Song Contest. Beide Events verbindet nicht viel, aber immerhin: Pfingsten war und der Song Contest ist ein Massenereignis mit spektakulärer Inszenierung. Das biblische Pfingsten soll ein internationales, heiliges Großspektakel gewesen sein, das ohne jede Sprachschwierigkeiten funktionierte. Letzteres ist beim Song Contest auch so, wie die gewaltige Zuschauerzahl lehrt.

Die 12 Apostel und der Song Contest

In der Bibel sind es zwölf Apostel, die aus dem Haus, in dem sie sich versteckt hatten, hinaus auf Straßen und Plätze eilen, dort ihre großen Auftritte haben, Tausende Menschen taufen und erstaunlicherweise von Inländern und Ausländern gleichermaßen verstanden werden. Beim Song Contest sind es Sängerinnen und Sänger aus 42 Ländern, die auf die Bühne steigen, weltweit verstanden und mit Staunen betrachtet werden. Fast alle singen in derselben Sprache und im selben Gestus. Im Fall der Apostel wird das Sprachwunder dem Wirken des Heiligen Geistes zugeschrieben, der auf alten Gemälden als Taube gezeigt wird. Ihn auch beim Song Contest ins Spiel zu bringen, wäre ein Irrflug. Die Popularität des Song Contest beruht weniger auf Geist denn auf einer retortenhaften Paradiesvogelartigkeit der dortigen Auftritte.

Die Uniformierung der Welt

Der große Song Contest zeigt im Kleinen, wie heute Globalisierung funktioniert. Und auch das biblische Pfingsten ist eine Globalisierungsgeschichte, eine sehr alte, vielleicht die erste. Man muss diese Geschichte, die nicht mehr so präsent ist, etwas genauer erzählen: Die Jünger des hingerichteten Jesus hatten sich fünfzig Tage lang ängstlich versteckt; aber auf einmal werden sie wie aus dem Nichts von einer Inspiration, einer Geistkraft ergriffen, die sie wie ein Sturm überkommt. Die Männer sind nicht gebildet, sie sind keine Künstler, keine Politiker, keine Diplomaten; sie sind auch nicht sprachenkundig. Aber nun sprechen sie zu einer Menschenmenge aus aller Herren Länder; und es geschieht etwas, was diese Geschichte so wundervoll macht: Jeder hört diese Männer in seiner Sprache reden. Sie sprechen in anderen Zungen, heißt es. Es ist nicht so, dass der Geist ihnen schnell Fremdsprachen eingetrichtert hätte; sie haben vielmehr die Gabe, über alle Sprachbarrieren hinweg Menschen aller Nationen und Kulturen zu erreichen.

Es ist dies ein Idealbild von Globalisierung: Alle behalten ihre Eigenheiten, alle bleiben verschieden; es gibt aber ein gemeinsames Verständnis, einen gemeinsamen Geist, aus dem ein Wir-

Gefühl entsteht. Man nennt dieses Urereignis die Geburtsstunde der Kirche. Die Gemeinschaft, die da geboren wird, entsteht auf der Basis eines gemeinsamen Glaubens, jenseits von Nation, Familie, Ethnie, Klasse; wie gesagt – ein Ideal. In der Pfingstgeschichte wird eine Globalisierung propagiert, die nicht die Uniformierung der Welt ist, sondern Verständigung in der Verschiedenheit. Die neuere Globalisierungsgeschichte zeigt aber etwas ganz anderes: Unter feurigem Geglitzer weht ein trostloser Geist, der die Welt eintöniger macht. Das Spektakel ist nur Hülle der Allerweltsprodukte. Das vermeintlich Individuelle ist nur eine Spielart des ewig Gleichen.

Es wächst eine globale Wirtschaft, es wächst mit ihr eine Massenkultur; und das Wachstumsprinzip heißt: Alle Menschen werden Kunden. Allein die Allerweltsmenschenrechte, die Menschenrechte also, die in aller Welt gelten, wachsen nicht. Die Welt wächst zusammen, aber nicht als internationale Rechtsgemeinschaft, nicht als interkulturelle Kommunikationsgemeinschaft, sondern als Konsumgemeinschaft in einer globalen Marktkultur. Man wünschte sich einen anderen, einen menschenfreundlicheren Geist.

Der Mundgeruch des Nationalismus

Stattdessen erhebt sich ein Ungeist; er braust noch nicht, aber er weht schon kräftig: In Europa ist Antipfingsten angebrochen. Die Engländer besinnen sich auf ihr Englischsein, die Schotten auf ihr Schottischsein, die Ungarn auf ihr Ungarischsein, die Österreicher auf ihr Österreichischsein, immer mehr Deutsche auf ihr Deutschsein. Der europäische Geist verliert Kraft. Das pfingstliche Europa, das Europa des Wir-Gefühls in Sicherheit und Recht zerbröckelt in der Flüchtlingskrise. Das große Wir zerlegt sich in immer kleinere Wirs.

Im Haus Europa sind die Bewohner dabei, sich in die Penthäuser, Zimmer und Apartments zu verziehen. Sie lassen Rollläden herunter, machen dicht. Die Fremden, heißt es, gehören nicht zu »uns«. Das neue Wir heißt: wir Franzosen, wir Polen, wir Tschechen. Vorsicht vor diesem Wir! Eine EU-Verfassung, wie sie schon ganz nah war, und die mit der Präambel »Wir, die Völker Europas« beginnen müsste – sie ist auf einmal so weit weg. Das neue Wir zieht wieder Grenzen. Der europäische Atem bekommt den Mundgeruch des alten Nationalismus; der europäische Geist verspießert. Die Identität des Menschen in der antipfingstlichen Variante gibt sich aus als etwas, das dem Ole in Oslo und dem Ali in Aleppo in die Wiege gelegt sei: »Wir« sind wir, und »die« sind die; sie sollen auch als Flüchtlinge bleiben, wo sie hingehören: auf dem Boden, den ihnen die Natur zugeteilt hat.

Der undemokratische Geist der Abschottung

Es ist kurios, dass sich der Ungeist der Abschottung in Europa als christlicher Geist aufbläst, der das christliche Abendland retten soll. Weil Pfingsten ist, darf es gesagt sein: Der kühne Gedanke der ersten Christen war ein anderer. »Es gibt nicht mehr Juden und Griechen, Sklaven und Freie – denn ihr alle seid ›eins‹ in Christus.« Das ist ein Satz von Paulus, der Völkerapostel genannt wird, weil er den christlichen Glauben nach Europa brachte. Den Juden sei er ein Jude und den Griechen ein Grieche geworden, sagte er von sich. Die vermeintlich natürlichen Identitäten werden nicht anerkannt. Das ist christliche und humanistische Identität.

Ein in diesem Geist (nicht in einer Religion!) vereintes Europa wäre ein pfingstliches Europa.

Erschienen in der Süddeutschen Zeitung vom 14. Mai 2016

Kunst ist offen, sie ist offen für andere und anderes, Kunst ist das Andere. Sie kastelt sich nicht ein, sie schützt sich nicht mit Stacheldraht, schottet sich nicht ab, kocht nicht im eigenen Saft. Kunst probiert aus, hat nicht bei jedem Schritt Angst vor dem Scheitern. Kunst kennt keine Obergrenzen. Kunst gehört zu den Dingen, die eine Gesellschaft human und lebendig machen.

Ab nach Kassel

**Die Documenta ist das künstlerische Echo
der großen Erschütterungen der Gegenwart
und zugleich ein Aufruf wider die Apathie,
ein Appell gegen den Fatalismus.**

A b nach Kassel: Was hat dieses Sprichwort mit der soeben eröffneten Kunstausstellung zu tun? Erst einmal gar nichts. Die Documenta in Kassel, weltweit bedeutendste Großveranstaltung für zeitgenössische Kunst, gibt es seit 1955; der Slogan, der »nach Kassel« kommandiert, stammt aus dem Jahr 1870. Bei Sedan wurde im Krieg zwischen Deutschland und Frankreich Kaiser Napoleon III. gefangen genommen und auf Schloss Wilhelmshöhe bei Kassel verbracht: Ab nach Kassel! Es war ein nationales Triumphwort.

Kunst und Klarheit

Von dieser Geschichte europäischer Wirrnisse weiß Olu Oguibe, der aus Nigeria stammende US-Künstler, wohl nichts. Und einen Fremdling der kaiserlichen Art hatte er bei seiner Aktion auch nicht im Sinn; er dachte an die 60 Millionen Menschen, die weltweit auf der Flucht sind. Der Obelisk, den er für die 14. Documenta auf dem Königsplatz in Kassel aufgestellt hat, trägt daher in Deutsch, Türkisch, Englisch und Arabisch die Aufschrift: »Ich war ein Fremdling und ihr habt mich beherbergt«. Dieser Satz steht im Matthäus-Evangelium, an dessen Ende der göttliche Richter sagt: »Was ihr getan habt einem von diesen meinen geringsten Brüdern, das habt ihr mir getan.« Es ist kein Zufall, dass sich Kunst auf die Klarheit dieser christlichen Botschaft bezieht. Politik hat bei der Lösung der gewaltigen Flüchtlingsprobleme wenig Konstruktives zu bieten; im Gegenteil: Rechtspopulistisch-extremistische Bewegungen in ganz Europa waren und sind erfolgreich mit der Verweigerung von Schutz, mit Ausschaffung und Hetze; ihr Extremismus wird gespeist von nationalen Egomanien und Ressentiments gegen Liberalität.

Protest dagegen, dass es so weitergeht

Kunst ist offen, sie ist offen für andere und anderes, Kunst ist das Andere. Sie kastelt sich nicht ein, schützt sich nicht mit Stacheldraht, schottet sich nicht ab, kocht nicht im eigenen Saft. Kunst probiert aus, hat nicht bei jedem Schritt Angst vor dem Scheitern. Für Kunst gibt es keine Obergrenzen; Kunst schwadroniert nicht herum; auch das beliebte Reden von der »Gesellschaft im Wandel« gehört zu den Schwadronier- und Schwafelwörtern. Gesellschaft und Wandel, das sind Synonyme. Eine Gesellschaft, die nicht Wandel ist, ist keine Gesellschaft, jedenfalls keine humane. Und Kunst gehört zu den Dingen, die Gesellschaft human und lebendig machen. Die 14. Documenta in Kassel ist daher das künstlerische Echo der großen Erschütterungen der Gegenwart; sie handelt von Gewalt, Flucht, Vertreibung und deren Ursachen, von Kriegen und Umweltzerstörung.

Die Documenta ist zugleich ein Aufruf wider die Apathie, ein Appell gegen den Fatalismus, gegen eine Haltung also, die sich mit elenden Gegebenheiten abfindet. Gibt es wirklich keine Alternative zur Abriegelung Europas, notfalls mit militärischen Mitteln? Gibt es, zur Abwendung des IS-Terrorismus, wirklich keine Alternative zu Ausnahmezustand und zur Apotheose der inneren Sicherheit? Und gibt es keine Alternative zu einem aggressiven Kapitalismus, der Arbeitslosigkeit und soziale Unsicherheit produziert?

Der Philosoph Walter Benjamin hat gesagt: »Dass es ›so weiter‹ geht, ist die Katastrophe.« Die Documenta ist ein Protest dagegen, dass es so weitergeht. Das alte Wort »ab nach Kassel« erhält so eine neue Bedeutung, nämlich: Es gibt keine Zukunft, von der man sagen könnte, dass sie einfach so auf uns zukommt. Zukunft ist nichts Feststehendes, nichts Festgefügtes. Es gibt nur eine Zukunft, die sich jeden Augenblick formt – je nachdem, welche Entscheidungen die Menschen treffen, welche Richtung die Gesellschaft einschlägt. »Ab nach Kassel« heißt im Jahr 2017: Finde dich nicht einfach ab mit dem, was passiert, lass es nicht laufen.

Das ist ein Aktivierungsmotto, das zu den Wahlen in Frankreich und in Großbritannien passt: In Großbritannien hat Jeremy Corbyn mit seiner Realvision einer gerechteren Politik »for the many, not the few« vor allem junge Menschen begeistert. In Frankreich hat Emmanuel Macron, in Österreich Alexander Van der Bellen mit dem Bekenntnis zur europäischen Zukunft die Wahl gewonnen. Diese Wahlen, auch Bewegungen wie »Pulse of Europe«, nähren die Hoffnung, dass sich die Generation Erasmus ihre Zukunft in Europa nicht kaputt machen lässt. Sie hat Europa auch im Wortsinn »er-fahren«; sie würde am meisten darunter leiden, wenn sich Europa wieder selbst zerstückelt.

»Ab nach Kassel« – in eine Welt also, die für Weltoffenheit steht und Visionen hat? Im deutschen Wahlkampf ist von diesem Motto wenig zu spüren; er ähnelt 2017 dem von 1957: Keine Experimente. Und in Polen und Ungarn sucht die Gesellschaft ihr Heil darin, ganz weit weg zu sein von Kassel. Europa ringt um die Zukunft. Ab nach Kassel oder weg davon?

Erschienen in der Süddeutschen Zeitung vom 12. Juni 2017

Der tote Lazarus ist angeblich wieder zum Leben erweckt worden. Und wie erging es ihm dann? Heute vegetieren Millionen Lazarusse dahin. Wer gibt ihnen das Leben?

Auf Wiedersehen

Über die metaphysische Obdachlosigkeit des Menschen – und die Hoffnung, dass mit dem Tod nicht alles aus ist

Von allen furiosen Geschichten im Neuen Testament ist die Geschichte vom Lazarus aus Betanien die furioseste: Jesus holt den toten Lazarus zurück ins Leben. Der ist schon seit vier Tagen tot, Jesus lässt den Stein vor der Grabhöhle wegwälzen. Die Schwester des Verstorbenen warnt: »Herr, er stinkt schon.« Der Evangelist Johannes schildert genau, wie Jesus ruft und befiehlt, und wie Lazarus dann aus der Höhle herauswankt, »gebunden mit Grabtüchern an Füßen und Händen«. Von der Auferstehung des Jesus Christus sagt die Bibel nichts so Genaues. Man erfährt, dass sie geschehen ist, aber nicht, wie. Die Geschichte vom Lazarus erzählt aber auch das Wie. Das Furiose daran sind nicht nur die spektakulären, fast anstößigen Details. Das Furiose ist, dass nicht von der Auferweckung in ein jenseitiges Leben erzählt wird, sondern ins diesseitige. Hier wird einem, der tot und begraben ist, seine irdische Zukunft zurückgegeben. Ein zweites Leben wartet und ein zweiter Tod.

Man kann dieses unglaubliche Ostern des Lazarus kaum glauben. Trotzdem ist die Geschichte jahrhundertelang erzählt worden, zig Millionen Mal, in allen Sprachen der Erde – als Beispiel für die Macht Gottes, als Ankündigung und Vorspiel der Auferweckung aller Menschen irgendwann, am jüngsten Tage. In zig Millionen Trauerfeiern sollte und soll diese Auslegung Trost sein, zig Millionen Mal war sie Anker für Hoffnung, Sehnsucht und unerschütterlichen oder verzweifelten Glauben daran, dass mit dem Tod vielleicht doch nicht alles aus ist. Glauben an ein neues Leben? Milliarden Menschen täten das gern, halten das aber für grandiosen Selbstbetrug – als Trost nicht tauglich, sondern nur als billige Vertröstung.

Das Leben vor dem Tod

Zu dick trägt die Lazarus-Geschichte auf, als dass der moderne Mensch sie nicht belächeln möchte als religiösen Klamauk. Selbst wenn man sie glaubte: Was bringt es, wenn ein Glücklicher namens Lazarus dem Tod entkam? Lazarus ist indes – wie Adam, Noah oder Hiob – mehr als er selbst; er ist »der« Mensch in einer bestimmten Situation; Lazarus aus Betanien, zu Deutsch »Gotthilf aus Armenhaus«, ist der Mensch, dessen Existenz mehr Tod ist als Leben, dessen Wesen ein Verwesen ist, dessen Elend zum Himmel stinkt. Es gibt viele Lazarusse, damals und heute.

Das Leben nach dem Tod

Nirgendwo in der Bibel steht, wie es dem Lazarus dann in seinem zweiten Leben erging; es gibt Legenden; Gräber von ihm werden gezeigt; Dichter haben das Ganze weitergedichtet, sie lassen Lazarus erzählen, wie es gewesen sei in den vier toten Tagen; manche haben aus der Hoffnungsgeschichte eine der Hoffnungslosigkeit gemacht, haben von einem Lazarus erzählt, der nicht mehr lacht, von dessen Blick man sich wie von einem Aussätzigen abwendet. Es gibt Erzählungen, in denen es Lazarus im zweiten Leben nicht aushält und sich erhängt. Es gibt aber auch ein Schauspiel von Eugene O'Neill, in dem ein lachender Lazarus die Menschen für das irdische Leben begeistern und von der Sehnsucht nach dem Leben post mortem abhalten will: Ein Leben nach dem Tod soll kein Narkotikum sein, um den Problemen der Gegenwart zu entfliehen.

Es gibt eine zweite biblische Lazarus-Geschichte, eine, die nach der Kraft zum Leben vor dem Tod schreit. Sie steht beim Evangelisten Lukas. Der Arme dort heißt auch Lazarus. Ist das ein Zufall? Es hat seinen Reiz, sich diese Geschichte als Fortsetzung der Auferweckungsgeschichte vorzustellen – als das traurige zweite Leben des Lazarus: Er liegt vor der Tür des reichen Mannes, voll von Geschwüren und lebt von Brosamen, die von dessen Tisch fallen, während die Hunde des Reichen ihm die Geschwüre lecken. Anschaulicher kann man den Tod bei lebendigem Leib kaum beschreiben. Deutlicher kann man kaum zeigen, dass es nicht reicht, auf das bessere Leben im Jenseits zu warten. Aber dieses religiöse Ruhekissen ist ohnehin dünn geworden. Wer glaubt schon noch daran, dass der Arme am Ende von Engeln in Abrahams Schoß getragen wird?

Hunde, die die Wunden lecken

Vertröstung funktioniert nicht mehr. Und doch wartet der Lazarus von heute weiter vergeblich, dass sich etwas ändert: Die Reichen bleiben reich, die Armen bleiben arm – und die Hunde des Reichen lecken dem Armen die Wunden. Wie die Hunde hießen, sagt die Bibel nicht. Heute haben sie viele Namen: AWO, Rotes Kreuz, Lions Club und Rotary; sie tragen auch christliche Namen: Samariter, Caritas, Diakonie. Sie verschaffen dem Lazarus von heute Linderung; sie tun ein gutes Werk.

Jetzt schlagen sie auch einmal Krach. Die Hilfswerke und mit ihnen die Vereinten Nationen fordern Hilfe: 20 Millionen Lazarusse leben am Abgrund des Hungertodes – im Jemen, im Südsudan, in Somalia und Nigeria. Die UN sprechen von der größten humanitären Katastrophe seit 1945. Alle fünf Sekunden verhungert ein Kind. In der Zeit, die man zum Lesen dieses Leitartikels braucht, verhungern also 84 Kinder. Soll man sich damit trösten, dass nach dem Hungertod dieses kurzen Lebens das lange ewige Leben wartet?

Hedgefonds machen irre Profite mit der Spekulation auf Grundnahrungsmittel und treiben die Weltmarktpreise in die Höhe. Das führt dazu, dass das UN-Welternährungsprogramm nicht genügend Nahrung kaufen kann. Es wäre eine österliche Aktion, wenn die Börsenspekulation auf Grundnahrungsmittel verboten würde. Damit aber Lazarus nicht zuvor seinen zweiten Tod stirbt, müssen die reichen Länder ihre zugesagten Beiträge leisten und die benötigten vier Milliarden Dollar für Soforthilfe bereitstellen. Noch zynischer als die religiöse Jenseitsvertröstung ist die säkulare Jenseitsvertröstung, nämlich die Behauptung, diese Hilfe läge jenseits der Möglichkeiten der Geberländer.

Das Jenseits im Diesseits

Der Glaube, dereinst zum besseren Leben auferweckt zu werden, ist kaum mehr Trost für die, denen es dreckig geht. Alles Glück, auch alle Gerechtigkeit, die man zu erwarten hat, muss man sich im Diesseits erfüllen – oder gar nicht. Und so bleibt es für viele beim »gar nicht«. Die alte Vertröstung auf ein Jenseits ist diesseitigen Vertröstungen gewichen. Es bleibt die metaphysische Obdachlosigkeit; es bleibt aber auch die Sehnsucht, dass mit dem Tod nicht alles aus ist. Es bleibt, sich am Ende von seinen Lieben zu verabschieden mit einem »Auf Wiedersehen«.

Erschienen in der Süddeutschen Zeitung vom 15. April 2017

Früher wollte man »eine schöne Leich«. Heute soll es beim Begräbnis oft billig, kurz und schmerzlos zugehen. Das ist nicht gut. Der Tod braucht Raum im Alltag.

Letzte Ehre

Je weniger Raum man dem Sterben und dem Tod gibt, umso schwerer stirbt es sich.

D er November gilt als Totenmonat; in diesen grauen Wochen liegen die offiziellen Tage für Trauer und Tod: am Monatsanfang Allerheiligen und Allerseelen, die katholischen Gedenktage; am Monatsende der Totensonntag der Protestanten. Dazwischen liegt der Volkstrauertag, der staatliche Gedenktag, der an die Kriegstoten und die Opfer von Gewaltherrschaft erinnern soll. Die Tage stehen kalendarisch für eine Kultur der Trauer und Erinnerung, die einst einvernehmliche Rituale kannte. Diese Rituale, die eine christlich-religiöse Basis hatten, schwinden; sie schwinden deswegen, weil die christlich-religiöse Basis schwindet. An ihre Stelle treten Unsicherheit und Verdrängung im Umgang mit dem Tod, mit den Toten und mit der Trauer.

Zeit für den Abschied

Die verblichenen bürgerlichen Trauerregeln begannen bei der schwarzen Kleidung und bei fein abgestuften Regeln dafür, wie lange und wie sie zu tragen war; diese Regeln des Trauerjahrs sind so vergessen, dass man sie selbst im Internet kaum noch findet. Eine Aufbahrung des Toten im Sterbehaus, in der

Sterbewohnung, wie sie einst üblich und tröstend war, ist heute für viele schon in der Vorstellung ein Horror. Nach dem Tod heißt es, ob in der Privatwohnung oder im Krankenhaus: möglichst schnell weg mit dem Toten! Nach den rechtlichen Regeln dürfte der Tote bis zur Beerdigung in der Wohnung bleiben, es wäre viel Zeit für den Abschied – früher kamen Freunde und Nachbarn. Nicht einmal im Altenheim aber lässt man den Toten in seinem Zimmer, wohl deshalb, weil der Tod dort ohnehin allen zu nahe ist, als dass man ihn auch noch sehen will.

Heimat – dort, wo das Grab eines nahen Menschen ist

Der Tod ist ein Störer. Weil er ein Störer ist, wird er heute aus dem Alltag ausgegrenzt. Der Umgang mit Tod und Trauer ist kulturell und rituell unsicher geworden. Die allgemeinen Totengedenktage des Monats November sind übrig geblieben aus der Zeit, in der das Leben fester gefügt war und es verbindliche Gewohnheiten dafür gab, wie zu trauern ist. An diesen Tagen hat sich ein Rest der alten Verbindlichkeiten bewahrt; viele Menschen fahren, oft Hunderte Kilometer, »nach Hause«, schmücken ein Grab, stehen davor, hören den Gebeten zu. Vielleicht ist das eine Antwort auf eine Frage, die heute viele Menschen umtreibt: Wo ist meine Heimat? Vielleicht dort, wo das Grab eines nahen Menschen ist.

Wenn ein Trauerzug daherkommt

Freunde erzählten von einer Szene, die sie im Italienurlaub erlebt haben, auf einer lauten Piazza mit Straßencafés und Souvenirläden: Zwischen den Kunden bahnte sich der Inhaber eines Ladens auf einmal den Weg zur Tür. Er machte sie zu, kurbelte den Rollladen herunter, blieb reglos davor stehen, blickte mit geneigtem Kopf auf den Platz. Auch die Fenster in den anderen Läden wurden verdunkelt; es wur-

de still. Touristen schauten irritiert. Nur eine Glocke war
zu hören: Ein Leichenzug verließ die Kirche, überquerte die
Piazza. Für einige Momente standen Zeit und Leben still. In
schweigendem Respekt gab man dem Toten und seinen Angehörigen den Weg frei. Der Leichenzug entschwand, die La-
denbesitzer zogen die Rollläden hoch; es wurde wieder laut;
das Leben ging weiter. Die Szene ist wie ein Echo aus alter
Zeit. Heute flüchtet sogar auf dem Friedhof der Spaziergän-
ger, wenn ein Trauerzug daherkommt; oder er tut so, als sähe
er ihn nicht. Mit einer politischen Demonstration kann der
Mensch von heute gut umgehen. Mit einem Leichenzug, der
auch eine Art von Demonstration ist – er demonstriert die
Endlichkeit des Lebens –, tut man sich schwer. Gewiss: Man
kann mit Todesverachtung die Nase rümpfen über forma-
lisiertes und ritualisiertes Trauern. Aber das Wort von der
letzten Ehre war und ist ein gutes Wort: Auch wenn man den
Kummer der Angehörigen nicht teilt, ehrt man so den Toten
und die, die um ihn trauern. Und man kehrt einen Moment
ein in sich selbst – und spürt die eigene Seele, die in diesen
Sekunden ihre Endlichkeit begreift.

Wie man selbst sterben möchte

In der Art, wie man den Toten begegnet, manifestiert sich die
Würde der Lebenden. Es geht um symbolische Kommunikation: um die der Lebenden mit dem und über den Toten; und um
die des Lebenden mit seinen Ängsten vor dem Tod. Man geht
der Antwort auf die Frage, wie man selbst sterben möchte,
gern aus dem Weg. Eine der anrührendsten Antworten lautet:
dass dann die Uhren stehen bleiben mögen – und also keiner
sagen muss: keine Zeit. Heute heißt es oft, dass die Beerdigung
»im kleinen Kreis« stattfinden soll. Das ist ein Privileg de-
rer, die einen großen Kreis erwarten dürfen. Für immer mehr
Menschen ist der Kreis ohnehin sehr klein, weil sie nieman-

den mehr haben. Die Zahl der Armenbegräbnisse nimmt zu; da werden die Metalldosen mit der Asche hastig verbuddelt.

Trauer ist nicht nur Privatsache

In Bayern wünschte man sich früher »eine schöne Leich«, also ein schönes Begräbnis; vielleicht ist es auch heute noch tröstlich, wenn viele Leute da sind, viele Blumen auch, wenn nicht alles für den guten Zweck gespendet werden muss; und wenn die Leute anschließend etwas zum Essen und Trinken bekommen, weil man immer so friert, wenn man traurig ist.

Es ist schade, wenn immer mehr Gesten abhandenkommen, die dem Tod einen Platz im Leben geben. Die Trauerkultur sei »lockerer« geworden, sagen die Bestatter. Das Wort »locker« meint vieles: Es meint das Ende der alten Riten, es meint eine billigheimerische Entsorgungsmentalität, es meint Verlegenheit, es meint eine krampfhafte Lustigkeit, es meint auch die Suche nach neuen Formen der Trauer und des Gedenkens. Die alten Familienstrukturen sind zerbrochen, die Menschen leben als Singles oder in Patchworkverhältnissen, sie leben mobil und unstet; eine neue Fassungslosigkeit im Umgang mit dem Tod ist das Abbild davon; auch die Suche nach guten, neuen Formen der Trauer gehört dazu – die Beerdigung in Friedwäldern und der neue digitale Totenkult. Manchmal, nach großen Unglücken und Katastrophen, findet die Trauer auch schon wieder zurück in die Kirchen.

Trauer ist nicht nur Privatsache. Der Tod braucht Raum im Alltag. Je weniger Raum die Gesellschaft dem Tod gibt, desto schwerer stirbt es sich. Man soll den Toten die Würde ihres vergangenen Lebens lassen, und den Lebenden die Hoffnung auf die letzte Ehre.

Erschienen in der Süddeutschen Zeitung vom 31. Oktober 2015

Sind Journalisten die Theologen der Demokratie?
Und was haben Bibel und Verfassung gemeinsam?
Die Bibel steht im Zweifel auf Seiten der Schwachen,
das Grundgesetz auch. Das hat Folgen für die
Theologen, das hat Folgen auch für die Journalisten.

Die Wahrheit soll ans Licht, aber: Was ist Wahrheit?

Die Urfrage der Theologen und die Urfrage der Journalisten

D er Theologe Marin Luther war der wirkkräftigste Journalist, den es je in Deutschland gegeben hat. Er war ein Medien- und Sprachereignis. Er war ein Publizist von einer Wirkkraft, die alle anderen klugen Wirkkräftigen blass dastehen lässt, Karl Marx ausgenommen. Seine modernen Verehrer sagen, Luther wäre heute ein begnadeter Twitterer und Blogger. Mag sein. Aber man braucht solche Krücken nicht, um die Genialität dieses Mannes zu begreifen.

Luther, Schutzpatron

Luther hat das Neue Testament in eine Sprache übersetzt, die es vorher nicht gab; er hat diese Sprache geschaffen. Oder, um es mit Johann Gottfried Herder zu sagen: Er hat »die deutsche Sprache, einen schlafenden Riesen, aufgeweckt und losgebunden«. Seit Luther, seit seiner Übersetzung, heißt die Bibel hierzulande schlechthin »die Schrift«. Er hätte es also verdient, zum Christophorus der Journalisten ausgerufen zu werden – aber da steht seine Lehre, wonach es nur einen himmlischen Fürbitter geben könne, nämlich Christus, Lu-

79

ther im Wege. In einem Stadium fortgeschrittener Ökumene könnte diese Ausrufung Luthers zum Schutzpatron freilich die katholische Kirche unternehmen, auch als Symbol für die Überwindung der Trennung der Konfessionen. In der katholischen Kirche gibt es allerdings schon seit bald hundert Jahren einen anderen journalistischen Schutzpatron. Die meisten Journalisten wissen davon allerdings nichts – und viele empfänden es, wenn sie es denn wüssten, als aufgedrängte Bereicherung. Diese Bereicherung heißt jedenfalls Franz von Sales. Papst Pius XI. hat ihn im Jahr 1923 zum Journalistenpatron gekürt.

Predigt per Flugblatt

Die Geschichte dieses Franz von Sales soll hier kurz erzählt werden, weil sie ein Beispiel dafür ist, was die Verbindung von Theologie und Journalismus bewirken kann: Franz von Sales lebte im 16. Jahrhundert und war Bischof von Genf. Im Jahr 1564, ganz am Beginn seiner priesterlichen Tätigkeit, erhielt er den Auftrag, die Menschen im Chablais, also südlich vom Genfer See, wieder für den katholischen Glauben zu gewinnen, sie waren im Zug der Reformation zum Calvinismus übergetreten. Als die politischen Machthaber von dieser Mission erfuhren, verboten sie der Bevölkerung bei Strafe, dessen Predigten zu besuchen. Der junge Prediger musste andere Wege finden, seine Botschaft unters Volk zu bringen. Er druckte also seine Predigten auf Flugblätter, heftete sie an Bäume, Tore und Haustüren. Und er hatte Erfolg damit.

Dieser Erfolg beruhte nicht allein auf dem damals gerade modern gewordenen Medium Flugblatt, sondern auch darauf, dass der Mann die richtigen Worte fand: Erstens übernahm er nicht den damals bei Glaubensauseinandersetzungen üblichen polemischen Stil; zweitens war seine Recherche über den Calvinismus, mit dem er sich auseinandersetzte, präzise; und drittens verfasste er seine Flugblatttexte in der Landessprache, was in der vom Latein beherrschten katholischen Kirche sensationell war. Er hatte die Sprache, um Gehör und Glauben zu finden.

Der Reformator und der Gegenreformator

Die Sprache, um Gehör und Glauben zu finden – der Reformator Martin Luther hatte die im reichlichsten Maß, der Gegenreformator Franz von Sales hatte sie auch. Und jeder nahm für sich in Anspruch, mit dieser guten Gabe die Wahrheit zu sagen. Die Wahrheit. Damit sind wir bei der Ur-Frage des Pontius Pilatus, die Theologen, Journalisten und Juristen gleichermaßen umtreibt: »Was ist Wahrheit?« Pilatus hat mit dieser Frage auf die Bemerkung von Jesus erwidert, er sei in die Welt gekommen, um »Zeugnis für die Wahrheit« abzulegen. Jesus will »Zeugnis für die Wahrheit« ablegen. Pilatus sagt darauf: »Was ist Wahrheit?« Und er wendet sich nach dieser Frage von Jesus ab, ohne eine Antwort abzuwarten. Was klingt hier an? Ein müder oder ein spöttischer Skeptizismus? Desinteresse? Abgeklärtheit? Zynismus?

Die Pilatus-Frage

Es ist so: Im Dialog zwischen Jesus und Pilatus treffen zwei Verständnisse von Wahrheit aufeinander. Das griechische Verständnis der »Aletheia« (von lanthano, verbergen) ist »das Unverborgene«. Das biblische Verständnis dagegen rührt aus einer ganz anderen Vorstellung, Wahrheit ist im Hebräischen »'emeth«. Man kann das Wort eigentlich nicht einfach mit Wahrheit übersetzen, weil es zur Gruppe der Worte gehört, die das Begriffsfeld Vertrauen und Treue umschreiben. Es ist eng verwandt mit dem Wort für Glauben »emuna«, von dem letztlich das uns geläufige Wort »Amen« herrührt, mit dem wir jedes Gebet beschließen. Martin Buber hat in seiner Bibelübersetzung über die Verdeutschung der Schrift geschrieben: 'emeth bezeichnet die Zuverlässigkeit schlechthin, auch die ganz innere (...); 'emeth ist wesentlich die Treue.« Wahrheit besteht also hier, im Gespräch von Jesus mit Pilatus, in Treue, Verlässlichkeit und Vertrauenswürdigkeit; Wahrheit bei Jesus ist ein Beziehungsbegriff. Mit so einem Wahrheitsbegriff kann der Machtpolitiker Pilatus nichts anfangen. Wahrheit ist für ihn allenfalls die Alternative von richtig und falsch. Seine Frage »Was ist Wahrheit«, sagt er im Gehen. Es ist wohl gar keine Frage, sondern eine Haltung, die auf Kalkül statt auf Treue und Vertrauen setzt: Was ist schon Wahrheit?

Die Panama-Welt

»Zeuge der Wahrheit sein« – das sollen Theologen; das sollen Journalisten. Nun erwartet man vom Journalismus zunächst vor allem, dass er für »Aletheia« sorgt, dass er also das Verborgene aufdeckt, dass er den Teppich wegzieht, unter den Skandalöses gekehrt worden ist, dass er dubiose Waffengeschäfte enthüllt, dass er entdeckt, wo Reiche und Mächtige ihr Geld verstecken, um Steuern zu sparen. Die Wahrheit soll ans Licht: Als vor ein paar Monaten die *Panama Papers* veröffentlicht wurden, war das so eine Licht- und Sternstunde.

Das Besondere an dieser Publikation der *Panama Papers* war die weltweite Kooperation der Journalisten; die Ökumene ist nun sozusagen auch bei den Journalisten angekommen. Üblicherweise kümmern sich Journalisten nur um die Skandale, die in ihrem jeweiligen Land passieren. Dass Journalisten auf der ganzen Welt zusammenarbeiten, um – wie bei den *Panama Papers* – ein Netzwerk von Steuerhinterziehung aufzudecken, eröffnet dem Journalismus neue Perspektiven. Zum ersten Mal im Journalismus wurde eine weltweite Öffentlichkeit hergestellt. Viele gesellschaftspolitische Fragen werden ja vornehmlich in den nationalen Bereichen diskutiert; und vielleicht macht gerade diese nationale Betrachtung der Dinge die Lösung so schwer. Erstmals wurde mit und in den *Panama Papers* eine weltweite Plage, die mangelnde Transparenz bei finanziellen Transaktionen, global betrachtet. Das war und ist eine große Chance, auch eine globale Lösung zu finden. Es ist gefährlich, wenn der Reichtum der Welt weiterhin versteckt werden kann – in Trusts, Scheinfirmen, Briefkästen, in verschachtelten juristischen Gebilden, die von Scheindirektoren und Strohmännern gesteuert werden. Es geht ja dabei nicht nur um Steuerbetrug, sondern um Vermeidung von missliebigen Gesetzen und Pflichten, um Geldwäsche, um schwarze Kassen. Auf den Panama- und den sonstigen Geheimkonten liegen die Gelder, mit denen Kleptokraten ihr Land ausplündern. Dort werden auch Gelder für den Terrorismus versteckt. Die *Panama Papers* offenbaren die gigantische Dimension dieser schmutzigen Geschäfte.

Das Reich von Vertrauen und Treue

Und: Diese *Panama Papers* offenbarten und offenbaren geheime Ordnungen, die die Welt sehr ungut zusammenhalten; und sie zeigten und zeigen auch, welche ihre bestimmenden Kräfte sind. Und damit ist man wieder bei Jesus und Pilatus. »Mein Reich ist nicht von dieser Welt« hatte Jesus dem Statthalter des damaligen Beherrschers der Welt gesagt und damit nicht gemeint, dass sein Reich irgendwo in den Tiefen der Seele oder den Höhen eines Wolkenkuckucksheims zu finden sei. Was er meinte: Auf diese Weltordnung, auf diese Panama-Welt, die du, Pilatus, vertrittst, gründet mein Reich, in dem Vertrauen und Treue sich bewähren, nicht.

Mein Reich ist nicht von dieser Welt: Jesus propagiert damit nicht, dass Theologen sich nur um spirituelle und um Jenseitsfragen zu kümmern hätten und über die diesseitigen und weltlichen Probleme den Mund halten sollten. Das Reich und die Wahrheit, von der die Bibel handelt, sind überhaupt nicht dieser Welt und ihren Themen enthoben. Es sind die sehr irdischen und materiellen Fragen nach der Ordnung und den Werten dieser Welt, die beide, die journalistischen und die theologischen Wahrheitssucher umtreiben.

Aufdeckung ist nicht Selbstzweck

Die Wahrheit soll ans Licht – aber wenn der Journalismus bei der Aufdeckung stehen bleibt, macht er nur die halbe Arbeit. Die Aufdeckung von Skandalen hat oft Krisen zur Folge: Regierungskrisen, Staatskrisen, die Krise einer Bank, die Krisen eines Unternehmens. Denken wir an die diversen Parteispendenskandale, denken wir an Korruptionsskandale. Aber nicht die Krise ist gefährlich, gefährlich ist das Versagen bei ihrer Aufarbeitung und Bewältigung. Die Aufdeckung von Skandalen ist erst die halbe Arbeit. Guter Journalismus geht daher über das Aufdecken hinaus. Er ist Moderator und Motor für Veränderungen, die die aufgedeckten Missstände abstellen. Das ist so wichtig wie das Aufdecken. Das ist Pressefreiheit.

Aufdeckung ist nicht Selbstzweck, Aufdeckung darf nicht Kikeriki-Journalismus sein; Pressefreiheit ist nicht die Freiheit zur journalistischen Selbstbefriedigung, Pressefreiheit ist nicht dafür da, den Journalisten lust- und machtvolle Gefühle plus Journalistenpreise zu verschaffen, wie es bisweilen, zumal bei personalisierten Skandalen, den Anschein hat. Sie ist nicht die Freiheit zur Selbstermächtigung und Selbstbefriedigung, wie sie sich etwa seinerzeit am Bundespräsidenten Christian Wulff ausgetobt hat. Die Pressefreiheit ist für die Demokratie da – und Demokratie ist etwas anderes als eine Meute, die Beute will. Es ist nicht Aufgabe der Medien, einen Rücktritt zu erzwingen. Ein Rücktritt ist nicht die den Medien zustehende Bestätigung und

Belohnung für die Aufdeckung einer echten oder angeblichen Affäre. Und das Ausbleiben eines heftig geforderten Rücktritts ist kein Angriff auf die Freiheit der Presse.

Neugier, Urteilskraft, Integrität

Ein guter Journalist betreibt die Aufgabe der Enthüllung nicht zynisch und nur aus Freude am Öffentlichmachen des Verborgenen, sondern mit einer Haltung, die mit dem biblischen Wahrheitsbegriff beschrieben werden kann, er betreibt sie nicht mit Kälte und Rigorosität, nicht mit Leidenschaftslosigkeit, sondern mit Zuverlässigkeit, Überzeugungstreue, Vertrauen und Vertrauenswürdigkeit. Pressefreiheit braucht Journalisten, die neugierig, unbequem, urteilskräftig und integer sind. Ein solcher Journalismus wird das böse und falsche Wort von der Lügenpresse abschütteln.

Pressefreiheit, das tägliche Brot der Demokratie

Der verstorbene Fernsehjournalist und Moderator Hans-Joachim Friedrichs hat einen Satz gesagt, der gern und oft zitiert, aber meines Erachtens auch oft falsch verstanden wird: »Einen guten Journalisten erkennt man daran,«, so hat Hans-Joachim Friedrichs gesagt, »dass er sich nicht gemein macht mit einer Sache, auch nicht mit einer guten Sache; dass er überall dabei ist, aber nirgendwo dazugehört.« Dieser Satz ziert die Anzeigen, mit denen ein Journalistenpreis ausgeschrieben wird. Er ist richtig, wenn er so verstanden wird, dass sich ein Journalist nicht zum Lobbyisten von Parteien und Interessengruppen machen darf. Er ist falsch, wenn er so verstanden würde, dass einem Journalisten nichts und niemand angelegen sein soll. Wenn einem Journalisten nichts etwas bedeutet, bedeutet der Journalismus nichts. Die Sache des Journalismus ist die Demokratie, die Sache des Journalisten sind die

Grundrechte und Grundwerte der Verfassung – dafür gibt es nämlich die Pressefreiheit. Pressefreiheit ist das Brot der Demokratie. Und wenn Journalisten dieses Brot missachten und stattdessen Kaviar essen wollen, dann haben sie ihren Beruf verfehlt. Journalismus braucht nicht nur »Aletheia«, Journalismus braucht »'emeth«.

Die Theologie ist kein investigatives Gewerbe

Zur Theologie. Die Theologie ist kein investigatives Gewerbe. Der Journalismus schon. Die Theologie hütet das »Geheimnis des Glaubens«, sie hütet das Mysterium. Journalismus dagegen deckt Geheimnisse und Mysteriöses auf. Aber sowohl das Hüten des Geheimnisses, die Achtung der Transzendenz und der Verborgenheit Gottes als Aufgabe der Theologie, als auch das Aufdecken des Versteckten als Aufgabe des Journalismus beschreibt die jeweiligen Aufgaben allenfalls zur Hälfte. Für den Journalismus habe ich das schon dargelegt; wenn nur aufgedeckt wird um des Aufdeckens willen, ist die Aufdeckung Selbstbefriedigung. Und wenn sich Theologie im Lobpreis des geheimnisvoll Geheimen erschöpft, wenn sie über das »pange linqua gloriosi«, wie ihn der berühmte eucharistische Hymnus des Thomas von Aquin besingt, nicht und nirgendwo hinausreicht, kann auch Religion zur Selbstbefriedigung werden. Sie muss mehr sein als das Raunen der Riten, mehr als die innere Ergriffenheit, wenn der Weihrauch raucht oder die Bach'schen Choräle erklingen. Sie muss auch Prophetie sein.

Die machtgeilen Hofpropheten

In der Theologie und im Journalismus geht es um Konsequenzen. Und um diese Konsequenzen zu ziehen, braucht man eine Haltung, also ein Verständnis davon, was den Menschen ausmacht, was die Gesellschaft zusammenhält, was das Soziale ist und das Rechte, das getan werden muss. Man kommt also ohne »Glauben« nicht aus; man kommt ohne die Wahrheit nicht aus; man kommt ohne das Recht nicht aus. Glaube, Wahrheit und Recht, »'emuna«, »'emeth« und »zedek«, das sind drei unzertrennliche Geschwister in der Bibel.

Die Propheten des Alten Testaments – sie wären heute wunderbare Journalisten. Ich meine nicht die Hofpropheten, die den Machthabern zu Munde redeten, so wie heute manche so genannte »Experten« oder »Gutachter«; solche Hofpropheten gibt es unter den Journalisten heute auch. Ich meine die prophetischen Unruhestifter, deren Texte zur Heiligen Schrift wurden. Diese Propheten haben das gesagt, was man nicht gern hörte. Der Prophet Jeremia (Jer 6, 14) hat die Hofpropheten und Priester angeklagt, das Volk zu betrügen, es mit Schwatzworten zu trösten, es zu verleiten, ihr eigenes Unglück gering zu achten. Und der Prophet Ezechiel (Ezechiel 13, 10) hat über die machtgeilen Hofpropheten so geschimpft: »Ihr habt das Volk in die Irre geführt, ihr habt verkündet, alles steht gut, während es in Wahrheit gar nicht gut stand. Da baut sich mein Volk eine Mauer aus losen Steinen und ihr, ihr streicht Tünche darüber«. Das könnte heute auch gut so in einem Leitartikel stehen.

Wahr ist, was Recht schafft

Theologie braucht Haltung. Journalismus auch. Theologie ist nicht das Handwerk, über Missstände Tünche zu schmieren. Journalismus auch nicht. Maßstab für Haltung ist jeweils der Gegenstand, dem sich Theologie und Journalismus verdanken. Für die Theologie ist das die Bibel beziehungsweise das Wort Gottes als Wort der Befreiung; für die Journalisten sind das die Grundrechte der Verfassung und hier vor allem die Pressefreiheit. Bibel und Verfassung sind nicht an sich schon die Wahrheit. Wahrheit ist immer eine Sache der Auslegung. Wahr ist, was Recht schafft und die Menschen befreit. Iustitia wird mit einer Augenbinde dargestellt, weil sie ohne Ansehen der Person urteilen soll. Das ist ein wichtiger Rechtsgrundsatz. Aber es tut diesem Rechtsgrundsatz gut, wenn er durch die biblische Rechtsvorstellung ergänzt wird. Die besteht darin, dass Gott gerade nicht blind ist. Seine Befreiung des Volkes aus dem Sklavenhaus Ägypten beginnt damit, dass er sagt: Ich habe ihr Elend gesehen. Gott sieht, er schaut hin und sieht vor allem den Armen und Ausgeschlossenen, der zu seinem Recht kommen soll. Die Bibel steht im Zweifel auf Seiten der Schwachen, das Grundgesetz auch. Das haben Bibel und Verfassung gemeinsam. Und das hat Folgen für die Theologen, das hat Folgen für die Journalisten.

Die Stimme der Moral

Das lässt sich am Beispiel des Jakobus-Briefes im Neuen Testament exemplifizieren. Luther hat seine Sprachgewalt an diesem Brief ausgelassen und ihn eine »stroherne Epistel« geschimpft. Zu Unrecht. Diese Epistel ist nämlich auch eine demokratische Epistel. Jakobus sagt: »Liebe Brüder, haltet den Glauben an Jesus Christus frei von allem Ansehen der Person. Denn wenn in eure Versammlung ein Mann käme mit einem goldenen Ring und in herrlicher Kleidung, es käme aber auch ein Armer in unsauberer Kleidung, und ihr sähet auf den, der herrlich gekleidet ist, und sprächet zu ihm: Setze du dich hierher auf den guten Platz!, und sprächet zu dem Armen: Stell du dich dorthin!, oder: Setze dich unten zu meinen Füßen!, ist's recht, dass ihr solche Unterschiede bei euch macht und urteilt mit bösen Gedanken?«

Arme, die sehen mussten, wo sie blieben, gab es damals wie heute. Dass einer arm ist, war aber früher keine bloße Feststellung, so wie man sagt, dass er schwarze oder blonde Haare hat. Wenn man sagte: »Ein armer Mensch«, dann schwang darin mit: der hat Hilfe und Mitleid verdient; ihm muss man etwas geben; es ist im Grunde nicht recht, dass er nicht genug hat; das sollte anders werden; es geht nicht an, ihn auch noch zu beleidigen. »Armut ist keine Schande« wusste die Volksweisheit. Wenn man von Armut sprach, dann steckte darin eine Aufforderung, sie zu beseitigen. Und wenn schon nicht radikal, dann wenigstens für den Moment, durch ein Almosen. Man konnte nicht über Armut reden ohne die Stimme der Moral, die Mitleid und Freigiebigkeit einforderte. In diesem Geist fragt der Jakobus-Brief: »Ist's recht, dass ihr solche Unterschiede bei euch macht und urteilt mit bösen Gedanken?«

Auskommen in der Armut, Fortkommen aus der Armut

Nicht also dass Arme früher nicht auch ungerecht und entwürdigend behandelt worden wären – selbst unter Christen, wie hier offensichtlich ist. Ich meine gewiss nicht, dass die Armen es früher leichter gehabt hätten oder dass es den einzelnen besser ergangen wäre. Doch gab es ein Empfinden, dass solch ein Verhalten eigentlich unmöglich ist. Es ist nicht Recht! Es ist gegen Gottes Gebot! Es gab eine breite allgemein anerkannte Tradition, dass die Schwachen zu schonen seien, die Armen Hilfe verdienen, die Elenden zu respektieren seien. Texte wie dieser aus dem Jakobusbrief – indem sie weitererzählt und gepredigt wurden von Generation zu Generation – haben verhindert, dass der Arme vergessen und die Armut geleugnet wurde. Es wurde ihrer gedacht. Und im Gedenken wurde das Bewusstsein wach gehalten: so soll es nicht sein. Der Sozialstaat war und ist der gute Höhepunkt dieses Denkens; der gute Sozialstaat sorgt nicht nur für ein Auskommen in der Armut, er sorgt idealiter auch für ein Fortkommen aus der Armut.

Aber das funktioniert immer öfter nicht mehr so gut, wie es etwa in den siebziger Jahren des letzten Jahrhunderts funktioniert hat. Das hat dazu geführt, dass der Blick auf die Armut sich jedenfalls in einem Teil der Gesellschaft verändert hat.

Um es drastisch zu sagen: Armut gilt heute nicht wenigen als ein Makel, der offenbar kein Mitleid verdient. Der Arme ist der Dreck unter dem lackierten Fingernagel der gestylten Gesellschaft. Man sollte ihn, so denken nicht wenige, wegmachen. Ihn und nicht seine Armut – das ist der Unterschied.

Armut gilt heute mehr und mehr als Schande: aber nicht für die reiche Gesellschaft. Für den Armen selbst ist sie eine Schande. Er hat sich für sie zu rechtfertigen. Hatte man früher ein Empfinden, dass die Armut nicht sein soll, so könnte man für heute eher sagen, dass die Armen nicht sein sollen. Also werden sie unter Generalverdacht gestellt, Faulpelze und Betrüger zu sein. Ermittler werden losgeschickt, um ihnen auf die Wohnung zu rücken und von Amts wegen zu schnüffeln, ob sie nicht zu viel Hartz-IV-Geld kassieren. Eifrige Journalisten helfen mit bei den in unschöner Regelmäßigkeit wiederkehrenden Kampagnen gegen die angeblichen Faulpelze in der sozialen Hängematte.

Gott ergreift Partei

»Hört zu, meine lieben Brüder!«, fährt der Jakobus-Brief fort. »Hat nicht Gott erwählt die Armen in der Welt, die im Glauben reich sind und Erben des Reichs, das er verheißen hat denen, die ihn lieb haben?« Jakobus sagt also, die Armen seien von Gott erwählt. Sie verdienen besondere Würdigung. Sie sind Gottes Elite, seine Auserwählten, denn das heißt ja übersetzt Elite. Damit steht Jakobus nicht allein in der Bibel. Er steht in einer Reihe mit einer Fülle von Texten, die bezeugen, dass Gott Partei für die Armen ergreift. Das ist eine der Wahrheiten, denen die Bibel durchgängig treu ist, und die Theologen zu bezeugen haben. In diese Tradition gehören die Erbarmensgesetze Israels, die Psalmen, die Gott als Retter der Fremden, Witwen und Waisen besingen; in diese Tradition gehören die Propheten, die Ausbeutung und Schuldknechtschaft gottlos nennen; in diese Tradition gehört Jesus, der die Armen selig preist; in diese Tradition gehört die Apostelgeschichte, die von der Gütergemeinschaft der ersten Gemeinde erzählt; in diese Tradition gehört die christliche Armenpflege und so weiter und so weiter – man kommt gar nicht ans Ende der Aufzählung.

Gott liebt die Armen, nicht die Armut

Gott hat eine Vorliebe für die Armen. Sie sind die Erben seines Reiches, das nicht von dieser Welt, das nicht für diese Weltordnung steht. Das ist nicht zu verwechseln mit dem Motto: die Armen seien die frömmeren Menschen – darum seien die Reichen die, die in Wirklichkeit arm dran sind. Das ist religiöser Kitsch. Genauso wie die Vorstellung, dass Arme die anständigeren Menschen seien. Gott liebt die Armen, nicht die Armut. Er liebt sie aber nicht, weil sie bessere Menschen wären. Das sind sie nicht. Er liebt sie, weil sie seine Liebe, seine Zuwendung nötig haben. Die Haltung Armen gegenüber ist keine Frage der Höflichkeit oder des Anstandes oder des guten Benehmens, sie ist eine Frage des rechten Glaubens. Wo immer ein Armer entehrt wird, wird Gott selbst gelästert. Bei der Frage nach Armut und Reichtum geht es an das Eingemachte der Bibel.

Journalisten als Theologen der Demokratie

Es geht auch an das Eingemachte von Demokratie und Sozialstaat. Der Sozialstaat soll dafür sorgen, dass der Bürger Bürger sein kann, dass sich die Menschen, unabhängig von der Größe des Geldbeutels oder des Bankkontos, auf Augenhöhe begegnen können. Wenn Journalisten das einfordern, sind sie die Theologen der Demokratie.

Theologie und Journalismus sind jeweils eine Rechtswissenschaft in einem ganz besonderen Sinn: weil beide Disziplinen wissen, dass Menschen Rechte brauchen und Rechte haben. Reicht nicht auch Gnade, könnte man fragen. »Sola gratia« war doch eines der Grundprinzipien der Reformation. Reicht nicht auch Gnade, sagen heute wieder Politiker, wenn es um das Asylrecht und seine dauernde Reformierung geht. Muss man, sagen sie, die Asylgewährung nicht in einen Gnadenakt verwandeln?

Besseres als Gnade

Betrachten wir die Gnade. Gnade ist großzügig und freundlich. Gnade ist barmherzig und heilsam. Gnade ist ein Segen. Aber Gnade hat auch eine problematische Eigenschaft. Wo die Gnade waltet, gibt es nämlich einen, der sie gewährt, und einen, der sie empfängt. Es gibt ein Oben und ein Unten. Für Gnade hat man dankbar zu sein. Wer von anderer Leute Gnade lebt, ist abhängig und unfrei. Denn Gnade ist nicht selbstverständlich. Gnade kann man nicht einfordern. Deshalb ist Gnade meistens schön für den, der gnädig sein kann, nicht immer aber für den, der auf sie angewiesen ist. Gnade adelt ihren Geber, aber sie erniedrigt ihren Empfänger. Mit Gnade kann man Menschen demütigen. Mit Gnade kann man beleidigen. Mit Gnade kann man jemanden gering machen. Deshalb verlangen die Armen in der Bibel immer wieder Besseres als Gnade: Sie verlangen Recht. Und zwar gerechtes Recht. Gnade kann nicht Recht ersetzen. Ja, die beste Gnade ist eigentlich die, die zum Prinzip des Rechts wird. Ist es gut, das, was Schwache nötig haben, der Gnädigkeit der Starken und der Besitzenden zu überlassen? Oder ist es besser, das was Schwache nötig haben, zu einem Recht der Schwachen und Bedürftigen zu machen?

»Judica« heißt einer der Sonntage vor Ostern, benannt nach dem Beginn des Psalmverses: »Judica me deus« – »Verschaffe mir Recht, oh Gott«. Ist es Recht, Zäune aus Stacheldraht zu ziehen, auf dass der Wohlstand in den EU-Landen bleibe und die Armut draußen? Ist es Recht, wenn wir in Europa unsere Kleidung unter erbärmlichen Umständen in Asien herstellen lassen? Ist es Recht, wenn die in Asien billigst hergestellte Kleidung dann später als Second-Hand-Spende nach Afrika geht, wo dann deswegen die dortige Textilindustrie den Bach hinuntergeht? Ist es Recht, wenn schwimmende Fischfabriken aus Europa und aus den USA vor den Küsten Afrikas alles wegfangen, was zappelt? Ist es Recht, wenn, dank der EU-Subventionen, europäisches Geflügel und europäische Butter in Afrika billiger ist als es die einheimischen Produkte sind? Ist es Recht, wenn Deutschland nach wie vor zu den größten Waffenproduzenten und Waffenexporteuren der Welt zählt?

Paulus und St. Martin

Ja leider, es ist dies leider Recht, weil nationale und internationale Gesetze dieses Unrecht zu Recht machen. Und es ist eine Aufgabe von Journalisten als Anwälte der Menschenrechte Kritik an diesem Recht zu üben. Es ist Aufgabe von Theologen, in der Nachfolge des Gesetzeskritikers Paulus aufzudecken, wie Recht dem Unrecht assistiert. Judica me deus. Es geht nicht nur um Almosen, nicht nur um ein paar Krümel vom Tisch des Reichtums. Es geht um Recht, um Menschenrecht. Es geht darum in der Theologie, die dem Gott verpflichtet ist, der Mensch wird. Und es geht darum im Journalismus, der der Achtung des Artikels 1 Grundgesetz verpflichtet ist.

Wir kennen die Geschichte vom Sankt Martin, der seinen Mantel geteilt hat. Wir erinnern uns an die anrührende Schlüsselszene, als der römische Soldat und spätere Bischof Martin seinen Mantel mit einem frierenden Bettler teilt. Dazu muss man wissen, dass den römischen Soldaten nur die Hälfte des Mantels gehört, die andere gehörte der Armee. Martin hat also kein Fitzelchen hergegeben, er hat alles gegeben, worüber er verfügen konnte. Der Mensch braucht zumindest so viel Mantel, dass er Mensch sein kann. Der Flüchtling muss Mensch sein können: Man wird die Christen daran messen, was sie dafür getan haben, man wird die christlichen Kirchen daran messen, was sie getan haben.

Hochzeit der Bürgertugend

St. Martin ist ein Heiliger unserer Tage nicht nur wegen seines Beispiels für eine Barmherzigkeit, die sich von der Not des frierenden Bettlers anrühren lässt. Das wäre ja schon viel, auch für unsere Zeit und unsere Tage. Denn wir leben in einem Land, in dem Woche für Woche bei den sogenannten Pegida-Demonstrationen Tausende auf die Straße gehen, die sich nicht anrühren lassen von fremdem Leid; wir leben in einem Land, in dem Häuser brennen, die für Flüchtlinge hergerichtet wurden. Wir können aber auch froh darüber sein, dass es viele Tausende in unserem Land sind, die zupacken und Flüchtlingen zur Seite stehen. Wir haben ein Ausmaß an Hilfsbereitschaft gesehen, das viele nicht erwartet hätten. Wir erleben einerseits Fremdenfeindlichkeit und Flüchtlingshass, wir erleben andererseits auch eine hohe Zeit, eine Hochzeit der Bürgertugend.

Des Kaisers Hinterteil

Es gibt eine zweite wunderbare Sankt-Martin-Geschichte, die viel weniger bekannt ist wie die von der Teilung des Mantels – die aber in unseren Zeiten Mut machen kann. Der Sozialethiker Franz Segbers hat sie aus der Vergessenheit hervorgeholt. Sie steht im »Goldenen Legendenbuch« und sie geht wie folgt: Es gab damals, zur Zeit St. Martins, bereits einen christlichen Kaiser, Theodosius. Er hatte das Christentum zur Staatsreligion gemacht und die Kirche reichlich mit Privilegien ausgestattet. Die Gegenleistung: Die Kirche sollte

Stütze des Reiches und seiner Herrschaft sein. Doch nicht mit Martin. Er war zum Bischof von Tours gewählt worden – und er nahm seinen Bischofstitel ernst: »Vater der Armen«.

Also wollte er sich beim Kaiser für die Armen einsetzen. Aber der Kaiser wollte nicht hören und nicht helfen. Er hielt die Tore seines Palastes fest verschlossen. Ein zweites und ein drittes Mal kam Martin zum Kaiser, vergebens. Danach streute er Asche auf sein Haupt und fastete und betete eine Woche lang. Dann ging er auf seines Engels Geheiß noch einmal zum Palast und kam tatsächlich, durch verschlossene Tore, bis vor den Kaiser. Der blieb trotzig auf seinem Stuhl sitzen. Im »Goldenen Legendenbuch« heißt es dann wörtlich: »Da bedeckte plötzlich Feuer den königlichen Thron und brannte den Kaiser an seinem hinteren Teil, dass er voll Zorn musste aufstehen. Und der Kaiser bekannte, dass er Gottes Macht hatte gespürt. Er umarmte den Heiligen und bewilligte ihm alles, noch ehe er darum bat.«

Wer Visionen hat, soll Theologe werden oder Journalist

Diese wunderbare Geschichte , so sagt Segbers zu Recht, hat ihre eigene Wahrheit und Poesie. Denn sie erinnert an einen weiteren Anspruch, den Theologen und Journalisten gleichermaßen an sich selbst haben sollen. Diese Martin-Geschichte sagt: Solchen Machthabern, solchen Politikern soll man Feuer unter dem Hintern machen. *Judica me deus:* Die Armen, die Flüchtlinge sollen zu ihrem Recht kommen.

In der Bibel steht der Satz noch viel klarer als im Grundgesetz. In der Bibel steht: »Was ihr getan habt einem von diesen meinen geringsten Brüdern, das habt ihr mir getan.« Das ist der zentrale Satz der christlichen Botschaft. Das ist der zentrale Satz des christlichen Abendlandes. Das ist der zentrale Satz einer sozialen und humanen Politik. Er ist eine Realvision. Es soll mehr real sein, denn Vision. Wer Visionen hat, soll zum Arzt gehen. Das hat angeblich Helmut Schmidt gesagt. Korrigieren wir ihn: Wer Visionen hat, der soll Theologe werden oder Journalist.

Dazu beitragen, dass es nicht noch schlimmer wird

Vor längerer Zeit habe ich für das »Medium Magazin« eine Kollegin auszeichnen dürfen, die im Irak Journalistinnen und Journalisten ausgebildet hat. Susanne Fischer hat fünf Jahre lang, von 2003 bis 2008, Journalisten im Irak unterrichtet, seit 2008 tut sie das in Syrien. Sie arbeitet unter Bedingungen, die man sich kaum vorstellen kann, wenn man in Deutschland, Österreich oder der Schweiz als Dozent an einer der Journalistenschulen oder der Presseakademien arbeitet. Susanne Fischer hat mit ihrem »Institute for War and Peace Reporting« 300 junge Journalisten ausgebildet. Vier ihrer Schüler sind getötet worden, Dutzende haben Drohungen erhalten. Einige mussten untertauchen oder sich in den Nachbarländern in Sicherheit bringen. Susanne Fischer hat sich nicht einschüchtern lassen, ihre Schüler auch nicht. Susanne Fischer und ihre jungen Kolleginnen und Kollegen im Irak und in Syrien lehren uns wieder etwas über die Ursprünge unseres Berufs: Pressefreiheit ist nicht die Freiheit zu bequemer Berufsausübung; sie ist vor allem die Pflicht zur Aufklärung. Wer im Irak oder in Syrien Journalistenausbildung betreibt, der lehrt nicht einfach schreiben – der lehrt Pressefreiheit, der lehrt Haltung, der lehrt und lebt das, was die Kernkompetenz des Journalismus ist: sich nicht einschüchtern lassen. Sich nicht einschüchtern lassen, nicht von Politik, nicht von der Wirtschaft, nicht von so genannten Sach- und Sparzwängen, auch nicht – ja, das gibt es auch – von Kolleginnen und Kollegen.

Ich habe damals bei der Preisverleihung Susanne Fischer gefragt: »Sie arbeiten in einem Land, in dem der Tod allgegenwärtig ist, in Gestalt von Autobomben, Selbstmordattentätern und Killerschwadronen – was können denn Journalisten in einem solchen Klima der Gewalt überhaupt noch ausrichten? Die Antwort: »Es ist in diesem Klima eine Leistung, wenn es dank vieler gut ausgebildeter Journalisten vermieden werden kann, dass Medien dazu aufrufen, Schiiten oder Sunniten abzuschlachten. Journalisten können so dazu beitragen, dass es nicht noch schlimmer kommt.« Das ist eine, das ist meine Vision: Dazu beitragen, dass es nicht noch schlimmer kommt.

Das Buch des Lebens

Dazu beitragen, dass es ein wenig besser wird. Der zitierte Jakobus-Brief ist nicht nur ein biblischer Text, sondern auch ein demokratischer Lehrbrief. Jakobus erinnert, ja appelliert darin an die Barmherzigkeit. Wenn erbarmungslose Habgier triumphiert, ist es schon viel, der Barmherzigkeit beharrlich das Wort zu reden. Besser ist noch, der Gerechtigkeit das Wort zu reden. Denn es soll ein Recht sein und keine Gnade, dass ein Mensch keinen Mangel hat. Das hat mich nicht nur die Verfassung gelehrt, das hat mich auch die Bibel gelehrt. Sie ist das Buch des Lebens, wohl auch meines eigenen.

Festvortrag zur Verleihung der Ehrendoktorwürde der Philosophischen Fakultät und des Fachbereichs Theologie der Friedrich-Alexander Universität Erlangen-Nürnberg am Dienstag, 12. Juli 2016 im Redoutensaal der Universität Erlangen

IN DEN
DUNKELKAMMERN
DER ZEITEN

Mit einem einfachen Mörder verhandelt der Richter. Mit einem tausendfachen Mörder verhandeln die Staatsmänner. Die Versuche, diese zynische Rechnung zu durchkreuzen, sind noch nicht sehr weit fortgeschritten.

Gesichter des Bösen

Das Böse hat kein typisches Gesicht.
Das ist das Typische am Bösen.

W er schon einmal einen Jahresbericht von Amnesty International von vorn bis hinten durchgelesen hat, der kennt die entsetzliche Monotonie des Grausamen. Das ganz besonders Verstörende am Werk von Till Zimmermann und Nikolas Dörr (»Gesichter des Bösen. Verbrechen und Verbrecher des 20. Jahrhunderts«), das die größten Verbrecher gegen die Menschlichkeit aus den vergangenen hundert Jahren samt ihren kurz zusammengefassten Verbrechen auflistet und in knappen Sätzen beschreibt, ist die himmelschreiende Trostlosigkeit, die sich bei der Lektüre einstellt.

Im Amnesty-Jahresbericht kann Statistik bisweilen trösten – wenn diese Statistik für das eine oder andere Land zeigt, dass sich die Zustände dort gebessert haben und Gefangenenlager geöffnet wurden. In diesem Buch bessert sich nichts. Man geht vorbei an den Türen der untersten Zellen der Hölle und liest die Aufschriften.

Wo soll Tröstliches sein? Neue Staatsverbrecher folgen den alten, ein Unhold im Staatsamt folgt dem anderen, ihre Handlanger bleiben oder wechseln, jedenfalls sind immer welche da. Das Buch will eine Walhalla der Schande sein. Zwischen den vielen Diktatoren, die so genannt werden, weil sie zahllose Verbrechen diktiert haben, findet man auch ein paar klassische Großgangster von der Mafia, deren Bandenmorde einem neben all dem Massenmorden und Massenfoltern, dem organisierten Menschenquälen und Menschenvernichten, fast niedlich erscheinen – und man schämt sich beim Lesen dieses Gefühls.

Namen, Fakten, Zahlen

Unter den 166 Schandnamen finden sich Namen, die man kaum mehr kennt oder die man dort nicht suchen würde und die gar keinen so schlechten Klang haben, Namen von US-Präsidenten beispielsweise: William Mc Kinley, US-Präsident von 1897 bis 1901, dann auch spätere US-Präsidenten – Harry Truman, Lyndon B. Johnson und George W. Bush. Der erste in dieser Reihe, Präsident Mc Kinley, hat die US-Armee auf den Philippinen grausam wüten lassen, um das Land durch Krieg und systematische Folter unter seine Kontrolle zu bringen; Kinder wurden erschossen, in Konzentrationslagern ließ man Zivilisten verhungern. Dieser US-Präsident also steht zusammen mit seinen Nachfolgern Truman, Johnson und Bush in der Liste der Schandnamen zusammen mit Heydrich, Hitler, Bokassa und Bin Laden; General Franco steht da in der Nähe von Pol Pot, der portugiesische Halb-Ewigkeits-Staatschef Salazar neben Stalin, Idi Amin und den türkischen Organisatoren des Völkermords an den Armeniern. Die Verbrechen sind unterschiedlichst in ihrer Dimension, Motivation, Organisation, Rezeption; aber sie passen jeweils in eines oder in mehrere der Verbrechensraster, die Till Zimmermann und Nikolas R. Dörr, die beiden Autoren des Buches über die »Gesichter des Bösen«, entwickelt haben. Manche Gesichter sind Fratzen, manche tragen die Züge der Biederkeit. Gesichter können täuschen. Das Böse hat kein typisches Gesicht. Das ist das Typische am Bösen.

Der Amerikaner Bush, der Afrikaner Idi Amin, der britische General »Bomber« Harris, der deutsche Kolonialoffizier von Trotha und Adolf Hitler: Wird hier das Unvergleichbare verglichen? Wird das absolut Böse verharmlost, wenn das relativ Böse einfach daneben steht? Das Buch hilft einem nicht viel bei solchen Fragen; es zielt darauf ab, dass man solche Fragen stellt. Das Buch benennt, in Form eines Anklagesatzes, Namen – und es benennt die Fakten und Zahlen, die zu diesen Namen gehören: Eine knappe Seite jeweils für Leben und Werk; und das jeweilige Werk besteht in sogenannten Säuberungen, in provozierten Hungersnöten, im Bombardement von Städten, im Abwurf von Napalmbomben, im Betrieb von Konzentrationslagern. Die Schicksale der Opfer bleiben hinter der nüchternen Benennung dieser Generalverbrechen verborgen. Nur manchmal ist das anders: Dann schauen die aufgespießten Köpfe seiner ermordeten Gegner, die ein afrikanischer Staatsverbrecher durch die Straßen hat tragen lassen, hinter solch einer Beschreibung hervor. Und der japanische Staatsarzt, der Kriegsgefangene mit Cholera, Syphilis, Milzbrand und Pest infizieren oder sie zu Experimentierzwecken mit Granaten und Flammenwerfern beschießen hat lassen, verfolgt einen im Traum.

Das Massenmörderkartenspiel

Man wehrt sich beim Lesen innerlich gegen diese Kompilation der Ungeheuerlichkeiten der jüngeren Menschheitsgeschichte: Der erste Ausdruck meines eigenen inneren Widerstrebens war es, dass ich mir beim Lesen ein frivoles Massenmörderkartenspiel vorgestellt habe, konzipiert auf der Basis der »Gesichter des Bösen« – zu spielen nach den Regeln des Autoquartetts, das Generationen von Schülern auf dem Pausenhof gespielt haben: An die Stelle von Hubraum, Höchstgeschwindigkeit und Beschleunigungswerten würden in diesem Quartett des Bösen die Zahl der Toten und die Dauer der Herrschaft der Staatsverbrecher treten. Man könnte in das makabre Spiel Sonderpunkte einbauen: für späte Reue vielleicht, wie sie sich aber bei den allerwenigsten der beschriebenen Figuren zeigte – bei Jacques Massu beispielsweise, dem brutalen Oberkommandierenden der französischen Truppen in Algerien von 1958 bis1960, der zwei Jahre vor seinem Tod im Jahr 2002 die Anwendung der Folter im Algerienkrieg als Fehler bezeichnete und sich bei den Opfern entschuldigte. Es ist das Unbehagen und der hilflose Zorn über die Liste der Großverbrechen, die einem solch makabre Ideen eingibt.

Gesichter des Guten

Beim Weiterlesen ist mir dann ein deutscher Generalstaatsanwalt in den Sinn gekommen: Fritz Bauer, der NS-Ankläger, Generalstaatsanwalt von Frankfurt. Er hat mich beim Lesen begleitet. Ohne diesen Fritz Bauer hätte es den Frankfurter Auschwitzprozess nicht gegeben. Ohne diesen Prozess gegen 22 ehemalige Bewacher des Konzentrationslagers Auschwitz hätte die deutsche Öffentlichkeit noch viel länger ihr Schweigen über die NS-Verbrechen ausgebreitet. Ohne diesen Prozess hätte die Loyalität der Nachkriegsgesellschaft mit den NS-Verbrechern noch viel länger gedauert. Für Fritz Bauer waren die NS-Verfahren Prüfsteine eines demokratischen Neubeginns. Deswegen initiierte er die Auschwitzprozesse, deswegen ermittelte er gegen den Euthanasiearzt Heyde, deswegen nahm er es auf sich, als Nestbeschmutzer beschimpft und angefeindet zu werden.

Es gibt also auch die »Gesichter des Guten«: Fritz Bauer hat die großen NS-Verfahren, wie man in der Juristerei so schön sagt, »an sich gezogen«. Er hat, als andere abwinkten und abwimmelten, nicht nur den Angeklagten, sondern dem Naziregime insgesamt den Prozess gemacht. Nicht weil er rachsüchtig war; er hoffte vielmehr auf die Reue der Täter. Er tat es, weil er ein leidenschaftlicher Humanist und Demokrat und ein Missionar des Rechtsstaats war. Balthasar Garzón, der angefeindete und verfolgte spanische Staatsanwalt und Untersuchungsrichter, der mittlerweile aus seinen Ämtern entfernt wurde, ist ein Nachfahre Bauers. Die von Garzón bewirkte Verhaftung des chilenischen Diktators Pinochet, der wie viele andere Diktatoren im eigenen Land als unantastbar galt, motivierte Menschenrechtsorganisationen und Juristen auf der ganzen Welt, Menschenrechtsverletzer zur Verantwortung zu ziehen.

Der Garzón-Effekt

Die Verurteilung des früheren peruanischen Präsidenten Alberto Fujimori wegen Folter, Massaker und Korruption wäre ohne den Pinochet-Effekt kaum denkbar gewesen. Fujimori, von 1990 bis 2000 zehn Jahre lang Präsident Perus, wurde vom Obersten Gerichtshof in drei Verfahren verurteilt: einmal zu sechs Jahren Gefängnis, dann noch einmal zu 25 Jahren Gefängnis wegen des von ihm befohlenen Einsatzes von Todesschwadronen und schließlich wegen Korruption ein weiteres Mal zu siebeneinhalb Jahren Haft. Eigentlich müsste dieser Pinochet-Effekt besser Baltasar-Garzón-Effekt heißen.

Erschütterte Gewissheiten

Seit 1996 ermittelte Garzón gegen Chiles Ex-Diktator, der in seiner Heimat als Senator auf Lebenszeit Immunität genoss. Zunächst erntete er Spott dafür. Im Herbst 1998 aber beantragte er die Festnahme des in London weilenden Generals wegen Völkermordes, Terrorismus und Folter, er legte ihm zur Last, während der chilenischen Militärdiktatur auch für den Tod spanischer Staatsbürger verantwortlich gewesen zu sein. Pinochet wurde verhaftet. Das Verfahren konnte zwar nicht zu Ende geführt werden, aber die weltweite Wirkung war enorm. Pinochet blieb in England 500 Tage unter Hausarrest, und als er schließlich krank und gedemütigt nach Chile zurückkehren durfte, begann auch sein Heimatland, sich juristisch mit dem Militärregime auseinanderzusetzen. 2005 wurde dem 89-Jährigen das Amt des Senators auf Lebenszeit aberkannt. Pinochet zog sich, wie Paul Ingendaay in der *FAZ* schrieb, »auf Zehenspitzen ins Privatleben zurück« und starb im Jahr darauf. Sein Fall gilt seitdem als Warnung an gewesene Tyrannen, sich nicht allzu sicher zu fühlen. Der Fall erschüttert die Gewissheiten der Mächtigen, dass ihnen nichts passieren kann – und er erschüttert die Indolenz des Weltgewissens.

Zynische Rechnung

In einem der letzten Sätze, die Fritz Bauer veröffentlichte, es war ein Aufsatz über Schopenhauer, heißt es: »Der praktisch tätige Mensch hält es mit dem Prinzip Hoffnung, mag er auch selbstkritisch sich mitunter des Gefühls nicht erwehren können, es könnte eine Lebenslüge sein«. In Ergänzung zu diesem Satz hat er gesagt: »Und selbst wenn die Hoffnung tatsächlich eine Lebenslüge ist – ohne sie wäre die Unmenschlichkeit in der Welt nicht zu überwinden«.

Jahrhundertelang war es so: Das Risiko eines normalen Mörders, entdeckt und verurteilt zu werden, war hoch. In Europa liegt die Aufklärungsquote solcher Morde heute bei 90 Prozent und mehr. Das Risiko eines Völkermörders, eines Massenverbrechers, eines Staatskriminellen, sich seiner Verbrechen wegen verantworten zu müssen, war dagegen gleich null. Offenbar schwand mit der Zahl der Verbrechen auch ihre strafrechtliche Vorwerfbarkeit: Ein Mord führt in die Zelle, tausend Morde, zehntausend Morde aber führen in den internationalen Konferenzsaal. Mit einem einfachen Mörder verhandelt der Richter. Mit einem tausendfachen Mörder verhandeln die Staatsmänner. Die Versuche, diese zynische Rechnung zu durchkreuzen, sind noch immer nicht sehr weit fortgeschritten. Ohne Leute wie Fritz Bauer und Baltasar Garzón stünden sie immer noch am Anfang. Natürlich sind solche Leute nicht das Weltgericht. Der Weltstrafgerichtshof, wie der Internationale Strafgerichtshof gern genannt wird, steht nicht in Madrid, sondern in Den Haag. Aber auch dieses Gericht braucht seine Zu- und Vorarbeiter.

Eliten haftbar machen

Die Nürnberger Prozesse nach dem Zweiten Weltkrieg waren der erste ernsthafte Versuch der Weltgeschichte, mit den Mitteln der Justiz staatstragende Eliten haftbar zu machen für ihre Verbrechen. Die Urteile von Nürnberg sollten, so sagte der Chefankläger Robert Jackson, auch die Männer erreichen, »die eine große Macht an sich reißen und sich ihrer mit Vorsatz bedienen, um ein Unheil hervorzurufen, das kein Heim der Welt unberührt lässt«. Das war die große Hoffnung des US-Anklägers in Nürnberg, es war die große Hoffnung in den Jahren nach dem Zweiten Weltkrieg – und es war dies eine rührende Erwartung. Die Stadt Nürnberg, die 1946, bei den Nürnberger Prozessen, noch in Trümmern lag, wurde neu aufgebaut; das Völkerstrafrecht aber blieb lange liegen. Trotz schwerster Verstöße gegen das Völkerrecht in vielen Teilen der Welt blieb die Strafverfolgung auf NS-Täter beschränkt: auf Adolf Eichmann, Klaus Barbie und ein paar andere.

Ein neuer Schub für das Völkerstrafrecht kam mit der Einsetzung des Jugoslawien-Tribunals der Vereinten Nationen in Den Haag 1993, des Ruanda-Tribunals der Vereinten Nationen in Arusha 1994 (beide Gerichte tagen als Unterorgane des Weltsicherheitsrats) und mit dem Weltstrafgerichtshof in Den

Haag, dessen Gründung 1998 eine Staatenkonferenz in Rom beschloss und der seit 2003 nach den Nürnberger Prinzipien arbeitet. Es gelang jetzt, die Nürnberger Verbindung, den damals notwendigen Konnex von Humanitätsverbrechen mit einem militärischen Konflikt, zu lösen. Unmenschliche Handlungen können nun unabhängig von dem Zusammenhang, in dem sie begangen werden, strafrechtlich verfolgt werden.

Der Internationale Strafgerichtshof steht noch am Anfang. Es lässt sich Kritisches über ihn sagen – zum Beispiel, dass sich seine Arbeit zu sehr auf Afrika und die Staatsverbrecher dort konzentriert. Die Bezeichnung Weltstrafgerichtshof verdient er noch nicht. Aber dieser Gerichtshof ist dabei, die Gleise des Rechts hinein in eine Welt zu verlegen, in der das Recht bisher kaum eine Rolle spielte.

Die Makrokriminellen

Macht macht maßlos. Sie muss begrenzt, sie muss aufgeteilt, sie muss kontrolliert werden. Der Internationale Strafgerichtshof steht für eine Weltordnung, die diese Lehre zu beherzigen beginnt. Noch einmal zu Robert Jackson, dem US-Ankläger bei den Nürnberger Prozessen. Er hatte die Hoffnung, mit den Mitteln des Völkerrechts »jenen den Krieg zu vergällen, in deren Händen sich die Macht und das Schicksal ganzer Völker befinden«. Es wird noch lange dauern, bis diese Hoffnung keine Täuschung mehr ist. »Ich habe niemals, an keinem Menschen und zu keinem Menschen einen Mord befohlen und ebenso wenig sonstige Grausamkeiten angeordnet oder geduldet, noch hätte ich die Macht oder das Wissen gehabt, solches zu verhindern.« Dieser Satz stammt im Original aus dem Jahr 1946. Hermann Göring hat so geredet, Adolf Hitlers Luftwaffenchef, im Hauptkriegsverbrecherprozess . »Ich habe niemals« – es ist dies der Satz der uneinsichtigen Staatsverbrecher, der Makrokriminellen. So einen Satz hat auch

Jean Kambanda gesagt, der Ex-Ministerpräsident von Ruanda, als er sein Geständnis widerrief. Er wurde vom Ruanda-Tribunal der Vereinten Nationen im tansanischen Arusha am 4. September 1998 wegen aktiver Beteiligung am Völkermord zu lebenslanger Haft verurteilt. Es war dies ein großer Tag in der Weltgeschichte: Zum ersten Mal wurde ein Regierungschef für seine Verbrechen verurteilt. Hitler hat sich erschossen. Nicolae Ceaușescu wurde nach einem standrechtlichen Schnellverfahren hingerichtet, Pol Pot verrottete in einem Dschungellager. »Justice is going global«, sagte der Richter William Sekule aus Tansania bei der Verurteilung des ruandischen Regierungschefs: »Gerechtigkeit wird globalisiert.« Aber die Gerechtigkeit bewegt sich bei ihrer Globalisierung mit der Geschwindigkeit einer Schnecke.

Kontoauszüge und Lindenblätter

Siegfrieds Bad im Drachenblut ist nicht nur eine Sage. Es gibt Großmanager, Großpolitiker und Generäle, die Kapitaldelikte begehen, Kapitaldelikte in jeder Bedeutung des Wortes, sich aber dabei unverwundbar wähnen. Sie haben nicht gemerkt, dass die Lindenblätter wie jenes, das einst den Helden Siegfried verwundbar machte, zahlreicher geworden sind. Diese Lindenblätter sind natürlich noch nicht so zahlreich wie ihre Kontoauszüge. Aber es stimmt nicht mehr, dass Macht, finanzielle und politische Macht, vor Recht geht. Dieses Bewusstsein hilft einem, die bittere und notwendige Lektüre des Buches über die »Gesichter des Bösen« zu ertragen. Das Buch macht den Leser zu einem glühenden Anhänger der Weltstrafjustiz.

Erschienen als Geleitwort zu: Till Zimmermann, Nikolas Dörr: Gesichter des Bösen. Verbrechen und Verbrecher des 20. Jahrhunderts. Donat Verlag, Bremen 2015

Was ein Einzelner vermag: Der Richter Johann David Sauerländer sagte und schrieb in der NS-Zeit Sätze nieder, die ein Denkmal verdienen: Er verweigerte die Zusammenarbeit »mit Männern, die mit der einen Hand Gesetze schrieben und mit der anderen Schandtaten begingen«.

Der Palast des Unrechts

Was man den jungen Juristen zusammen mit dem Staatsexamenszeugnis überreichen sollte

Wenn Steine reden könnten. Wenn Steine reden könnten, dann hätte die Schande der bayerischen Justiz nicht so lange im Verborgenen bleiben können. Es war leider so: In München, in der von den Nazis so titulierten »Hauptstadt der Bewegung« war das Oberlandesgericht einer der Hauptorte. Wenn Steine reden könnten. Wenn Steine reden könnten, dann hätten die Nazirichter nach 1945 nicht einfach das Hakenkreuz von der Robe reißen und weitermachen können.

Vom Missbrauch des juristischen Handwerks

Wenn Steine geredet hätte, dann wäre nicht noch im Jahr 1954 ein überzeugter Nationalsozialist namens Alfred Resch Münchner OLG-Präsident geworden; dieser Alfred Resch hatte 1937 als Leiter der Anklagebehörde beim Sondergericht München den tapferen Pater Rupert Mayer angeklagt, den großen katholischen Prediger. So war das, weil die Steine nicht geredet haben. Deshalb muss das Buch Hannes Ludygas (»Das Oberlandesgericht München. Zwischen 1933 und 1945«) auf Seite 270 mit dem bitteren Satz enden: »Nach 1945 erfolgte nicht eine einzige strafrechtliche Verurteilung eines Richters vom Oberlandesgericht München wegen eines Rechtsprechungsakts im Nationalsozialismus«. Man klappt das Buch zu und könnte weinen.

Wenn Steine reden könnten. Die Steine hätten geklagt darüber, wie hier, hier in diesem mächtigen Haus, Präsidenten und Richter des Oberlandesgerichts München dabei halfen, das verbrecherische NS-Regime zu etablieren, wie sie dann die Herrschaft des Unrechts festigten, wie sie sich brüsteten, das Recht in Unrecht zu verwandeln und wie sie ihr juristisches Handwerk missbrauchten, das zu bewerkstelligen und zu bemänteln. Manchmal habe ich mich beim Lesen der Lebensläufe dieser Oberpräsidenten gefragt, ob diese Herren wenigstens ab und an und vielleicht wenigstens am Anfang ein Unrechtsbewusstsein hatten und wie groß es war. Bei einem OLG-Präsidenten wie Georg Neithardt war dieses Unrechtsbewusstsein gewiss gar nicht vorhanden: Er hatte schon 1924 Hitler als Richter im Hochverratsprozess mit Hochachtung und äußerster Milde behandelt und damit eines der weitreichendsten Fehlurteile der deutschen Geschichte zu verantworten.

Den Nazis die Türen aufgerissen

Wenn Steine reden könnten. Dieser Justizpalast war von 1933 bis 1945 ein Palast des Unrechts. Dieses monumentale Gebäude war ein Gebäude des monumentalen Unrechts. In diesem Palast war das Strafrecht und so oft auch das Zivilrecht ein nationalsozialistisches Kampfrecht. Und die Präsidenten dieses Oberlandesgerichts, die Richter Alexander Gerber, Georg Neithardt, Alfred Dürr und Walther Stepp haben die Judenverfolgung erleichtert, bestärkt und verschärft. Die Nationalsozialisten sind ja nicht heimlich hineingeschlichen in den Justizpalast, sie haben die Justiz nicht undercover infiltriert. Das Oberlandesgericht hat den Nazis die Tore aufgerissen, und es hat bereitwilligst die braunen Teppiche ausgerollt und es hat 1933 vor einem der fanatischsten Nationalsozialisten, dem bayerischen NS-Justizminister Hans Frank, gebuckelt und scharwenzelt. Dieser bayerische NS-Justizminister, ein Großverbrecher der Weltgeschichte, wurde dann 1939 der mörderische NS-Generalgouverneur in Polen und organisierte dort den Holocaust.

Ein Denkmal für Sauerländer

Am Oberlandesgericht München gab es, wie Hannes Ludyga feststellt, »keine größere Gruppe von Richtern, die dem Nationalsozialismus entgegentrat, mit den Nationalsozialisten in einen grundsätzlichen Konflikt geriet oder einem weiteren Ausbruch des Antisemitismus Widerstand entgegensetzte«. Das Oberlandesgericht München war ein den Nationalsozialisten willfähriges Obergericht. Aber es gab an diesem Gericht, und das muss gesagt, gerühmt und gepriesen werden, einen Richter namens Johann David Sauerländer.

Sauerländer, der erst Ministerialrat im Justizministerium, dann Rat am Bayerischen Obersten Landesgericht gewesen war, wurde nach dessen erster Auflösung im Jahr 1935, Richter am Oberlandesgericht München. Und dieser OLG-Richter Johann David Sauerländer sagte und schrieb Sätze nieder, die ein Denkmal verdienen: Er verweigerte, etwa bei der Zivilrechtsreform, die Zusammenarbeit »mit Männern, die mit der einen Hand Gesetze schrieben und mit der anderen Schandtaten begingen«, er schrieb 1934, als der Staatsrechtler Carl Schmitt den wahnsinnigen Aufsatz »Der Führer schützte das Recht« verfasst hatte, den Anti-Schmitt. Die Nazis hatten die Ermordung von SA-Führer Ernst Röhm, des ehemaligen Reichskanzlers Kurt von Schleicher und anderer mutmaßlicher Opponenten und Rivalen mit einem »Gesetz über Maßnahmen der Staatsnotwehr« und einem einzigen Artikel gerechtfertigt:

»Die zur Niederschlagung hoch- und landesverräterischer Angriffe am 30. Juni, 1. und 2. Juli 1934 vollzogenen Maßnahmen sind als Staatsnotwehr rechtens«.

Das Recht nicht im Stich lassen

Dagegen also schrieb Johann David Sauerländer eine Abhandlung, die, wenn sie wie von ihm geplant, als Plenarbeschluss des Bayerischen Obersten Landesgerichts veröffentlicht worden wäre, in die Rechtsgeschichte eingegangen wäre, und die wie folgt beginnt: »Der Gesetzgeber kann zwar unabsehbar Vieles mit Rechtswirksamkeit anordnen, aber nicht alles ...« Und die Abhandlung endet wie folgt: »Von einem Arzt, der in Pestzeiten seine Dienste einstellt und das Weite sucht, ist nicht viel zu halten. Wir Richter ... die wir unser Leben im Dienst des Rechts verbracht haben und in Ehren grau geworden sind, wir wollen nicht einem solchen Arzte gleichen; wir wollen das Recht in der Stunde der höchsten Gefahr nicht im Stich lassen. Den Tod und die irdischen Drangsale, die man über uns verhängen mag, fürchten wir nicht; wohl aber fürchten wir die Schande und das Grauen, darein wir das deutsche Volk versinken sehen. Darum haben wir uns zusammengefunden und erklären, unseres Richtereids eingedenk feierlich vor Gott und der Welt: Wenn wirklich die von Reichsregierung verkündeten Grundsätze von nun an deutsches Recht sein sollen, so haben wir mit diesem Rechte nichts mehr gemein. Wir sind Richter, nicht Götzendiener.«

Richter, nicht Götzendiener

Sauerländer wurde nach 1945 nicht geehrt, nicht in ein hohes Amt gehoben. Er bemühte sich vergeblich um eine Wiedereinstellung in den öffentlichen Dienst in Bayern. In meiner gesamten Rechtsausbildung habe ich von diesem Mann nichts gehört. Nicht in Bayern hat er Anerkennung erfahren, sondern in Frankfurt. Die dortige Universität verlieh ihm 1955 die Ehrendoktorwürde. »Wir sind Richter, nicht Götzendiener«: Die bayerische Justiz sollte dem Richter, der das in dunkelster Zeit geschrieben hat, ein Denkmal setzen. Seine Abhandlung über das Recht, die leider 1934 nicht Plenarbeschluss des Bayerischen Obersten Landesgerichts geworden ist, sollte den Rechtskandidaten zusammen mit den Staatsexamenszeugnissen überreicht werden.

Auszug aus dem Grußwort zur Vorstellung des Buches von Hannes Ludyga, Das Oberlandesgericht München. Zwischen 1933 und 1945, München 2012, gehalten am 29. November 2012 im Münchner Justizpalast

Der junge Strafverteidiger Hans Litten war 28 Jahre alt, als er 1932 in einem Strafprozess mit dem Zeugen Adolf Hitler zusammenstieß und diesen rhetorisch zerlegte. Das NS-Regime hat dann den Anwalt einfach verschwinden lassen. Litten hat Nachfahren: Es gibt weltweit hunderte von Rechtsanwälten, die sein Verfolgungsschicksal teilen.

Eine Zeit für Rechtsanwälte

Vom Berlin des Jahres 1933 ins Istanbul von 2017

In Dortmund gibt es eine Hans-Litten-Straße, in Berlin auch. In der Berliner Litten-Straße liegt das Haus der Bundesrechtsanwaltskammer; an der Frontseite des Bürohauses ist eine Plakette zum Gedenken an Hans Litten angebracht. Litten ist nicht mehr ganz so vergessen in der Bundesrepublik Deutschland wie noch vor dreißig Jahren. Es ist gut, sich an ihn zu erinnern. Sein Beispiel mahnt, sein Schicksal warnt. Er war ein Mann von nicht einzuschüchterndem Gerechtigkeitssinn. Solche Juristen reizen Autokraten und Diktatoren, solche Juristen fürchten sie. Warum? Je mehr solcher Juristen es gibt, umso schwieriger werden Aufstieg und Herrschaft der Rechtsverächter. Überall da, wo das Recht getreten und geschunden wird, überall da, wo Verfassungsverhöhnung mit dem Wort »Ausnahmezustand« bemäntelt wird, überall da, wo die Verteidigung der Menschenwürde als Verachtung der Staatsgewalt verfolgt wird – überall da steht mahnend, warnend und aufbegehrend der Name Hans Litten.

Er war einer der großen Strafverteidiger der Weimarer Republik, seine Stimme war gefürchtet, seine Verteidigung Anklage. Im Gerichtssaal hat er versucht, die Strategien braunen Terrors zu entlarven, ihre Protagonisten vorzuführen und bloßzustellen. Prozessbeobachter berichten, der Zeuge Hitler habe geschrien »wie eine hysterische Köchin", als Litten ihm Terrortaktik vorwarf und ihn mit eigenen Zitaten zwei Stunden lang in die Enge trieb. Zuletzt sah sich der Zeuge Adolf Hitler gezwungen, seine Verfassungstreue zu beschwören. Er fühlte das als Schande und als Demütigung. Dies geschah 21 Monate bevor Hitler an die Macht kam – das geschah am 8. Mai 1931 im »Edenpalast-Prozess«, der gegen vier Männer eines Rollkommandos der SA geführt wurde. Rechtsanwalt Litten vertrat die Opfer, die vor dem Tanzpalast in Charlottenburg niedergeschlagen und niedergeschossen worden waren. Er hatte Hitler als Hintermann des Überfalls in den Zeugenstand rufen lassen. Die braune Rache folgte auf dem Fuße: Alsbald nach der Machtergreifung der Nationalsozialisten wurde Hans Litten, in »Schutzhaft« genommen. Es war in der Nacht des Reichstagsbrandes, es war in den frühen Morgenstunden des 28. Februar 1933.

»Wer für Litten eintritt, fliegt ins Lager«

Vor achtzig Jahren, in der Nacht vom 4. auf den 5. Februar 1938, ist Hans Litten gestorben: Nach fünfjährigem Martyrium erhängte er sich im Konzentrationslager Dachau. Fünf Jahre lang war er durch die Marterstätten der SA und SS geprügelt worden. Jegliches Bemühen, sich für Litten zu verwenden, scheiterte. Fünf Jahre lang versuchte seine Mutter verzweifelt, all ihre Verbindungen zu mobilisieren, um den Sohn zu befreien. Es waren, wie man so sagt, »gute« Verbindungen: Reichswehrminister Werner von Blomberg hatte früher im Hause Litten verkehrt; Prinz August Wilhelm von Preußen hatte bei Littens Vater, dem Rektor der Universität Königsberg, Jura studiert. Irmgard Litten flehte bei Reichsbischof Ludwig Müller, bei Wilhelm Furtwängler, bei Carl Jakob Burckhardt, selbst bei Freisler und Göring – alles vergebens.

Den Prinzen August Wilhelm soll Hitler angebrüllt haben; »Wer für Litten eintritt, fliegt ins Lager, selbst wenn Sie es sind.« Ein von dem konservativen Lord Allan of Hurtwood verfasstes Gesuch englischer Juristen wurde wie folgt abgewiesen: »Er ist wegen staatsfeindlicher Betätigung inhaftiert, und seine geistige Einstellung lässt eine Enthaftung nicht zu (...) Ein Regierungs- und damit Rechtssystem, das unverbesserliche Feinde der menschlichen Gesellschaft, die ein Volk dem Kommunismus ausliefern wollten, hinter Schloß und Riegel setzt, kann kein schlechtes Rechts-System sein, wenn dadurch gleichzeitig ein Volk von 65 Millionen wieder glücklich gemacht wurde.«

Ein franziskanischer Mensch

Die Suche nach den Spuren des Widerstands der Justiz und der Rechtsanwaltschaft gegen den Nationalsozialismus ist mühsam. Die Spuren sind zugeschüttet von vorauseilendem Gehorsam und der Kollaboration. Lange hat man sich vor dem Aufgraben gescheut: aus Schreck über das Geschehene, aus Angst vor dem Vergrabenen. Die Spur des Rechtsanwalts Litten aber zeichnet sich bereits vor der institutionellen Gleichschaltung der Justiz ab. Der junge Verteidiger war 28 Jahre alt, als er mit Hitler im Prozess zusammenstieß. Er agierte und agitierte als »proletarischer Anwalt«, wie er sich selber nannte, in Moabit. Fünf Jahre lang hatte er dafür Zeit, oft im Auftrag der »Roten Hilfe Deutschland«, der Massenorganisation der KPD zur Unterstützung von politischen Gefangenen. Ihre Kampagnen wurden unter anderen von Albert Einstein und Käthe Kollwitz mitgetragen. Zur KPD hatte Litten gleichwohl ein distanziertes Verhältnis; er wurde nach seinem Tod als »franziskanischer Mensch« beschrieben.

Sein unnachgiebiger Einsatz aller juristischen Prozessmittel machte ihn gefürchtet, sein offenes Misstrauen gegen die amtlichen Ermittlungen bei der Justiz suspekt. Litten warf der Weimarer Justiz unverhohlene Sympathie für den Nationalsozialismus vor; er verließ sich nur auf seine eigenen Recherchen, veranstaltete Tribunale zur Wahrheitsfindung, vernahm seine Zeugen in aufsehenerregenden öffentlichen Veranstaltungen vor versammelter Menge. Im »Felseneck-Prozess« spitzte sich der Konflikt zwischen Justiz und Verteidiger zu. Angeklagt waren fünf Nationalsozialisten und 19 Bewohner der Laubenkolonie Felseneck, Sozialdemokraten und Kommunisten. Am 18. Januar 1932 war es in der Siedlung zu einer Schießerei und zu einem Handgemenge zwischen den Bewohnern und einem Trupp von 150 SA-Männern gekommen. Ein SA-Mann und ein Kolonist wurden getötet. Das Verfahren, bei dem Litten verteidigte, gilt als Beispiel für die Rechtskultur am Vorabend der Machtergreifung. Die nationalsozialistische Presse kündigte nach wochenlanger Polemik eine neue Wendung des Verfahrens an: »Dem Anarchisten Litten wird nun das Handwerk gelegt.«

Die Eliminierung eines Verteidigers

So geschah es dann. Das Schwurgericht schloss Rechtsanwalt Litten als Verteidiger und als Vertreter der Nebenklage aus. Er durfte nicht einmal im Zuschauerraum bleiben. In seiner Begründung machte das Gericht kein Hehl daraus, dass ein Verteidiger habe eliminiert werden müssen, der wegen der beharrlichen Ausübung seiner Rechte und dem politischen Charakter seiner Verteidigung dem Gericht hinderlich geworden war. Er habe eine »hemmungslose parteipolitische Propaganda im Prozeß entfaltet« und »die Zeit des Gerichts mit Fragen aufgehalten, die der Aufklärung des Sachverhalts nicht dienlich waren«. Littens Beschwerde gegen den auf 18 Seiten begründeten Ausschluss hatte zunächst Erfolg. Er musste wieder zugelassen werden. Nun erklärten sich der Vorsitzende und der Berichterstatter der Schwurkammer für befangen. Damit war der Felseneck-Prozess nach 18 Wochen Verhandlung geplatzt. Und das neu besetzte Gericht schloss Litten sofort wieder aus. In der Begründung ging man noch weiter als vorher: Nun reichte es, dass Litten während der Hauptverhandlung noch eigene Ermittlungen angestellt hatte.

So sieht völlige Rechtlosigkeit aus

So war der Boden für das Rechtsanwaltsgesetz vom 7. April 1933 bereitet: Advokaten, die sich »im kommunistischen Sinn betätigt hatten«, wurden von der Anwaltschaft ausnahmslos ausgeschlossen. Kommunistisch aber war jedwedes missliebige Verhalten. Mehr und mehr werteten die Gerichte in den nachfolgenden Jahren jeden Anschein von Distanz zum Regime als Standesverstoß und Grund für den Entzug der Anwaltszulassung. Eine Rede Hermann Görings, wenige Tage nach der Verhaftung Littens gehalten, liest sich als ein brutaler Kommentar dazu: »Wenn Sie sagen, da und dort, sei einer abgeholt und misshandelt worden, so kann man nur erwidern: Wo gehobelt wird, fallen Späne. Wir haben jahrelang die Abrechnung mit den Verrätern angekündigt.« Hans Litten ist nie der Prozess gemacht worden. Das NS-Regime hat den Anwalt einfach verschwinden lassen. So sieht völlige Rechtlosigkeit aus. Hans Littens Mutter Irmgard hat ebenso beherzt wie vergeblich versucht, ihren Sohn aus dieser völligen Rechtlosigkeit zu retten. Von diesem Versuch handelt das Buch, das 2017 in einer neuen Auflage erschienen ist. Es wurde zum ersten Mal 1940 in Paris publiziert, kurz vor der Besetzung der Stadt durch Hitlers Truppen. Der Titel: »Die Hölle sieht dich an«. In den USA erschien Irmgard Littens Buch unter dem Titel »A mother fights Hitler«. Es ist ein Buch der liebenden Verzweiflung und der mächtigen Ohnmacht. Es ist ein Zeugnis des Widerstands. Man kann dieses Buch neben die Tagebücher der Anne Frank legen.

Zum Gedenken an seinen 50. Todestag fand 1988 auf dem ehemaligen KZ-Gelände von Dachau eine Feier der Vereinigung Demokratischer Juristinnen und Juristen und des Republikanischen Anwältinnen- und Anwältevereins statt. Diese Feier war der Beginn einer bundesrepublikanischen Spurensuche – und der Suche nach einem Vorbild. In Litten haben die Rechtsanwälte ein Vorbild. Er ist ein Vorbild auch dann, wenn man seine politische Einstellung nicht teilt. Er ist ein Vorbild an Mut und Tapferkeit. Jahrzehntelang hatte die bundesdeutsche Juristerei einen großen Bogen um Litten geschlagen. Das hatte seinen Grund. Die alten Nazis waren in der jungen Bundesrepublik überall – in der Verwaltung, in der Justiz, in den Parlamenten. Die Nazirichter hatten das Hakenkreuz von der Robe gerissen und weitergerichtet. Die Juraprofessoren hatten die braunen Sätze aus ihren Büchern radiert und weitergelehrt und weitergeschrieben. Die Beamten hatten Adolf Hitler von der Wand gehängt und weiterverwaltet. Die Anwälte machten es nicht anders.

Qualen der Schuld, Nebel des Vergessens

Die Nazijuristen waren in hoher Konzentration auch dort, wo das Recht sein Zuhause hat: im Bundesministerium der Justiz. Die personellen und sachlichen Kontinuitäten zwischen der Nazizeit und den ersten Jahrzehnten der Bundesrepublik hat das Rosenburgprojekt untersucht, benannt nach dem ersten Dienstsitz des Justizministeriums in Bonn. Im Oktober 2016 wurden die Ergebnisse der Studie veröffentlicht. Die Juristen, die aus der Nazizeit stammten, haben damals altes Unrecht, das aufgearbeitet hätte werden müssen, gedeckt und neues Unrecht geschaffen. Warum war das Justizministerium, wie viele andere bundesrepublikanische Behörden auch, so braun damals? Konrad Adenauer, der erste Bundeskanzler, hat das einmal so erklärt: Es handele sich um Leute, »die von früher was verstehen«. Es gab viel zu viele Leute, die von früher was verstanden, es gab viel zu viele Leute mit viel zu viel Verständnis für die vielen Täter und die vielen Mitläufer; und es gab viel zu wenig Leute mit Achtung und Respekt für die viel zu wenigen Widerständler gegen Hitler. Aus dem Qualm der Schuld wurden so die Nebel des Vergessens. In diesem Nebel verschwanden auch für einige Jahrzehnte der Name und das Schicksal des Hans Litten.

Littens Nachfahren

Hans Litten hat Nachfahren. Da ist zum Beispiel die Schauspielerin Patricia Litten, eine Enkelin von Irmgard Litten, die das anrührende und aufrüttelnde Buch über das Schicksal ihres Sohnes Hans geschrieben hat. Dieser Hans Litten hat aber auch juristische Nachfolger: Es sind dies Rechtsanwälte, die zwar nicht mit ihm verwandt, aber mit ihm im Kampf um das Recht verbunden sind. Nicht wenige teilen Hans Littens Verfolgungsschicksal, sie teilen es aber hoffentlich nicht bis zum bitteren Ende. Verhaftungsaktionen wie in der Februarnacht 1933 in Deutschland – es gibt sie heute in Ankara und Instanbul, in Teheran und in Peking.

Abdullfattah Soltani

Littens Nachfahren haben nicht unbedingt deutsche Namen. Sie heißen, zum Beispiel Abdolfattah Soltani. Soltani ist ein iranischer Rechtsanwalt und Mitglied des Teheraner Zentrums für Menschenrechtsverteidiger. Immer und immer wieder wurde er verhaftet, immer und immer wieder kam er in Einzelhaft, auch ohne Angaben von Gründen und ohne Haftbefehl. Die Stadt Nürnberg hat Abdolfattah Soltani 2009 ihren Menschenrechtspreis verliehen. Weil die Regierung den Anwalt zum Festakt nicht ausreisen ließ, nahm stellver-

tretend seine Frau Masoumeh Dehghan den Preis entgegen
– und wurde dafür von einem Gericht im Iran zu einem Jahr
Gefängnis auf Bewährung und einem fünfjährigen Ausreise-
verbot bestraft.

Hüsnü Önül

Ein anderer Nachfahre von Hans Litten heißt Hüsnü Önül, er
ist ein türkischer Rechtsanwalt und Gründer des türkischen
Menschenrechtsvereins IHD. Als er das erste Mal verhaftet
wurde, war seine Tochter 18 Monate alt und sagte den ganzen
Tag »Papa«. Als der Papa nach Polizei- und Untersuchungshaft aus dem Gefängnis zurück nach Hause kam, erkann-
te sie ihn nicht mehr. Sevda war fünf, als Papa wieder festgenommen wurde. Nach der Entlassung mussten zwei Freunde
den von zehn Tagen Hungerstreik Geschwächten links und
rechts stützen und in seine Wohnung führen. Das Kind hielt
die Männer für Polizisten und schrie ununterbrochen: »Gebt
mir meinen Papa zurück«. 1995 wurde Hüsnü Önül der Menschenrechtspreis des Deutschen Richterbundes verliehen.
Rainer Voss, der Vorsitzende des Richterbundes, übte bei der
Preisverleihung heftige Kritik an Misshandlung und Folter in
türkischen Haftanstalten und an der Unterdrückung der Mei-
nungsfreiheit in der Türkei. Der Menschrechtspreis wurde
überreicht »auch in der Hoffnung, Schutz vor Bedrohung zu
bieten«. Es war eine vergebliche Hoffnung. Önü wurde bei einem Überfall zusammengeschlagen. Und die Zustände in der
Türkei sind heute, fast ein viertel Jahrhundert später, schlimmer denn je.

Anwälte, die Kurden vertreten, mussten in der Türkei immer
damit rechnen, inhaftiert zu werden. Seit dem gescheiterten
Putsch im Juli 2016, seit dem Ausnahmezustand, den der türkische Präsident Recep Tayyip Erdoğan daraufhin ausgerufen
hat, wird die Türkei zu einem Land, in dem der Rechtsstaat

entrechtet wird. Das Justizsystem wird umgebaut. Während ich dies schreibe, im Februar 2017, sitzen in der Türkei dreihundert Rechtsanwälte in Haft – sie sind die Zellengenossen von Journalisten, von Professoren, von Lehrern, Beamten und Soldaten, von so unendlich vielen, die Erdoğans Regime für suspekt hält.

Der Versuch, das Illegale zu legalisieren

Der Souverän in einer Demokratie ist das Volk. Der Souverän in der Türkei ist Recep Tayyip Erdoğan: Er lenkt die Medien, er steuert und kujoniert die Justiz, er hat sich von den Bindungen befreit, die ein Rechtsstaat auch dem höchsten Repräsentanten eines Staates auferlegt. Erdoğan beruft sich zu diesem Zwecke auf das Volk, das seine Partei zuletzt mit 49,4 Prozent gewählt hatte. Diesen Wahlakt versteht er als Ermächtigung zur Selbstermächtigung: Er ist der Staat; und er handelt so, wie er es für richtig hält und geht mit denen, die seine Feinde sind oder die er dafür hält, so um, wie es ihm beliebt. Das Wort dafür ist Ausnahmezustand. Der Systemumbruch in der Türkei wird durch Aus- und Abschaltung der unabhängigen Justiz inszeniert. Als das türkische Verfassungsgericht im Februar 2016 die Untersuchungshaft gegen zwei Journalisten aufgehoben hatte, drohte Erdoğan den Richtern: »Ich sage es offen und klar, ich akzeptiere das nicht und füge mich der Entscheidung nicht, ich respektiere sie auch nicht.« Er hat dieser Drohung Taten folgen lassen. Der Ausnahmezustand ist der Versuch, das Illegale zu legalisieren, den Verfassungsbruch als Verfassungsverteidigung auszugeben und den Weg der Türkei in die Diktatur juristisch zu pflastern. Vor allem aber ist dieser Ausnahmezustand ein Höhepunkt in der Ausschaltung der Justiz. Was Erdoğan mit Repressalien gegen Rechtsanwälte und Strafverteidiger begonnen, dann mit der Entlassung der Richter und Staatsanwälte fortgesetzt hat, das wird mit dem Ausnahmezustand besiegelt – die Beendigung der Gewaltenteilung.

Ein goldenes Kompliment

Die Türkei ist eigentlich ein wunderbares Land. Es hat einst vielen von den Nazis verfolgten deutschen Professoren eine Heimat gegeben. Einer von ihnen war der große Rechtswissenschaftler Ernst E. Hirsch. Er hat, sehr viel später, der Türkei ein goldenes Kompliment gemacht: »Die Rechtsstaatlichkeit der türkischen Republik kommt vor allem in der Stellung und dem Aufgabenkreis der Richterschaft zum Ausdruck.« Es wäre so schön, wenn man das einmal wieder sagen könnte – es wäre schön, wenn einem bei der Beschreibung der türkischen Zustände nicht der Name Hans Litten einfallen müsste und sein juristischer Kampf um Gerechtigkeit am Ende der Weimarer Republik.

Zhou Shifeng

Hans Litten hat Nachfahren in China. Einer von ihnen heißt Zhou Shifeng. Nein, er habe keine Angst. Das sagte der Rechtsanwalt dem Journalisten Kai Strittmatter von der *Süddeutschen Zeitung*, als der ihn im Juni 2015 traf: »Was sollen sie schon tun?«, sagte der Anwalt, »ich habe nichts Illegales getan.« Zhou war damals der Anwalt von Zhang Miao, der seit neun Monaten ohne Anklage inhaftierten Assistentin der Wochenzeitung *Die Zeit*. Die Mitarbeiterin wurde freigelassen, traf sich mit ihrem Anwalt Zhou, um diese Freilassung zu feiern. Aber ein paar Stunden später klopften drei Männer an die Tür des Hotelzimmers von Anwalt Zhou, stülpten ihm ein Hemd über den Kopf und zerrten ihn weg. Zhous Verhaftung war der Startschuss zu einem Rachefeldzug gegen einen ganzen Berufsstand, dreihundert Bürgerrechtsanwälte und Unterstützer wurden festgenommen. Die chinesische Staatsanwaltschaft stellte den Rechtsanwalt Zhou als Radikalen dar, der mit ausländischen Regierungen und Nichtregierungsorganisationen konspiriert habe, um Proteste zu organisieren. Er wurde zu sieben Jahren Haft verurteilt wegen »Untergrabung der Staatsgewalt«; er nahm das Urteil an – weil er wusste, dass ihm bei einer Anfechtung eine noch längere Haftzeit drohen würde. Vier Wochen vor seiner Verhaftung hatte er gesagt: »Die Kommunistische Partei spricht von der ›Herrschaft der Gesetze‹ und sie meint damit: ›Ich nehme meine Gesetze und beherrsche dich damit‹.« »Das ist keine gute Zeit, um Anwalt zu sein, oder?«, so fragte ihn der Reporter. Im Gegenteil, antwortete Zhou: »Dies ist eine große Zeit, die großartige Anwälte gebiert. Anwälte, die Mut, Weisheit und Gewissen brauchen.«

Es sind dies Anwälte wie Hans Litten einer war. Möge ihr Wirken erfolgreicher sein als seines. Und möge ihr Leben nicht so furchtbar trostlos enden wie seines.

Nachwort zu Irmgard Litten, Eine Mutter kämpft gegen Hitler,
ars vivendi 2017

Die forensische Psychiatrie ist ein Riesenirrtum
aus Beton. So mancher Insasse in der Psychiatrie
wäre, hätte man ihn zu einer normalen Haftstrafe
verurteilt, längst wieder auf freiem Fuß.

Lasst alle Hoffnung fahren

Der Fall des Gustl Mollath steht für richterliche Ignoranz und schludrige Voreingenommenheit.

Auf dem Schild am Eingang zu den Dunkelkammern des deutschen Rechts steht ein Paragraf – der Paragraf 63 Strafgesetzbuch. In der juristischen Ausbildung spielt dieser Paragraf nur ein Schattendasein; und in den Kommentarbüchern für die Praktiker wird er eher mit der linken Hand abgehandelt. Die Juristen halten diesen Paragrafen für psychiatrischen Kram, die Psychiater halten ihn für juristisches Zeug. Nach diesem Paragrafen 63 wurde Gustl Ferdinand Mollath verurteilt, dieser Paragraf hat ihn in die Psychiatrie gebracht, dieser Paragraf hält ihn dort fest. Nennen wir ihn den Mollath-Paragrafen, weil der Fall des Gustl Mollath die Schwächen dieses Paragrafen und dessen extreme Verbiegbarkeit offenbart.

Schludrige Gleichgültigkeit

Schon lange hat kein Gerichtsfall die Menschen so empört wie der des Gustl Mollath: Zu keinem anderen Gerichtsfall hat die Redaktion der *Süddeutschen Zeitung* so viele aufgebrachte Zuschriften erhalten: Fast jeden Tag neue Mails, neue Briefe, neue Klagen mit angeblichen weiteren Beispielen für ein Versagen der Justiz. Der Fall Mollath gilt vielen Kritikern als Exempel für richterliche Ignoranz und als Beispiel für schludrige Gleichgültigkeit von Gutachtern. Viele Schreiber präsentieren ihre eigenen Erfahrungen. Sie klagen, oft mit bewegenden, oft mit verworrenen Schilderungen, über das, was ihnen selbst, ihren Verwandten oder Bekannten widerfahren sei.

Ein Damokles-Schwert

Man kann solche Schreiben als querulatorisch abtun – so wie Gustl Mollaths Strafanzeigen, die von Geldwäsche handelten, einst als querulatorisch abgetan wurden (bis sie sich dann als im Kern richtig herausstellten). Man sollte das nicht tun. Viele Menschen verstehen nicht, wie die Einweisung in die Psychiatrie funktioniert. Sie trauen den Gesetzen nicht, die die Einweisung regeln; und sie trauen den Gutachtern und den Richtern nicht, die diese Einweisung exekutieren. Die Einweisung erscheint ihnen als ein Damoklesschwert, das in angespannten Lebenssituationen über ihnen schwebt, das dann herunterfällt und ihr weiteres Leben zerstört. Das mag in vielen Fällen nicht stimmen; in nicht wenigen Fällen stimmt es. Der Fall Mollath ist so ein Fall.

Verstoß gegen Fundamentalregeln

Gustl Ferdinand Mollath wurde von der 7. Strafkammer des Landgerichts Nürnberg unter Leitung des Vorsitzenden Richters Otto Brixner am 8. August 2006 nach einem unglaublich schlampigen Verfahren in einem unglaublich schlampigen Urteil unter Berufung auf den unglaublich dehnbaren Paragrafen 63 Strafgesetzbuch abgeurteilt und dann in die Psychiatrie verbracht. Dort saß er bis 2014. Wenn man sein Urteil über den gesamten Strafprozess gegen Mollath vorsichtig formulieren will, dann lautet es so: Dieser Prozess verstieß von Anfang bis Ende gegen Fundamentalregeln des Strafrechts. Es wurden Beweisstücke nicht sichergestellt und nicht begutachtet, es wurde eine unechte Urkunde verlesen und zur Grundlage des Urteils gemacht; auf der Basis unzutreffender Anschuldigungen wurde Mollath ein »paranoides Wahnsystem« attestiert.

In höchst seltener Eintracht haben Staatsanwaltschaft und Verteidigung daher die Wiederaufnahme des Verfahrens zugunsten von Mollath beantragt. Das Landgericht Regensburg hat darüber unverständlicherweise noch immer nicht entschieden. Was muss eigentlich noch passieren, bis etwas passiert? Nun wird Gustl Mollath vom Untersuchungsausschuss des Bayerischen Landtags angehört. Der Mann hat nach sieben Jahren zweieinhalb Stunden lang Gelegenheit, einem neutralen Gremium darzulegen, was ihm widerfahren ist.

Wie »paranoide Wahnsysteme« attestiert werden

Dem bis zum Einweisungsurteil in die Psychiatrie nicht vorbestraften Gustl Mollath ist der Paragraf 63 Strafgesetzbuch, der für die gute Behandlung eines kranken Straftäters und für den guten Schutz der Öffentlichkeit vor ihm gleichermaßen sorgen soll, in seiner schlechtesten Form begegnet. Urteile, die einen Angeklagten in die Psychiatrie verfrachten, haben einen neckisch-grausamen Tenor. Sie beginnen mit dem wunderbaren Satz: »Der Angeklagte wird freigesprochen.« Dieser Freispruch ist allerdings im Lichte dessen, was dann folgt, ein Witz – ein juristisch notwendiger Witz freilich. Der Angeklagte wird für die Straftaten (auch für die, die das Gericht als erwiesen erachtet) freigesprochen, weil er aufgrund seiner psychischen Krankheit als schuldunfähig gilt. Und dann folgt wegen der im Zustand der Schuldunfähigkeit begangenen Taten und der daraus angeblich folgenden Gefährlichkeit der Hammer, das dicke Ende, das oft schlimmer und länger ist, als jede Strafe es wäre. Satz zwei des Urteils lautet: »Die Unterbringung des Angeklagten in einem psychiatrischen Krankenhaus wird angeordnet« – gemäß Paragraf 63 Strafgesetzbuch.

So mancher Insasse in der Psychiatrie wäre, hätte man ihn zu einer normalen Haftstrafe verurteilt, längst wieder auf freiem Fuß. Mollath auch. Gustl Mollath ist in die Psychiatrie geschickt worden, weil er seine damalige Ehefrau, so hat sie es als Belastungszeugin behauptet, gewürgt habe. Dort sitzt er nun seit sieben Jahren. In Justizkreisen heißt es sarkastisch: Hätte er seine Frau erstochen und wäre er deswegen zu einer zehnjährigen Haftstrafe verurteilt worden – er wäre, gute Führung unterstellt, schon wieder frei. Aber: Einen gefährlichen psychisch Kranken kann man nicht einfach entlassen, das ist schon verständlich. Nicht verständlich aber ist, mit welcher Laxheit »paranoide Wahnsysteme« attestiert und Gefährlichkeitsprognosen erstellt werden.

Unsorgfalt bei der Einweisung

Das Besondere und auch das besonders Tragische am Fall Mollath ist erstens, dass ihm die (nicht besonders schweren) Straftaten, die man ihm vorgeworfen und die das Gericht als bewiesen angenommen hat – das Würgen der Ehefrau und das Zerstechen der Autoreifen von deren Bekanntem – nicht wirklich nachgewiesen wurden. Bei dem ärztlichen Attest, auf dem die Verletzungen der Ehefrau beschrieben sind und auf das sich das Urteil stützt, handelt es sich um eine unechte Urkunde; sie wurde, ohne dass das aus dem Attest ersichtlich wäre, nicht von der Ärztin, auf die sich das verurteilende Gericht bezogen hat, sondern von ihrem Sohn ausgestellt. Und die Reifen, die Mollath angeblich zerstochen hat, wurden nie asserviert und nie von einem Gutachter untersucht. Das ist das eine. Das andere ist, dass das paranoide Wahnsystem, das man ihm angedichtet hat, in der attestierten Form nie existierte. Die wichtigsten der angeblich wahnhaften Ideen, auf die sich Gutachter und Richter beriefen, haben sich als reale Fakten herausgestellt: Die Exfrau war tatsächlich in illegale Geldgeschäfte verwickelt. Das weckt größte Zweifel an der Sorgfalt der Einweisung in die Psychiatrie und an den ihr zugrunde liegenden Gutachten. Die Anträge auf Wiederaufnahme des Verfahrens stützen diese Zweifel mit Fakten.

Der Psychiatrie-Paragraf

Der Fall Mollath ist nicht nur ein tragischer Einzelfall. Er ist ein tragisches Exempel für eine generelle Malaise. Vor zehn Jahren erschien in der juristischen Zeitschrift Strafverteidiger ein Aufsatz von vier Wissenschaftlern, der sich mit der Unterbringung von Beschuldigten in der Psychiatrie gemäß Paragraf 63 Strafgesetzbuch befasst – und mit der Frage, wie man dort wieder herauskommt: »Wegweiser aus dem Maßregelvollzug« heißt der Text, der aber diesen Weg aus dem psychiatrischen Vollzug auch nicht so recht weisen kann. Der Aufsatz beginnt gleich im ersten Satz mit einer ebenso nüchternen wie erschütternden Feststellung: »Die Entscheidung darüber, wann ein gemäß Paragraf 63 untergebrachter Patient seine Freiheit wieder erhält, folgt weitgehend unbekannten Regeln.« Das ist vornehm ausgedrückt. Gemeint ist, dass es nachvollziehbare und klare Regeln eigentlich gar nicht gibt. Als dieser Aufsatz geschrieben wurde, war Mollath noch gar nicht in der Psychiatrie. Aber der Fall Gustl Mollath belegt diese These auf erschütternde Weise.

Im zweiten Satz des Textes heißt es dann: Die Annahme, dass es vom Ausmaß der Gefährlichkeit des in der Psychiatrie untergebrachten Menschen abhängt, wann er wieder entlassen wird, sei schon längst widerlegt. Zitiert wird dann dazu eine bundesweite Studie, wonach die »Verweildauer« weder von der Art des begangenen Delikts noch von der diagnostischen Zuordnung abhängt – sondern vom Bundesland, in dem man in die Psychiatrie eingewiesen wird. Ein Strafverteidiger könne sich glücklich schätzen, wenn sein psychisch kranker Mandant die zu verhandelnde Straftat in Hamburg begangen habe: Dort kommt der Beschuldigte, der dann in der Psychiatrie »Patient« heißt, im Mittel nach 2,9 Jahren wieder heraus; in Schleswig-Holstein erst nach 8,6 Jahren. Die berühmte bundesweite Studie des forensischen Psychiaters Norbert Leygraf, die diese Zahlen ans Licht gebracht hat, ist zwar schon 25 Jahre alt, aber wohl nach wie vor gültig. Denn daran, dass die Regeln für die Entlassung aus der Psychiatrie »unbekannt« sind, hat sich nichts geändert.

Wie misst man Gefährlichkeit?

Im Lichte dieses Falles möchte man den Paragrafen 63 Strafgesetzbuch mit einem Satz aus Dantes »Göttlicher Komödie« umschreiben, mit dem Satz, der dort am Höllentor, am Tor zum Inferno, steht: »Lasciate ogni speranza, voi ch'entrate / Lasst, die ihr hier eintretet, alle Hoffnung fahren.«

»Gefährlichkeit« des Patienten – das ist der Terminus, um den sich in den Gutachten, die über die Einweisung und die Dauer des Aufenthalts in der Psychiatrie entscheiden, alles dreht. Aber eine allseits anerkannte Definition dafür gibt es nicht. Dementsprechend lautet die Frage in der psychiatrischen Wissenschaft immer wieder: Wie misst man Gefährlichkeit? Interdisziplinär besetzte Arbeitsgruppen haben sich auf Mindestanforderungen für sogenannte Prognosegutachten geeinigt. Der Gutachter soll sich danach an folgenden Fragen orientieren: »Wie groß ist die Wahrscheinlichkeit, dass die zu begutachtende Person erneut Straftaten begehen wird? Welcher Art werden diese Straftaten sein, welche Häufigkeit und welchen Schweregrad werden sie haben? Mit welchen Maßnahmen kann das Risiko zukünftiger Straftaten beherrscht oder verringert werden? Welche Umstände können das Risiko von Straftaten steigern?« Dieser Fragenkatalog stammt aus dem Jahr 2007. Mollath saß da schon ein Jahr in der Psychiatrie. Der Fragenkatalog hat nicht dazu geführt, dass über Gustl Mollath fortan ordentliche und sorgfältige Prognosegutachten geschrieben worden wären.

Die Akten, ein Kartenhaus

Gewiss, da gab es schon 2006, im Jahr seiner Verurteilung, eine Schwierigkeit: Mollath hat sich, weil er sich für unschuldig und seinen Strafrichter (nicht zu Unrecht) für voreingenommen und gehässig hielt, nicht von einem Psychiater untersuchen lassen. Er hat sich dem vom Gericht bestellten Gutachter verweigert, er hat sowohl eine körperliche Untersuchung als auch ein ausführliches Explorationsgespräch abgelehnt. Das ist sein gutes Recht, das gehört zu den Grundsätzen des Strafverfahrens: nemo tenetur, se ipso accusare – niemand ist gezwungen, sich selbst zu belasten. In solchen Fällen ist es aber so, dass sich gerade aus der Weigerung, an der Untersuchung und damit am Gutachten mitzuwirken, eine Belastung ergibt: Das Gutachten wird dann nach Aktenlage erstellt, und aus diesem ist oft der Ärger des Gutachters darüber herauszulesen, dass sich der »Proband« nicht hat untersuchen lassen. Sein Denken sei, so heißt es dann kritisch, »von einer misstrauischen Grundhaltung geprägt«. So war es auch bei Mollath.

Die Fakten, auf die sich die psychiatrischen Gefährlichkeitsprognosen bei Mollath gründen, stützen sich auf die Aktenlage – und die Akten sind ein einziges Kartenhaus. Im Fall Mollath folgt ein Fehler auf den und aus dem anderen. Die Fehlerkette beginnt mit dem Richter Brixner, der aus irrationalen Gründen über dem bei ihm angeklagten Gustl Mollath den Stab schon gebrochen hatte, bevor er ihn verurteilte. Es ist Zeit, dass sich nicht nur ein parlamentarischer Untersuchungsausschuss, sondern die Justiz selbst im Wiederaufnahmeverfahren mit dieser Fehlerkette beschäftigt.

Existentielle Eingriffe erfordern existentielle Sorgfalt

Das ist sie Gustl Mollath, aber auch sich selbst schuldig. Auch die Einweisung ins psychiatrische Krankenhaus geschieht »Im Namen des Volkes«. Daraus folgt dessen Anspruch, dass eine solche Entscheidung nicht nur gründlichst vorbereitet, sondern auch verständlich gemacht wird. Es muss sichergestellt werden, dass die Einweisung nicht zu einem mechanistischen Akt wird. Es muss sichergestellt werden, dass die Gutachten gut sind und die Richter sorgfältig. Die Einweisung in eine psychiatrische Anstalt ist keine schnelle Nummer; sie ist ein gewaltiger Eingriff in die Existenz eines Menschen. Existenzielle Eingriffe erfordern existenzielle Sorgfalt – auch vom Gesetzgeber. Der Fall Mollath ruft nach einer gründlichen Reform des Mollath-Paragrafen.

Erschienen in der Süddeutschen Zeitung vom 10. Juni 2013

Nachwort:
Gustl Mollath gilt als Opfer eines Justizirrtums. Das Landgericht Nürnberg sprach ihn zwar im Jahr 2006 vom Vorwurf der gefährlichen Körperverletzung, der Freiheitsberaubung und der Sachbeschädigung frei – wies ihn aber nach Paragraf 63 Strafgesetzbuch in den Maßregelvollzug der forensischen Psychiatrie ein. Aufgrund immer wieder fortgeschriebener Gefährlichkeitsgutachten wurde Mollath dort bis August 2013 festgehalten. Anträge Mollaths und der Staatsanwaltschaft auf Wiederaufnahme des Verfahrens wurden zunächst abgelehnt. Das Oberlandesgericht Nürnberg ordnete schließ-

lich doch die Wiederaufnahme des Verfahrens und die Entlassung Mollaths an.

Im September 2013 hob das Bundesverfassungsgericht alle Gerichtsbeschlüsse auf, die die Fortdauer der Unterbringung Mollaths in der Psychiatrie angeordnet hatten. Im August 2014 wurde Mollath freigesprochen und es wurde ihm eine Entschädigung für die zwangsweise Unterbringung in der Psychiatrie zugesprochen.

Der Paragraf 63 Strafgesetzbuch, der die Grundlage für die Unterbringung in der Psychiatrie bildete, wurde 2016 halbherzig reformiert. Der Reformbedarf bleibt.

Der Beginn des Ersten Weltkriegs steht für einen Irrglauben, der bis heute virulent ist: Alle glaubten damals, auf Seiten der wahren Kultur und Zivilisation zu stehen und diese gegen die Feinde zu verteidigen. Was lehrt das? Es gilt, die Verteufelung des Gegners und die eigene Selbstgerechtigkeit zu vermeiden.

Wenn 1914 nicht vergeht

Erinnerung heißt Befreiung, auch von den alten Feindbildern und von den Methoden, sie aufzubauen.

Es war vor einem Jahrhundert: Es jährt sich die Schlacht von Tannenberg und es jährt sich, wenig später, die Schlacht an der Marne. Tannenberg/Ostpreußen, heute Polen: Der Name steht für die Ostfront des Ersten Weltkriegs. Die Marne, rechter Nebenfluss der Seine, steht für die Westfront. Bei Tannenberg haben die Deutschen unter Führung der Generale Hindenburg und Ludendorff die russische Armee vernichtend geschlagen. An der Marne dagegen kam der Vorstoß der deutschen Armeen zum Stehen. Die verlorene Schlacht an der Marne war kriegsentscheidend, die gewonnene von Tannenberg nicht.

Lehren aus der Geschichte, seltsam leer

Die verlorene und die gewonnene Schlacht: Es lässt sich kaum sagen, welche unheilvoller war für das deutsche Selbstbewusstsein. Der Mythos von Tannenberg, der Hindenburg zum sagenhaften Volkshelden machte, ließ sie an eine sagenhafte militärische Kraft glauben. Die Niederlage an der Marne aber machte sie empfänglich für das Gift von Dolchstoßlegenden. Beides hat zum Zweiten Weltkrieg geführt.

Das Gift des Krieges, das Gift der Kriege ist nur im Westen Europas entsorgt; im Osten nicht. Teile des europäischen Ostens sind Irredenta; sie haben den Anschluss an Frieden und Gemeinwohl noch nicht gefunden. Viele Orte der Schlachten an der Ostfront des Ersten Weltkriegs liegen in der krisen-und kriegsgeschüttelten Ukraine, der die Kanzlerin einen Beileids- und Beistandsbesuch abgestattet hat. Und in Weißrussland, wo sich die Präsidenten der verfeindeten Staaten Russland und Ukraine, Putin und Poroschenko, treffen, liegen andere große Schlachtorte des Ersten Weltkriegs: Am Naratsch-See scheiterte 1916 die letzte Großoffensive der Zarenarmee, dort ertranken die Soldaten zu Zehntausenden. Diese Vergangenheit ist in Osteuropa virulenter als im Westen. Die Lehren aus der Geschichte sind aber seltsam leer, wenn es um Russland und die Ukraine geht.

Verteufelung und Selbstgerechtigkeit

In Frankreich hat Bundespräsident Joachim Gauck unlängst den riesigen Soldatenfriedhof, genannt »Menschenfresserberg« besucht, um an den Kriegsbeginn 1914 zu erinnern und dem Hass abzusagen. »Alle glaubten«, so sagte er, »auf Seiten der wahren Kultur und Zivilisation zu stehen und diese gegen die Feinde zu verteidigen. Deshalb wollen wir uns stets aufs Neue darauf verpflichten, den politischen Willen nicht zu verlieren, der aus alten Feinden Partner und Freunde macht.« In Belgien beklagte Gauck »das eklatante Versagen der Diplomatie«, eine »maßlose Propaganda« und eine »unerhörte Verteufelung des Feindes« als Ursache für den Kriegsausbruch. Ist es naiv, sich zu wünschen, Gauck hätte diese Worte auch in Russland und der Ukraine gesprochen?

In Westeuropa klingen solche Sätze, so richtig sie sind, nach Gedenkroutine. Auf Russland, die Ukraine und die Krim be-

zogen, sind sie erschreckend aktuell. Das, was Gauck zurückblickend beklagt hat – das gibt es ja immer noch: in Russland,
in der Ukraine, bisweilen auch in der Art, wie Westeuropa mit
dieser Krise umgeht. Es gilt, die Verteufelung des Gegners und
eigene Selbstgerechtigkeit zu vermeiden.

Gewalt beginnt mit Worten

Angela Merkel hat sich in Kiew nicht zu neuer Schärfe gegen Russland hinreißen lassen; sie hat von Solidarität mit der
Ukraine gesprochen, aber nicht Feindschaft mit Russland ge-
sät. Sie lässt Türen offen, schlägt sie nicht zu. Sie redet nicht
so fanfarenhaft daher wie Nato-Generalsekretär Rasmus-
sen, der sich oft so äußert, als wolle er noch Öl ins Feuer gießen. Gewiss ist es so, dass Agitation ohnehin nicht Merkels
Sache ist. Sie weiß aber wohl, wie wichtig auch verbales Ab-
rüsten ist. Gewalt beginnt mit Worten. Alfred Kerr, der Thea-
terkritiker, hat vor hundert Jahren zu den Russen in Ostpreu-
ßen hinübergebrüllt: »Hunde dringen in das Haus / Peitscht
sie raus!«

Feindbildmacherei

Erinnerung heißt Befreiung, auch von den alten Feindbildern und den Methoden, sie aufzubauen. Geifernd wie einst
ist die Sprache nicht mehr. Niemand feiert mehr den Krieg;
der patriotische Unsinn der besseren Kreise erlebt keine
Neuauflage. Man redet, raunend, von Verantwortung, die
Deutschland weltweit übernehmen müsse; und meint Mili-
täreinsätze. Die Sprache hat einen Tarnanstrich. Aber wenn
es um Putin geht, wird die Zurückhaltung abgelegt. »Stoppt
Putin jetzt!«, rufen Schlagzeilen. Das ist ein Aufruf – aber
zu was? Zu irgendetwas Kraftvollem, was ungesagt bleibt;
Mumm, Härte, Gewalt. Erinnerung heißt Befreiung: gewiss

nicht von notwendig deutlicher Kritik an Putin; aber von Feindbildmacherei.

Erinnerung ist auch Befreiung zu einer Selbstkritik, die sieht, dass der Westen nicht ganz unschuldig ist an der Eskalation in der Ukraine. Erinnerung heißt: den politischen Willen nicht verlieren, der aus alten Feinden Partner und Freunde macht. Das ist eine europäische Aufgabe.

Erschienen in der Süddeutschen Zeitung vom 25. August 2014

Das gemeinsame europäische Haus sieht schon fast wieder so aus wie der Bahnhof von Bayerisch Eisenstein in den Zeiten des Kalten Krieges. Dort, an der tschechischen Grenze, an der Grenze zum damaligen Ostblock, ging eine Mauer quer durch die Bahnhofshalle. Das Klo war im Osten. 1991 öffnete Helmut Kohl den Grenzbahnhof wieder. Es ist Zeit für die Neuöffnung Europas. Russland ist ein Teil davon.

Der Rat der Alten

Warum es gefährlich ist, wenn Politiker, die vor einem Krieg in Europa warnen, als »Russlandversteher« tituliert werden.

Aufrufe gibt es wie Sand am Meer. Je länger die Namenslisten darunter sind, desto weniger finden sie Beachtung. Dieser Aufruf ist anders. Er hat Gewicht, weil viele Namen darunter gewichtig sind und weil ihre Sorge Gewicht hat. Es ist ein deutscher Aufruf gegen einen Krieg, auf den Nordamerika, die Europäische Union und Russland nach Meinung der Unterzeichner »unausweichlich« zutreiben. Der Aufruf sucht nicht nach Schuldanteilen am »verfahrenen Zustand«, er sucht den Weg zur Befriedung. Der Aufruf ist ein Dokument der brennenden Sorge. Die Sorge ist berechtigt.

Russland nicht hinausdrängen

Roman Herzog, der Alt-Bundespräsident von der CDU, hat unterschrieben und Hans-Jochen Vogel, der alte Sozialdemokrat. Unterschrieben haben Luitpold Prinz von Bayern, der Urenkel des letzten bayerischen Königs, und der Altkanzler Gerhard Schröder. Unterschrieben haben ehemalige Bundestagsvizepräsidenten, Minister, Schauspieler, Schriftsteller und Verteidigungsexperten. Sie verurteilen die russische Annexion der Krim als völkerrechtswidrig, mahnen aber gleichwohl: »Wir dürfen Russland nicht aus Europa hinausdrängen«, so heißt es in dem Aufruf.

Der Aufruf ist Ausdruck einer berechtigten Befürchtung, die auch den alten Helmut Kohl in seinem neuen Europabuch plagte: »Im Ergebnis müssen der Westen genauso wie Russland und die Ukraine aufpassen, dass wir nicht alles verspielen, was wir schon einmal erreicht hatten.« Der Altkanzler hatte gewiss Recht. Es ist viel schiefgelaufen, seitdem Putin am 25. September 2001 seine Rede im Bundestag gehalten hat. Und es wäre furchtbar, wenn es Europa nach der russischen Annexion der Krim so erginge wie Israel seit der Ermordung von Jitzchak Rabin.

Wenn die Rhetorik Ping-Pong spielt

Kohl verurteilte zu Recht, dass sich die G-7-Staaten im Juni ohne Russland getroffen haben, dass sie das Land aus dem Treffen der größten Industrienationen der Welt hinausgedrängt haben. Das war nicht Diplomatie, das war Gehabe. Gehabe ist der Geschlechtstrieb der Politik. Das gilt für Putin besonders, es gilt aber auch für Obama. Es war wenig hilfreich, dass der US-Präsident Russland als »Regionalmacht« verhöhnt hat; ohne diese »Regionalmacht« sind die großen Weltkonflikte nicht zu lösen. Und es ist auch wenig hilfreich, wenn Putin fast tagtäglich eine »anti-westliche Rhetorik« vorgeworfen wird. So etwas ist lächerlich, wenn die Rhetorik zwischen West und Ost seit Monaten Ping-Pong spielt.

Es gehört zu der merkwürdigen Rhetorik, die den Ukraine-konflikt begleitet, dass Leute wie Herzog oder Vogel, wenn sie vor einem Krieg in Europa warnen, als »Russlandversteher« tituliert werden. Verstehen hat nichts zu tun mit Beschwichtigen, Verzeihen oder gar Verklären. Die Motive des anderen zu verstehen, ist Grundlage für alle Verhandlungen. Wer das schmäht, wer nicht mehr verstehen will, der will nicht mehr verhandeln. Das wäre absolut nicht mehr zu verstehen. Angela Merkel, deren Russlandkurs nun von ihren Vorgängern als zu harsch kritisiert wird, muss diese Kritik annehmen und mit ihr klug umgehen – die Kritik also verstehen.

Viel Entweder-Oder, wenig dazwischen

Zu konstatieren ist eine tiefe Meinungsspaltung in Deutschland: Auf der einen Seite stehen die, die als »Russlandversteher« tituliert werden, auf der anderen die Putingegner. Die eine Seite glaubt an Wandel durch Annäherung; die andere warnt davor, auf Wandel durch Anbiederung zu vertrauen. Es gibt viel Entweder-Oder; wenig dazwischen. Die Positionierung ist auch eine Generationenfrage.

Das Durchschnittsalter der Unterzeichner des Aufrufs liegt weit jenseits der 65. Es sind überwiegend Leute, die den Kalten Krieg erlebt und zum Teil an der Überwindung der Spaltung Europas selbst mitgewirkt haben. Die jüngere Generation, weit weg vom Zweiten Weltkrieg aufgewachsen, urteilt über Russland schärfer, sanktionsfreundlicher, drohender. Diese Generation ist mit Gorbatschows Glasnost sozialisiert worden, sie hat den Wert der Freiheits- und der Menschenrechte verinnerlicht – und ist vom Russland Putins und der Regression bei den Freiheits- und Menschenrechten schrecklich enttäuscht. Aber in dieser Enttäuschung ist der Rat der Alten wichtig und richtig.

Die Neuöffnung Europas

Das gemeinsame europäische Haus sieht schon fast wieder so aus wie der Bahnhof von Bayerisch Eisenstein in den Zeiten des Kalten Krieges. Dort, an der tschechischen Grenze, an der Grenze zum damaligen Ostblock, ging eine massive Mauer quer durch die Bahnhofshalle. Das Klo war im Osten. 1991 öffnete Helmut Kohl den Grenzbahnhof wieder. Es ist Zeit für die Neuöffnung Europas. Russland ist ein Teil davon. Es wäre gut, wenn man das auch in der Art des Umgehens miteinander wieder spüren würde.

Erschienen in der Süddeutschen Zeitung vom 8. Dezember 2014

Das alte Asylgrundrecht, es wurde 1993 abgeschafft, war auch deswegen so wichtig, weil es so kompromisslos war. Diese Kompromisslosigkeit hätte klarmachen können, dass die Flüchtlingspolitik ganz neue Wege gehen muss.

Einmauern oder teilen

Mit der Abschaffung des alten Asylgrundrechts 1993 glaubte die Politik, das Flüchtlingsproblem sei gemeistert. Das war eine große Täuschung.

D as alte Asylgrundrecht war ein Leuchtturm im Hafen der Verfassung. Dieser Leuchtturm wurde 1993 abgeschaltet und durch ein Teelicht ersetzt. Die Politik glaubte damals, die Flüchtlinge kämen deswegen nach Deutschland, weil es dieses große und leuchtende Asylgrundrecht gibt. Sie glaubte daher, wenn man das Grundrecht ausschaltet, schalte man das Flüchtlingsproblem aus. An die Stelle des alten Artikels 16 Absatz 2 wurde daher der Artikel 16 a Grundgesetz gesetzt, der aus dem großen Asyl ein ganz kleines machen wollte.

Alles Leid der Welt

Deutschland habe nun lange genug unter seiner geografischen Lage im Herzen Europas gelitten, so hieß es zu Beginn der Neunzigerjahre. Man könne nicht, so hieß es damals landauf, landab, »alles Leid der Welt aufnehmen« (die Flüchtlingszahlen lagen damals bei einem Fünftel der heutigen). Man solle sich, hieß es, in der Flüchtlingsfrage diese Lage Deutschlands in der Mitte Europas doch einmal zunutze machen – und die Staaten, die Deutschland wie ein Ring umgeben, zur

Auffangzone für Flüchtlinge erklären. Das tat der neue Artikel 16 a des Grundgesetzes. Damit, so glaubte die deutsche Politik, sei das Problem mit den Flüchtlingen fürs Erste erledigt. Das stimmte in gewisser Weise auch – die Flüchtlingszahlen sanken. Aber diese erste Zeit ist vorbei. Die Not am Rande Europas, das Elend und der Krieg vor den Toren Europas sind stärker als das Abwehrasylrecht von 1993. Die Probleme, die man damals weggeschoben hat, sind wieder da, größer als damals. Und heute gibt es kein Asylgrundrecht mehr, das man verantwortlich machen könnte für das, was – immer noch im Katastrophenjargon – »Flüchtlingsströme« genannt wird.

So viele Jahre nach der Änderung des Asylgrundrechts gibt es auch noch immer kein Einwanderungsrecht, das Migranten, Arbeitskräften, abseits des Asyls, einen genau geregelten Weg nach Deutschland öffnen könnte. Schon damals, zu Beginn der Neunzigerjahre, wurde über ein solches Einwanderungsgesetz debattiert; die SPD war dafür, die Grünen auch. Und diejenigen, die dafür warben, machten das auf sehr plastische Weise: Asylbewerber, so hieß es, das seien die Leute, »die uns brauchen«. Einwanderer, Arbeitsmigranten, so hieß es, das sind die Leute, »die wir brauchen«.

Nikolaus brachte kein Einwanderungsgesetz

Ein Einwanderungsgesetz wurde am 6. Dezember 1992 immerhin Teil des berühmt-berüchtigten Parteienkompromisses zwischen CDU/CSU und SPD zur Änderung des Asylgrundrechts, der wegen des Datums als »Nikolauskompromiss« bezeichnet wird; die SPD wollte das Einwanderungsgesetz als Gegenleistung für ihre Zustimmung zur Asylgrundrechtsänderung haben. Es wurde freilich in dem zwischen CDU/CSU und SPD formulierten Asylkompromiss nur in völlig unverbindlicher Form erwähnt. Das Einwanderungsgesetz kam bis zum heutigen Tag nicht zustande.

Interessanterweise ist ein Einwanderungsgesetz auch heute wieder Verhandlungsmasse: In der SPD, vor allem aber bei den Grünen, wird ein Einwanderungsgesetz gefordert als Gegenleistung für die Zustimmung zu einer von der Union propagierten, stark ausgeweiteten Regelung über »sichere Herkunftsländer«; die Staaten Südosteuropas sollen, so ist es von der Union geplant, allesamt als sichere Herkunftsländer gelten, um Flüchtlinge von dort ganz schnell wieder abschieben zu können. Werden sich SPD und Grüne beim neuen Versuch, ein Einwanderungsgesetz zu schaffen, in dieser Frage wieder so über den Tisch ziehen lassen, wie es die Sozialdemokraten 1992/93 beim Asylkompromiss mit sich haben machen lassen?

Der Pogrom als Türöffner

Die Sozialdemokraten fanden damals kein Gegenmittel, um die Faszination der angeblich einfachen Lösung – »weg mit dem alten Asylgrundrecht« – aufzulösen. Sie mühten sich, den Deutschen etwas von der Genfer Flüchtlingskonvention zu erzählen und auch von der historischen Schuld, deren Ergebnis das Asylgrundrecht sei. Es war vergeblich. Die Verteidiger des Grundrechts wurden schwächer und schwächer. Immer zahlreicher, immer furchtbarer, immer brutaler und mörderischer aber wurden die Angriffe auf Flüchtlinge und Flüchtlingsheime, auch auf türkische Einwanderer und ihre Familien. Beim Pogrom von Rostock-Lichtenhagen eilten die Politiker nicht zu dem drei Tage lang attackierten Flüchtlingswohnheim; sie eilten in die Beratungszimmer, um das Asylgrundrecht zu ändern. Es war, als hätten die Randalierer die Türen zu den Sitzungssälen aufgestoßen.

Der alte Artikel 16 Absatz 2 Grundgesetz war aber nicht nur wichtig als Schutzgarantie für politisch verfolgte Flüchtlinge. Das alte Asylgrundrecht war auch deswegen so wichtig, weil es so kompromisslos war. Diese Kompromisslosigkeit hätte klarmachen können, dass die Flüchtlingspolitik ganz neue Wege gehen muss, dass es nur eine Alternative gibt: Man kann versuchen, sich einzumauern – oder seinen Reichtum zu teilen.

Die Armen verhungern am Reichtum der Reichen

Es kam aber dann die Wiedervereinigung; und die Deutschen hatten andere Sorgen als die Not der Welt: Die deutsche Einheit war zu bezahlen, der Wohlstand im Westen musste erhalten, der Wohlstand im Osten aufgebaut werden. Es gab zu viele Schwierigkeiten mit der eigenen Lage, als dass man sich noch um die Schwierigkeiten anderswo hätte kümmern können oder wollen – das war die Grundstimmung damals. Und so begann die deutsche Einheit damit, dass ein fraglos schwieriger Auftrag des Grundgesetzes abgeschüttelt wurde.

Der Bericht der Arbeitsgruppe »Flüchtlingskonzeption«, den Wolfgang Schäuble 1990 als Bundesinnenminister vorgelegt hatte – und in dem es auch um die Bekämpfung von Fluchtursachen ging – verschwand in der Schublade. Fluchtursachenbekämpfung, wie sie schon damals propagiert, aber dann der deutschen Einheit wegen wieder vergessen wurde, verlangt erst einmal das Eingeständnis, dass die Armen auch am Reichtum der Reichen verhungern.

Deutschland, Land der Hoffnung

In diesen Tagen spricht die Bundeskanzlerin davon, dass Deutschland für Flüchtlinge »ein Land der Hoffnung« sein solle. Das ist ein großes Wort. Daran wird man die Flüchtlingspolitik messen müssen. Es gibt viel wiedergutzumachen. Die große politische Kampagne zur Abschaffung des alten Asylgrundrechts hat furchtbare Schäden angerichtet. Diese wirken bis heute nach.

Nun, im Spätsommer und Herbst 2015, beginnt, hoffentlich, das, was schon vor 23 Jahren hätte beginnen können: eine Flüchtlingspolitik, die sich den Problemen stellt und nicht vor ihnen davonläuft.

Erschienen in der Süddeutschen Zeitung vom 2. September 2015

Nachwort:
Das »hoffentlich« des letzten Absatzes hat sich nicht erfüllt. Der Aufnahme der Flüchtlinge im Spätsommer und im Herbst 2015 folgte die schärfste Abschiebungsgesetzgebung in der Geschichte der Bundesrepublik.

EINE WELT DER HOFFNUNG

Europa zerschlägt nichts, Europa zerreißt nichts; Europa fügt zusammen. Die Europäische Union ist der letzte Sinn einer verworrenen europäischen Geschichte.

Hoffen auf Europa

Concordantia Discordantium Europaeorum: Wenn das Widersprüchliche sich zur Einheit fügt

A ls ich, es ist nun schon einige Jahrzehnte her, in Regensburg mit meinem Jurastudium begann, haben mich zwei Professoren schon in den ersten Wochen und Monaten sehr beeindruckt. Der eine war Dieter Medicus, ein Schüler von Max Kaser, der den Lehrstuhl für Bürgerliches Recht und römische Rechtsgeschichte innehatte. Der zweite war der Rechtshistoriker und Kanonist Peter Landau.

Mir imponierte, wie die beiden Gelehrten wenn sie das Recht erklärten, der Geschichte dieses Rechts Rechnung trugen. Mir imponierte, dass bei ihnen Gesetze nicht einfach Produkte einer gerade fälligen Klempnerarbeit waren. Mir imponierte, wie diese Gelehrten das römische Recht, wie sie das Corpus Juris Civilis und den Codex Juris Canonici, als Fundus und Fundament begriffen.

Wurzeln in der Zeitenwende

Concordantia discordantium, das alte Wort im Titel: Das ist eine Referenz an diese Lehrer, er ist eine Referenz an ein Recht, das zwei Jahrtausende lang galt und mit seinen Wurzeln zurückreicht in die Zeitenwende, in die Zeit von Celsus und Ulpian. Es ist schier unglaublich, dass im 19. Jahrhundert solche jahrtausendealte Regeln das geltende Recht für die industrielle Revolution gestellt haben – jedenfalls in einem Teil des deutschen Rechtskreises. Österreich schaffte ja seine landessprachliche Kodifikation des heimischen Rechts schon 1812, Deutschland erst 1900. Mit jedem neuen Gesetzbuch der europäischen Staaten verlor zwar das römische Recht ein Stück seines Territoriums. Aus einer praktisch genutzten Textmasse wurde eine historische Textmasse (Dieter Simon); aber das römische Recht war und blieb die Basis für die Rechtskultur der Moderne.

Europa zerschlägt nichts, Europa zerreißt nichts, Europa fügt zusammen

Concordantia discordantium: Dieser Titel erinnert an das Werk des Mönchs Gratian im 12. Jahrhundert, der den in der Kirche angewachsenen Rechtsstoff zu vereinen und zu ordnen versuchte. Gratian hat ein schon damals tausendjähriges Material zusammengetragen, er hat diesen Rechtsstoff, der seiner heterogenen Herkunft wegen widersprüchliche Texte enthielt, zu einer Synthese geführt, zu einer Harmonie – wie dies der von ihm gewählte Name seines Werkes schon ankündigt: *Concordantia discordantium canonum,* also die ausgleichende Zusammenstellung des Widersprüchlichen im kanonischen, also im kirchlichen Recht.

Concordantia discordantium: Das ist ein lateinisches und ein europäisches Wort, es ist ein Wort, das uns sagt, wie Europa gebaut werden muss. Das Fundament dieses Europäischen Hauses steht nicht auf den Trümmern der Nationalstaaten und ihrer Rechtsordnungen. Wer die einzelnen Staaten zertrümmern will, um darauf Europa zu bauen; wer die Verfassungen zerreißen will, um an deren Stelle eine neue gemeinsame Verfassung zu schreiben – der hat von Europa wenig verstanden. Europa zerschlägt nichts, Europa zerreißt nichts; Europa fügt zusammen. Verfassungen sind nicht dafür da, die Verfassung der Menschen zu ruinieren; sie sollen Vertrauen schaffen. Europa ist eine neue *concordantia discordantium,* ein Werk, das ganz Verschiedenes, auch Widersprüchliches zur Übereinstimmung bringt, zur Übereinstimmung bringen soll. Europa ist ein demokratisches Projekt. Um es zu vollenden, braucht man keine Notverordnungen an Parlament und Bürger vorbei. Man braucht dazu die Menschen. Das Europäische Haus ist ein großes Haus mit vielen Räumen, vielen Türen, vielen Kulturen und vielen Arten von Menschen. Dieses Haus bewahrt die europäische Vielfalt und den Reichtum, der sich aus dieser Vielfalt ergibt. Dieses Haus ist die Heimat Europa.

Aus dem Fundus ein Fundament machen

Wir erleben, hoffentlich, die schweren Geburtswehen einer neuen Entität, eines europäischen Gemeinwesens. Dieses Gemeinwesen kommt nicht aus dem Nichts, es ist keine *Creatio ex nihilo.* Es ist, auch wenn wir dies im Alltag so selten spüren, auch wenn wir im Alltag so oft daran zweifeln und verzweifeln, der Höhepunkt der europäischen Geschichte. »Machten wir eine Bilanz unseres geistigen Besitzes auf, so würde sich herausstellen, dass das meiste davon nicht unserem jeweiligen Vaterland, sondern dem gemeinsamen europäischen Fundus entstammt. Vier Fünftel unserer inneren Habe sind europäisches Gemeingut« – so hat das der spanische Philosoph Ortega y Gasset beschrieben. Es gilt, aus dem Fundus ein Fundament zu machen, das ist nicht zuletzt eine Aufgabe der Juristen. *Concordantia discordantium:* Es gilt mit dieser so bewährten europäischen Methode aus der gemeinsamen Geschichte eine gemeinsame Zukunft zu machen; ein geschichtsloses Europa wäre ein gesichtloses Europa. »Denn das Heute entstammt dem Gestern, und das Morgen entsteht aus dem Vergangenen« (Jacques Le Goff).

Von den Rechtslehrern Dieter Medicus und Peter Landau war schon die Rede, denen hier Reverenz erwiesen werden soll. Noch einen dritten Rechtslehrer gilt es zu rühmen – einen, den ich nicht selber im Hörsaal hören durfte, den ich aber trotzdem zu meinen Lehrern zähle: Hans Kelsen. Er hat die Bühne geschaffen, auf der wir heute stehen dürfen: Kelsen hat die moderne Verfassungsgerichtsbarkeit begründet, die sich im Österreichischen Verfassungsgericht, dessen Mitglied Kelsen zehn Jahre lang war, konstituiert und manifestiert. Ich sage den Namen Hans Kelsen mit Respekt, mit Ehrfurcht und mit nachklingendem Schauer; zum Schauer komme ich später.

Die EU als Staat

Hans Kelsen ist unendlich wichtig, wenn wir über Europa reden – weil er seine pluralistische Staats- und Rechtstheorie konzipiert hat vor dem Hintergrund des ethnisch, sprachlich, kulturell und religiös so heterogenen Gemeinwesens der Habsburgermonarchie. Der Staat ist bei ihm kein metaphysisches und nationalistisches Geschwurbel, der Staat steht bei ihm weder vor, noch hinter und schon gar nicht über der Rechtsordnung. Der Staat ist die Rechtsordnung! Das Gemeinwesen, das eine Rechtsordnung hat, ist ein Staat. Wir reden so oft darüber, was denn die EU eigentlich ist oder sein soll – ein Staatenbund, ein Bundesstaat oder irgendein Drittes, ein Gebilde *sui generis*. Wenn wir Kelsen folgen, tun wir uns nicht schwer, die EU als Staat zu betrachten: Europa ist ein Raum des Rechts – und dieses Recht konstituiert das Gemeinwesen.

Kelsen selber schrieb dazu, auf die Ursprünge seiner Reinen Rechtslehre zurückblickend: »Es mag sein, dass ich zu dieser Anschauung nicht zuletzt dadurch gekommen bin, dass der

Staat, der mir am nächsten lag, und den ich aus persönlicher Erfahrung am besten kannte, der österreichische Staat, offenbar nur eine Rechtseinheit war. Angesichts des österreichischen Staates, der sich aus so vielen nach Rasse, Sprache, Religion und Geschichte verschiedenen Gruppen zusammensetzt, erwiesen sich Theorien, die die Einheit des Staates auf irgendeinen sozial-psychologischen oder sozial-biologischen Zusammenhang der juristisch zum Staat gehörigen Menschen zu gründen versuchten, offensichtlich als Fiktionen.« Der Staat als Rechtsgemeinschaft und die Nation als kulturell-ethnisch vorgestellte Gemeinschaft werden bei Kelsen entkoppelt. Der Staat ist Rechtsgemeinschaft. Europa ist Rechtsgemeinschaft. So schlicht, so einfach, so richtig.

Hans Kelsen, ein wissenschaftlicher Revolutionär

Hans Kelsen stand ganz am Beginn meines Studiums – weil ich, euphorisiert von den ersten Wochen des Rechtsstudiums, ins rechtsphilosophische Seminar gelaufen bin und mich dort auch bald in die Prüfung wagte. Zu interpretieren war ein Text, den ich damals nicht zu- und einordnen konnte, den ich auch kaum verstand. Es war, wie ich später lernte, eine Passage aus der Reinen Rechtslehre; und über die Bemerkungen, die der Korrektor zu meinen Darlegungen machte, schweige ich heute lieber. Aber es war dies der etwas unrühmliche Beginn einer beglückenden Beschäftigung mit Hans Kelsen, der ein wissenschaftlicher Revolutionär war, weil er das Geraune, das ontologische Raunen aus Staat und Recht, herausgenommen hat. Recht wird durch Rechtsprozeduren hergestellt. Dieses Prozedurale ist in der EU besonders ausgeprägt. Insofern darf man sagen, das Kelsen das Rechtssystem der EU erst ermöglicht hat – und man darf ihn einen der geistigen Väter der EU nennen.

Es gärt in Europa. Nationale Fronten machen quer durch Europa Front gegen Europa und gegen die Werte der Aufklärung, gegen die Werte, die in der französischen Revolution zugrunde gelegt wurden und die in die Europäische Grundrechtecharta eingegangen sind; diese Grundrechtecharta ist vom Österreichischen Verfassungsgerichtshof im Jahr 2012 in einen hohen Verfassungsrang erhoben worden. Diese Entscheidung war ein Meilenstein, weil sie in Verbindung mit der Verfassung und der Menschenrechtskonvention einen sehr dichten Grundrechtsschutz bewirkt hat. Diese wichtige Entscheidung Österreichs hat klargemacht, was Europa ist und sein muss: Eine Rechts- und Wertegemeinschaft. So ist es *de jure*. So sollte es sein.

Die Quadratur des zerstörten Kreises

De facto aber ist Europa zu einem geschundenen Wort geworden, zu einem Synonym für Krise: Es gibt so viele Krisen, die alle mit »Europa« eingeleitet werden. Europa ist ein Krisenland, ein Krisenkontinent geworden, jedenfalls wenn man den gängigen Beschreibungen folgt. »Die Europäische Union steckt in einer tiefen Krise, vermutlich der tiefsten in ihrer Geschichte, das ist weitgehend unumstritten«. So oder so ähnlich beginnen Dutzende, ja hunderte von aktuellen Texten; so oder so ähnlich sagen es Politiker und Publizisten; so oder so ähnlich empfinden es wohl viele Millionen Menschen in Europa. Europa – das ist Kriseneuropa: Da sind die Finanz- und Schuldenkrisen, da ist die Griechenlandkrise, die Eurokrise, da ist die Flüchtlingskrise, da sind Integrationskrisen, da ist, ganz generell, eine europäische Sinnkrise. Aus dem Traum Europa ist, so scheint es, ein Alptraum geworden. Viel Tristesse, wenig Begeisterung.

»Ich war Europas letzte Chance« – so hat Adolf Hitler vor seinem Ende im Bunker gesagt. Es war eine dämonische »Chance«. Adolf Hitler hat auch das noch zerschlagen und zerstört, was vom alten Europa nach dem Ersten Weltkrieg übrig geblieben war, er hat die Weltgeltung Europas und dessen politischen und kulturellen Anspruch schauerlich verspielt. Was dann in Europa geschah, ist mit dem Wort Wunder nur unzulänglich beschrieben. Das »europäische Kleinstaatengerümpel", wie Hitler es verächtlich bezeichnet hatte, tat sich zusammen, es überwand den Nationalismus und uralte Feindschaften. Die Europäische Gemeinschaft, die Europäische Union entstand.

Die Geschichte der EU ist eine Geschichte der Quadratur des zerstörten Kreises. Sie ist die »Geschichte der Sinngebung des Sinnlosen"; so heißt das Werk des zu Unrecht vergessenen Philosophen Theodor Lessing, der 1933 von Naziattentätern in Marienbad erschossen wurde. Diese EU ist der letzte Sinn einer verworrenen europäischen Geschichte; diese Friedensmacht EU ist also die Frucht kriegerischer Zerstörung. Es ist leider schwer, dieses so Große im politischen Alltag zu spüren – also in den Querelen um den Euro, in der sich dahinziehenden Finanzkrise, in den Animositäten gegen die sogenannten Eurokraten in Brüssel und deren angebliche Regelungswut und in den elenden Streitigkeiten der Flüchtlingskrise und in der neuen Lust an der Abschottung.

Das Wunder Europa

Viel zu viele Menschen in Europa, nicht nur die Engländer, hatten und haben es sich schon viel zu lange angewöhnt, über Europa zu mäkeln, wie es Schüler über die Schule tun, oder gar leichtfertig den Untergang der EU an die Wand gemalt: Sie haben es sich angewöhnt, über die Bürokratie von Brüssel zu klagen, über die Demokratiedefizite, über die Kosten, über den Wirrwarr der Richtlinien, über die Flüchtlingspolitik, über den Euro und die Rettungsschirme. Die Klagen sind berechtigt. Aber: Wir haben verlernt, das Wunder zu sehen. Europa ist ein Wunder. Dieses Europa der Europäischen Union ist das Beste, was Europa in seiner langen Geschichte passiert ist.

Im Altertum gab es sieben Weltwunder: Die hängenden Gärten der Semiramis; den Koloss von Rhodos; das Grab des Königs Mausolos; den Leuchtturm auf der Insel Pharos; die Pyramiden von Gizeh; den Tempel der Artemis in Ephesos und die Zeusstatue von Olympia. Heute gibt es das Europäische Parlament. Es ist die weltweit einzige direkt gewählte supranationale Institution. Die demokratische Versammlung der Europäer ist ein Weltwunder. Dieses Europaparlament ist aber zugleich das einzige demokratische Parlament weltweit, das unablässig an Zustimmung verliert. Es ist also ein makabres Wunder, es ist ein europäisches Paradoxon: Je wichtiger dieses Parlament geworden ist, und es ist wirklich wichtiger geworden (wenn auch noch immer nicht wichtig genug) – umso weniger wird es von Europäern wichtig genommen. In dem Maß, in dem das Parlament an Einfluss gewonnen hat, hat es seine Basis verloren. Deshalb ist die Mobilisierung von Vertrauen in eine bessere, in eine geläuterte EU so wichtig: Europa muss sozial, bürgernah, menschlich werden. Europa muss Heimat werden für die Menschen. Europa darf nicht nur Wirtschaftsgemeinschaft sein, es muss Bürgergemeinschaft sein. Es darf nicht nur Nutzgemeinschaft für Industrie und Banken sein, es muss Schutzgemeinschaft für die Menschen werden.

Unverdientes Paradies

Bei aller Kritik an Europa: Die meisten Menschen wollen Europa, aber sie wollen es anders – sozial, solidarisch, human, bürgernah. Wie eine andere, eine bürgernahe EU aussehen könnte, das müsste das Thema aller Europawahlkämpfe und auch vieler Juristentage sein. Europa ist das Beste, was den Deutschen, Franzosen und Italienern, den Österreichern und den Dänen, den Polen und Spaniern, den Flamen und Wallonen, den Niederländern und Griechen, den Bayern, den Basken, den Ungarn und den Tschechen in ihrer Geschichte passiert ist. Europa ist die Verwirklichung so vieler alter Friedensschlüsse, die den Frieden dann doch nicht gebracht haben. Die Europäische Union ist das Ende eines fast tausendjährigen Krieges, den fast alle gegen fast alle geführt haben. Sie ist ein unverdientes Paradies für die Menschen eines ganzen Kontinents. EU ist das Kürzel für das begonnene und zu bewahrende goldene Zeitalter der europäischen Historie.

Europa als zweite Heimat

Das stimmt ganz sicher – und doch werden solch feierliche Sätze zu bloßem Wortgeklingel, wenn und solange die Menschen diese EU nur als Nutzgemeinschaft für Wirtschaft und Finanzindustrie, aber nicht als Schutzgemeinschaft für die Bürger erleben. Sozialpolitik ist nicht Annex des Ökonomischen, sie darf es nicht sein. Sozialpolitik ist eine Politik, die Heimat schafft; erst kluge Sozialpolitik macht aus einem europäischen Staatsgebilde, aus der etwas sperrigen EU, die immer noch zu sehr Wettbewerbsgemeinschaft ist, eine Heimat für die Menschen, die darin leben: Wer seinen Nationalstaat als Heimat erlebt hat, will daraus nicht vertrieben werden. Er will, wenn die Heimat Nationalstaat zu schwach wird, Europa als zweite Heimat.

Wenn der Staat Rechtsgemeinschaft ist, dann genügt es nicht, dass vor dem Recht formal alle gleich sind. Erst der Sozialstaat sorgt dafür, dass der Mensch reale, nicht nur formale Chancen hat. Es genügt ihm also zum Beispiel nicht, dass der Staat Vorschulen, Schulen und Hochschulen bereitstellt mit formal gleichen Zugangschancen für Vermögende und Nichtvermögende, für Reiche und Arme; der Sozialstaat sorgt auch für die materiellen Voraussetzungen, die den Nichtvermögenden in die Lage versetzen, die formale Chance tatsächlich zu nutzen. Ein Sozialstaat entwickelt eine emanzipatorische Gerechtigkeitspolitik, die Chancenungleichheiten ausgleicht. Er ist daher, mit Maß und Ziel, Schicksalskorrektor. Er ist der Staat, der es nicht bei formalrechtlicher Gleichbehandlung belässt, nicht dabei also, dass das Gesetz es in seiner majestätischen Erhabenheit Armen und Reichen gleichermaßen verbietet, unter den Brücken zu schlafen, wie das Anatole France so schön gesagt hat. Der Sozialstaat gibt den Armen nicht nur Bett und Dach, sondern ein Fortkommen aus der Armut – und er gibt ihnen ein Ankommen in der Rechtsgemeinschaft.

Dies galt und gilt auf nationaler Ebene. Das darf auf europäischer Ebene nicht vergessen werden. Der Sozialstaat, die Sozialstaaten haben in Europa eine Erfolgsgeschichte hinter sich. Diese nationalen Erfolgsgeschichten sollen, ja müssen eine europäische Fortsetzung finden. Die Grundlage dafür ist mit der Europäischen Grundrechtecharta und ihren sozialen Grundrechten auch schon geschaffen worden. Diese müssen nur endlich in handfestes Gesetzesrecht umgesetzt werden.

An den Hängen des Parnass

Früher befragten die Griechen das Orakel von Delphi. Heute befragt Europa die Finanzmärkte. Man kann streiten, was besser ist. Die Kommunikation mit dem Orakel war jedenfalls einfacher. Es hatte einen einzigen Ort und eine einzige Person, die es verkörperte. Der Ort lag an den Hängen des Parnass und die Person hieß Pythia. Das Orakel war also greifbar. Und als es sich spreizte, zog Alexander der Große es an den Haaren in den Tempel. An dessen Eingang befand sich eine Inschrift; sie war der Schlüssel für alle Fragen: »Erkenne dich selbst!« Möglichkeiten zur Selbsterkenntnis hat Europa in der Griechenland-, Italien-, Portugal- und schließlich der Flüchtlingskrise wie nie zuvor: Diese offenbaren auch eine Institutionenkrise, eine Krise der Demokratie. Am EU-Parlament gingen alle Eurorettungsmaßnahmen vorbei; die europäischen Volksvertreter waren und sind nur Zuschauer. Den nationalen

Parlamenten geht es ein wenig besser; die dortigen Volksvertreter dürfen immerhin genehmigen, was ihre Regierungen beschlossen haben. Die Parlamente sind aber nicht die Bettler unter dem europäischen Tisch, die darauf warten müssen, dass Krümel vom Tisch des Rates herunterfallen; sie dürfen von der EU-Politik nicht in diese Rolle gedrängt werden. Es geht um das Vertrauen in den demokratischen Prozess: Die Wertschöpfungsanlagen für dieses Vertrauen sind die Parlamente.

Die Parlamente werden in der medialen Öffentlichkeit allzu oft als Ort des Streits diskreditiert. Wo sonst aber soll über Europa gestritten werden? In der Krise gibt es einerseits die berechtigte Klage über eine kastrierte Demokratie, andererseits eine besondere Lust auf Alexander-Politik. Das passt nicht zusammen: Die Sehnsucht nach Regierungshelden, die den gordischen Knoten mit einem Schlag zerhauen, ist undemokratisch. Am autokratischen Wesen von zwei oder drei EU-Regierungschefs wird Europa nicht genesen. Wer ständig eine Ruckzuck-Politik fordert, darf sich nicht wundern, wenn ruckzuck die Demokratie verdirbt.

Eine Horde Wildsäue

Der Münchner Verleger Hans Dieter Beck, in dessen Verlag fast alles erscheint, was in Deutschland Recht ist, hat einmal seine Meinung über das Europarecht drastisch dargelegt: Es komme ihm vor wie eine Horde Wildsäue, die in den Garten des nationalen deutschen Rechts eingefallen sei und dort den Boden zerwühlt, ja regelrecht umgeackert habe. Das klingt sehr negativ, ist es aber nicht unbedingt – auf einem umgepflügten Boden kann Neues wachsen. Es ist in der Tat viel gewachsen. Das EU-Recht hat die nationalen Rechtsordnungen verändert, durchdrungen, überwölbt. *Concordantia discordantium!* Das Verbraucherrecht und das Antidiskriminierungs- und Gleichberechtigungsrecht zum Beispiel sind ganz stark europarechtlich geprägt. Dieses Europarecht ist zwar furchtbar fruchtbar, es ist unübersichtlich, aber es ist da, es wächst und gedeiht (manchmal wie Unkraut), entwickelt sich zu einer Rechtsordnung, die sich neben und mit den bestehenden nationalen Rechtsordnungen etabliert.

Struwwelpeter mit Rettungsschirm

Recht hat einigende Kraft, Recht kann die wirtschaftliche und politische Einheit stärken. Die Kraft des Rechts hat zum Beispiel der Code Napoleon in hervorragender Weise gezeigt. Das große französische Gesetzbuch war viel dauerhafter und erfolgreicher, als die territorialen Eroberungen seines Namensgebers es waren.

Aber Recht bedarf nicht nur der Setzung, sondern auch der Achtung. Hieran mangelt es in Europa seit einiger Zeit, jedenfalls was seine Grundlage, seine Verträge betrifft. Im Bereich des großen Ganzen und Grundlegenden entwickelt sich ein hochgefährliches Prinzip: Je mehr Geld im Spiel ist, umso weniger gelten rechtliche Regeln. Die ganze Eurorettung basiert auf Entrechtlichung und rechtsfreiem Agieren. Im Verhältnis der Mitglieder der Währungsunion zueinander und zum Finanzmarkt scheinen die Europäischen Verträge und Gesetze immer weniger verbindlich. Kaum formuliert, sind sie angeblich für effektive Rettungsmaßnahmen schon wieder zu schwerfällig. Regeln, aus der Not geboren, wurden und werden für die nächste Not und die nächste Eurorettungsaktion schon nicht mehr für geeignet erachtet, eine Lösung herbeizuführen. Und so erklärt man, sie mussten, angeblich der Not gehorchend, gebrochen oder, wie man beschwichtigend formuliert, großzügig ausgelegt werden.

Was muss das Besondere an diesem Europa sein, das ein Europa der Bürger sein will? Was muss das Erkennungszeichen, das ganz Unverwechselbare sein an dieser Union, zu der sich so viele europäische Rechts- und Sozialstaaten zusammengefunden haben? Sind das Kennzeichen für dieses Europa die gewaltigen Rettungsschirme für die Banken, für die Nationalwirtschaften und für den Euro? Müssen die zwölf goldenen fünfzackigen Sterne in der Europaflagge durch zwölf goldene schön aufgespannte Rettungsschirme ersetzt werden? Die Schirme zur Rettung von Banken und Euro sind zig Milliarden groß. Aber die Größe allein bringt es nicht. Jeder weiß, was ein guter Schirm braucht, der bei schwerem Wetter funktionieren soll: Er braucht einen festen Stock, an dem man ihn gut halten kann, und er braucht Speichen, die ihm Stabilität geben; je mehr solcher Streben er hat, umso wetterfester ist er. Schirme von der ungeheuren Größe, wie sie die Rettungsschirme geschaffen haben, mögen von den Regierungschefs mit aller Kraft gerade noch aufgespannt werden können; wenn sie den Schirm dann allein festhalten wollen, wird es ihnen ergehen wie dem fliegenden Robert im Struwwelpeter: Er rennt mit dem Schirm ins Ungewitter hinein und schon passiert es: »Seht! Den Schirm erfasst der Wind, und der Robert fliegt geschwind, durch die Luft so hoch, so weit; niemand hört ihn, wenn er schreit.« Dann fliegt der Schirm mitsamt dem Robert durch die Wolken, und die Geschichte endet mit dem bitteren Satz: »Wo der Wind sie hingetragen, ja das weiß kein Mensch zu sagen.«

Woher das Vertrauen kommt

Den Regierungen der EU und der EU-Kommission in Brüssel wird es so ergehen, wenn sie glauben, sie könnten solch einen Schirm allein halten. Sie brauchen dazu die Gesellschaften ihrer Länder, und sie brauchen das Vertrauen ihrer Bürger, weil erst dieses Vertrauen dem Schirm die Speichen einzieht. Die Europäische Union braucht das Vertrauen ihrer Bürger, und dieses Vertrauen tropft nicht einfach von den Rettungsschirmen herunter; es muss gewonnen werden durch eine soziale Einbindung der Bürger in dieses Europa.

Shylock in Griechenland

Geld ist wichtig in Europa. Mit Geld kann man Europa gestalten, man kann es auch verunstalten und zerstören. In diesem Zusammenhang ein Wort zu Griechenland; die Griechen als Schuldner. Shakespeare hat in seinem »Kaufmann von Venedig« die archaische Vorstellung aufgegriffen, dass man Schulden auch mit einem Teil seines Körpers begleichen könne. Generationen von Interpreten, auch aus der Juristerei, haben sich mit dem Fall befasst. Der Geldverleiher Shylock besteht auf seinem ihm vertraglich eingeräumten Recht, aus seinem säumigen Schuldner, dem Kaufmann Antonio, ein Pfund Fleisch herauszuschneiden.

Die Zunft der Juristen hat viele Jahrzehnte über die Wirksamkeit des Geschäfts und den Urteilsspruch gestritten. Rudolf von Ihering, der große Rechtsgelehrte, vertrat in seiner berühmten Schrift »Der Kampf ums Recht« im Jahr 1868 die Auffassung, dass der Anspruch des Shylock wegen Sittenwidrigkeit nicht bestünde. Über die genaue Begründung hat man sich jahrzehntelang gestritten. Es wurde und wird aber allgemein als intolerabel beschrieben, dass Schulden mit Fleisch bezahlt werden. Wenn es also archaisch und sittenwidrig ist, dass Schulden mit Fleisch bezahlt werden – was ist dann von den Lasten, den Einschnitten und den scharfen Sparmaßnahmen zu halten, die den Bürgern von Griechenland und denen anderer EU-Südländer auferlegt worden sind?

Die massiven Sparmaßnahmen haben besorgniserregende Folgen auch für deren Gesundheit, besonders in Griechenland. Viele Menschen können nicht mehr ordentlich medizinisch versorgt werden, viele Menschen, zumal die Alten, wissen nicht mehr, wovon sie leben sollen, die Selbstmordraten steigen. Ist das eine Art neues Fleischpfand, das für die Schulden bezahlt werden muss? Die EU-Troika hatte bestimmt, dass öffentliche Ausgaben für Gesundheit nicht mehr als sechs Prozent des Bruttosozialprodukts betragen sollen – mit der Folge, dass die Ausgaben für Medikamente und Gesundheitsleistungen um 25 Prozent zurückgefahren wurden. Die Zahl der Krankenhausbetten wurde reduziert. Es wurden keine neuen Ärzte mehr eingestellt. Krankheiten breiten sich wieder stärker aus. Die Säuglingssterblichkeit nahm um 43 Prozent zu. Die Versorgung von Patienten, die nach einem Unfall oder einer Operation auf Blutkonserven angewiesen sind, war in Griechenland ohnehin seit Jahren schwierig; nun wurde sie desaströs. Die Bevölkerung büßte für die Schulden des griechischen Staates – mit Fleisch und Blut. Wo bleibt da der »Sieg des geläuterten Rechtsbewusstseins«? Wo bleibt da der weise Daniel, wo bleibt die Portia, die hier, wie in Shakespeares Stück, eingreift und das Schlimme verhindert?

Die EU als Schutzgemeinschaft

Jeder, der den »Kaufmann von Venedig« sieht, sagt, es sei intolerabel, dass Schulden mit Fleisch bezahlt werden? Wo bleibt dieses Rechtsbewusstsein, wenn es um die Euroschulden geht? Sollen sie mit Leben und Gesundheit bezahlt werden? Schutzschirme sind für Banken und Euro aufgespannt worden. Aber: Gerettet wurden und werden nicht Menschen. Gerettet werden Schuldverhältnisse, Finanzbeziehungen, Machtgefüge, Wirtschaftssysteme; sie sollen überleben. Ist es nur sekundär ob und wie Menschen dabei überleben?

Eine Rechtsgemeinschaft bleibt formal und instabil, wenn sie Rechte nur verteilt, aber nicht dafür sorgt, dass jeder sie auch ausüben kann, wenn die Rechtsgemeinschaft also nicht auch sozialstaatlich getragen ist. Sie muss, zumal der Jugend, Arbeit und Lebensperspektiven geben. Es ist derzeit so: Die sozialstaatlichen nationalen Ordnungen bröckeln und brechen und die EU tut viel zu wenig um sie zu stabilisieren. Die meisten Menschen in Europa spüren die potenzielle Stärke dieses großen Europa nicht: Sie wollen eine Union, die ihnen hilft, die ihnen die Angst vor Arbeitslosigkeit und vor Billigkonkurrenz nimmt. Sie wollen eine Union, die eine Rechts- und Schutzgemeinschaft ist.

Wie Europa Kraft kriegt

Es ist gut, wenn der Europäische Gerichtshof Wegbereiter des Bürger- und Datenschutzes ist. In seinem Urteil gegen die Vorratsdatenspeicherung im April 2014 hat er die EU-Staaten, also die Staatsmacht, in die Pflicht genommen, den Datenschutz zu achten. Einen Monat später, in seinem Urteil gegen Google, hat das Gericht die Mächte des Internets, hat es Google und Co. in die Pflicht genommen. Das Urteil zu Google stellte sich dem gängigen Gerede vom Internet als einem rechtsfreien Raum entgegen: Das Internet ist natürlich kein rechtsfreier Raum, es ist allerdings einer, in dem die Rechtsdurchsetzung besonders schwierig ist. Diese Schwierigkeit packt das Gericht an. Das Urteil stellt also fest, dass das Persönlichkeitsrecht und das Datenschutzrecht auch im Internet gelten und dort Stärkung brauchen. Die Zeit, in der man den Eindruck haben konnte, das Recht kapituliere vor den Großen des Internets, ging damit zu Ende. Nicht mehr und nicht weniger bedeutet das Urteil über Google.

Und das Urteil zu Facebook vom Oktober 2015 bekräftigte genau das noch einmal fulminant. Das Urteil des Europäischen Gerichtshofs ist zwar sperrig zu lesen, aber es macht klar, dass die europäischen Grundrechte keine papierenen Grundrechte sein sollen. Das Urteil ist ein Urteil gegen Facebook und die Praktiken, die dort gelten. Weil diese Praktiken aber Usus in mehr als viertausend anderen US-Firmen sind, ist es ein Urteil, das die gesamte Branche betrifft. In den Kommentaren zum Urteil war von einer Kampfansage die Rede. Kampfansage? Es war und ist eine Rechtsansage: Es macht den nationalen Regierungen und den Institutionen der EU deutlich, dass das europäische Recht sich im transatlantischen Verkehr nicht in den Staub werfen darf. Mit diesem Urteil wurde der Grundrechtsschutz in der Europäischen Union zu einem Gemeinschaftsprojekt. Deshalb war der Tag dieses Urteils ein guter, ein großer Tag für Europa. Er besagt: Europas Stärke ist die Stärke des Rechts. Das ist eine Botschaft und eine Gewissheit, die in den Monaten der Turbulenzen um den Euro und um den richtigen Umgang mit den Flüchtlingen fast verloren gegangen ist.

Wie kriegt Europa Kraft? Die Grundrechte, auch die sozialen Grundrechte, brauchen einen Hüter. Das höchste EU-Gericht in Luxemburg muss ein solcher Hüter sein. Es muss der juristische Olymp einer Union der Bürgerinnen und Bürger sein, es darf sich nicht mehr wie früher als der juristische Olymp der weiland EWG, einer Europäischen Wirtschaftsgemeinschaft, betrachten. Und die Grundrechte brauchen einen handlungsstarken Promotor, ein Europäisches Parlament, das dazu legitimiert und berufen ist, ihren sozialen Gehalt in Recht zu gießen und so die Regierungen anzutreiben, sozial gestaltend zu wirken.

Das europäische Sozialmodell

Es geht also darum, die Essentialia dessen zu bestimmen, was der »soziale Fortschritt«, wie er im Lissabon-Vertrag beschrieben wird, umfassen soll. Es geht darum, ihn in Bewegung zu setzen. Die Menschen in Europa wollen spüren, dass diese Europäische Union für sie da ist und nicht vor allem für Banken und den internationalen Handel. Sie wollen unter Sicherheit nicht nur die innere, sondern auch die soziale Sicherheit verstehen. Dann kriegt Europa neue Kraft.

Wir brauchen ein Europäisches Sozialmodell: Das heißt nicht, dass es europaweit gleich hohe Mindestlöhne geben soll oder europaweit das gleiche Arbeitslosengeld oder die gleichen Renten oder die gleichen Schulsysteme. Europäisches Sozialmodell: Das heißt auch nicht, dass das Gesundheitswesen in ganz Europa auf die gleiche Art und Weise finanziert sein muss. Europäisches Sozialmodell: Das ist etwas ganz anderes. Das ist die gemeinsame Vorstellung davon, dass soziale Ungleichheit nicht gottgegeben ist. Europäisches Sozialmodell: Das ist guter Schutz und kluge Hilfe bei den großen Lebensrisiken, bei Krankheit, Arbeitslosigkeit und Pflegebedürftigkeit. Diese großen Lebensrisiken können nur wenige allein meistern, ohne in Not zu fallen. Europäisches Sozialmodell: Das ist ein gemeinsames Koordinatensystem, in dem die Achsen Solidarität und Gerechtigkeit heißen – und in dem dann die einzelnen Staaten ihre jeweiligen Koordinaten finden und von Brüssel, Straßburg und Luxemburg dabei nicht behindert, sondern unterstützt werden. Ein solches Koordinatensystem braucht Europa. Es ist das System für eine neue europäische Kraft.

Beheimatet, geschützt, sicher

Die EU nennt sich einen Raum des Rechts, der Sicherheit und der Freiheit. Die Menschen spüren, wenn das eine bloße Behauptung, wenn das ein Schwafelwort, wenn das eine Lüge ist. Europa muss ein anderes Wort sein für Demokratie. Gewiss: Der Euro ist wichtig. Aber noch viel wichtiger als der Euro sind Sozialstaatlichkeit, Rechtsstaatlichkeit und Demokratie. Nur so und nur damit wird Europa zur Heimat der Menschen. Menschen aber, die sich beheimatet, geschützt und sicher fühlen, haben die Kraft, anderen zu helfen, die Kraft, Heimatlose und Geflüchtete aufzunehmen. Sie haben die Kraft zur Humanität, die Kraft, selbst Schutz zu geben.

Woher kann Europas neue Kraft kommen? Die neue Kraft kommt aus den Grundrechten, die auch in Europa verteidigt und gestärkt werden. Die neue Kraft kommt aus einer sozialen Politik, die den Menschen Heimat gibt. Die neue Kraft kommt aus der Stärkung des Europäischen Parlaments – als dem demokratischen Repräsentanten der Europäerinnen und Europäer. Dieses Parlament muss die Kompetenz haben, Europa ein soziales Gesicht zu geben. Auf so ein Europa freue ich mich, freuen wir uns.

Miteinander leben, nicht nebeneinander

Als ich vor vielen Jahren den alten Wiener Altkardinal Franz König darüber interviewt habe, wie man denn in Europa mit dem Islam umgehen solle, da hat dieser kluge alte Mann gesagt: »Wir müssen miteinander leben lernen, nicht nebeneinander.« Das Interview habe ich kurz vor seinem Tod im Jahr 2004 geführt, es war Wahlkampfzeit in Wien. Und dann sagte dieser alte Mann etwas Europäisch-Programmatisches: »Wir haben so viele verschiedene Kulturen auf heimatlichem Boden. Dieser Reichtum darf nicht nivelliert werden; er muss das vereinte Europa prägen«. Der Kardinal hatte vollkommen, unbedingt und ohne jede Abstriche Recht.

Genau so ist es. Der Reichtum der Sprachen, der Kulturen, der Traditionen, der Religionen – er muss hineingenommen werden in unser Österreich, in unser Deutschland und in die Europäische Union. *Concordantia discordantium.* Das ist moderne Demokratie. Zukunft miteinander gestalten – darum geht es. Miteinander. Ein Europäer ist derjenige, der Sehnsucht nach Europa hat. Leisten wir uns diese Sehnsucht.

Auszüge aus der Festrede zum Österreichischen Verfassungstag am 30. September 2016 im Verhandlungssaal des Österreichischen Verfassungsgerichtshofs

In Deutschland wird viel über die Probleme der Migration geredet, aber viel zu wenig über die Reichtümer und Schätze, die das Land dabei gewinnt.

Hoffen auf Zuflucht

**Man wird das 21. Jahrhundert
einmal daran messen, wie es mit den
Flüchtlingen umgegangen ist.**

S tellen wir uns vor, es gäbe ein großes Flüchtlingsbuch; darin verzeichnet alle Schicksale, alles Leid, alles Elend, alle Hoffnung, alle Zuversicht. Stellen wir uns vor, es gäbe in diesem großen Flüchtlingsbuch eine Seite für jeden Flüchtling, eine Seite für jeden Vertriebenen, eine Seite für jeden, der seine Heimat verlassen und anderswo Schutz suchen musste. Eine Seite nur für jeden; für alle Sehnsucht, für alle Enttäuschung, für alle Ängste, für das Leben und für das Sterben und für alles dazwischen.

Das große Welt-Flüchtingsbuch

Stellen wir uns vor, wie ein solches großes Buch aussähe: Die aktuelle Ausgabe hätte sechzig Millionen Seiten. So viele Flüchtlinge gibt es derzeit auf der Welt. Es kommen derzeit auch sehr, sehr viele Flüchtlinge nach Deutschland, die Kommunen wissen kaum noch, wie sie das alles schaffen sollen. Die Flüchtlinge, die über den Balkan und Österreich nach Deutschland kommen, sind ein kleiner Bruchteil der gigantischen Gesamtflüchtlingszahl. All diese Flüchtlinge wären notiert in diesem Buch: diejenigen, die vor dem Krieg in Syrien

fliehen; diejenigen, die dem Terror des »Islamischen Staates«
mit knapper Not entkommen sind; diejenigen, die es nach Europa schaffen und dort von Land zu Land geschickt werden;
diejenigen, die im Mittelmeer ertrunken sind; diejenigen, die
durch die Wüsten Afrikas gelaufen sind und dann in Ceuta und
Melilla, an der Grenze zu Europa, vor einem Stacheldrahtzaun
stehen; diejenigen, die zu Millionen in ihrem Nachbarland in
Notlagern darauf warten, dass die Zustände im Heimatland
besser werden; diejenigen auch, die nach dem Verlassen ihrer
Heimat verhungert und verdurstet sind, die verkommen sind
in der Fremde; die Kinder wären genauso verzeichnet in diesem Buch wie ihre Mütter und Väter, die Kinder also, für die
es keinen Hort und keine Schule gibt. Es stünden in diesem
Flüchtlingsbuch auch diejenigen Menschen, die aufgenommen
worden sind in einer neuen Heimat – und wie sie es geschafft
haben, keine Flüchtlinge mehr zu sein.

Das Problem des 21. Jahrhunderts

Es wäre dies nicht nur ein einzelnes Buch; es wäre ein Buch,
bestehend aus vielen Bänden. Wenn jeder dieser Bände fünfhundert Seiten hätte – das Flüchtlingsbuch bestünde aus
insgesamt 120 000 Bänden. Es wäre dies eine ziemlich große
Bibliothek. Wenn man die Bände stapelt, wäre der Bücher-
turm höher als der höchste Berg der Erde. Es gibt dieses Buch
nicht. Es gibt die Menschen, die der Inhalt dieses Buches wären: Flüchtlinge nennen wir sie. Es sind Kriegsflüchtlinge, es
sind sogenannte Wirtschaftsflüchtlinge, also solche, die das
Leben in ihrer Heimat nicht mehr aushalten können. Nennen
wir sie Menschen; es sind entwurzelte, entheimatete Menschen.

Das Flüchtlingsproblem war nicht nur Problem des Sommers
und des Herbstes 2015; es ist das Problem des 21. Jahrhunderts.
Es ist ein Problem, das viel größere Anstrengungen erfordern

wird als die Stabilisierung des Euro. Es ist ein Problem, das nur dann gut angepackt werden kann, wenn es möglichst viel Einigkeit gibt, Einigkeit in Deutschland, Einigkeit in Europa, Einigkeit in der Weltgemeinschaft. Es geht hier nicht um das Überleben einer Währung, es geht um das Überleben von Millionen von Menschen. Man wird das 21. Jahrhundert einmal daran messen, wie es mit den Flüchtlingen umgegangen ist. Man wird es daran messen, was es getan hat, um Staaten im Chaos wieder zu entchaotisieren. Man wird es daran messen, welche Anstrengungen unternommen wurden, um entheimateten Menschen ihre Heimat wiederzugeben. Das ist eine gigantische Aufgabe, die von Politik und Gesellschaft ein großes Umdenken verlangt.

Wann ist ein Mensch illegal?

Das Elend der Flüchtlinge war so nahe gerückt in den Septemberwochen von 2015 – und es hat so viele Menschen hierzulande ans Herz gefasst. Die Hilfsbereitschaft des Spätsommers 2015 war und ist überwältigend. Es war aber auch die Sorge davor groß, dass die Stimmung kippen könnte, dass also Angst die Oberhand gewinnt und sich Luft macht in Abwehr und Ausschreitung. Man spricht von »illegaler Einwanderung«. Wann ist ein Mensch illegal? Ist es illegal, wenn er sich zu retten versucht? In wenigen Wochen feiern wir wieder das Fest des Heiligen Sankt Martin, der einer der europäischen Schutzheiligen ist. Ist Sankt Martin am Bettler vorbei geritten und hat in der nächsten Kaserne gemeldet: Da hinten im Wald ist ein Illegaler? Gewiss – da war damals auch nur ein einziger Armer. Heute gibt es so unendlich viele Flüchtlinge, auch so unendlich viele, die nach Deutschland wollen. Aber wir sind ja auch nicht ein einzelner Reiter, so wie Sankt Martin einer war. Wir sind Millionen, die helfen können, fünfhundert Millionen in der Europäischen Union.

»Ultra posse nemo obligatur« – haben die alten römischen Juristen gesagt. »Niemand kann verpflichtet werden, mehr zu leisten, als man kann«. Auch Bundespräsident Joachim Gauck hat das so ähnlich formuliert. Gewiss, niemand kann verpflichtet werden, mehr zu leisten als er kann. Aber man sollte dieses Können nicht unterschätzen, man sollte nicht vorschnell sagen, dass man nicht mehr kann. Not lehrt beten, hat man früher oft gesagt. Not lehrt auch helfen. Gewiss, auch eine so anrührende Herzlichkeit, mit der so viele Flüchtlinge in den vergangenen Wochen an den Bahnhöfen empfangen wurden, löst nicht die gewaltigen Probleme, die Staat und Gesellschaft bei der Integration der Flüchtlinge bevorstehen. Aber sie hilft, diese Probleme – in Stuttgart, in Berlin, in Brüssel – in den europäischen Haupt- und Provinzstädten anzugehen. Es ist gut, wenn die Globalisierung der Gleichgültigkeit beendet wird. Mit Mauern und Stacheldrahtzäunen sind noch keine Probleme gelöst worden. Der Schweizer Schriftsteller Max Frisch hat ein Drama geschrieben, das »Die chinesische Mauer« heißt. Der Kaiser von China, Hwang Ti, verkündet an einem Festtag »zur Friedenssicherung«, wie er sagt, den Bau der chinesischen Mauer. Die soll, wie er sagt, den Zweck erfüllen, »die Zeit aufzuhalten« und »die Zukunft zu verhindern«. Es ist schon komisch, dass dieser Kaiser noch heute in Europa, vor allem in Ungarn und in Polen, seine Kommissare hat.

Beifall, Bonbons, Kuscheltiere

Die ergreifenden Szenen vom Münchner Hauptbahnhof wird man so schnell nicht vergessen: Die Menschen, die wochenlang auf der Flucht waren, wurden mit Beifall, Bonbons und Kuscheltieren empfangen; nicht von einigen politischen Aktivisten, sondern von vielen ganz normalen Bürgern. Sie hatten sich, in München und auch in anderen deutschen Städten, auf den Weg zum Bahnhof gemacht, um den Flüchtlingen zu zeigen: Ihr seid keine Aussätzigen, ihr seid willkommen. Wir haben Respekt vor dem, was ihr gemeistert habt.

Was war passiert? Sahen wir ein Wunder? Hatte sich Deutschland über Nacht in ein Paradies der Nächstenliebe verwandelt? Man soll nicht übertreiben. Die Gesellschaft in Deutschland ist – wie die in ganz Europa – hin- und hergerissen zwischen Hilfsbereitschaft, Hilflosigkeit, Abwehr und Hetze. In Deutschland gibt es eine immer giftigere flüchtlingsfeindliche Szene, zu deren Kommunikationsmitteln Unverschämtheiten, Morddrohungen und Brandsätze gehören.

Der Hass von Heidenau

Die Drohungen richten sich gegen Flüchtlinge (»Wir fackeln euch ab«), neuerdings auch gegen Politiker, die sich für Flüchtlinge einsetzen. Als die Kanzlerin ein Flüchtlingsheim in Heidenau in der früheren DDR besuchte, bekam sie dort den Hass dieser ausländerfeindlichen Szene zu spüren. Ihre Entscheidung vom Spätsommer 2015, die in Ungarn gestrandeten Flüchtlinge aufzunehmen, ist wohl auch im Zusammenhang damit zu sehen. Merkel wollte ein Signal setzen: Deutschland ist kein Neonaziland; Deutschland leistet Hilfe; Deutschland geht in Europa mit gutem Beispiel voran.

Zivilgesellschaft und Unzivilgesellschaft

Es gibt zwei Zivilgesellschaften in Deutschland: Erstens eine aufgeklärte, aufgeschlossene Gesellschaft, die weiß, dass eine gute Zukunft von der Inklusion abhängt, davon also, dass die vier Millionen Muslime in Deutschland wirklich zu Hause sind. Diese wohlwollende Zivilgesellschaft weiß auch, dass Europa sich nicht abschotten darf und kann, dass eine Festung Europa ein Unding ist in einer globalisierten Welt. Und daneben existiert eine zweite Zivilgesellschaft, eine unzivilisierte, lärmende, ausländerfeindliche Zivilgesellschaft ist das, die sich zuletzt monatelang bei den sogenannten Pegida-Demonstrationen gezeigt hat. Pegida ist das Kürzel für »Patriotische Europäer gegen die Islamisierung des Abendlandes«. Dort sammeln sich Ressentiments, die von rechtsaußen bis weit hinein in die bürgerliche Mitte reichen. Und es gibt auch viele Menschen, die verunsichert sind, die sich fragen, wie man auf die Flüchtlingszahlen richtig reagiert. Natürlich darf man, natürlich muss man diese Fragen stellen, das gute und besonnene Reden darüber gehört zu den Bürgertugenden.

Das deutsch-türkische Anwerbeabkommen

Einigkeit, Respekt und Freiheit: Das sind die Bürgertugenden in einem Integrationsland. Deutschland ist, lange bevor die Flüchtlinge kamen, ein Integrationsland geworden. Im Herbst 1961 wurde das deutsch-türkische Anwerbeabkommen geschlossen. Dieser Tag ist einer der ganz wichtigen Tage in der jüngeren deutschen Geschichte. Dieser Tag hat die Geschichte von Hunderttausenden von Familien und Großfamilien verändert. Wer hätte damals gedacht, dass fünfzig Jahre später ein Bundespräsident und eine Bundeskanzlerin sagen werden, dass der Islam zu Deutschland gehört? Wer hätte gedacht, dass in deutschen Klein-, Mittel- und Großstädten Moscheen stehen werden, an die 150 Moscheen sind es heute, die Laden- und Hinterhofmoscheen nicht mitgezählt. Verändert wurden die Geschichte und das Gesicht Deutschlands, der Türkei und Europas.

Lebensgeschichte, Staatengeschichte

Das deutsch-türkische Anwerbeankommen kann man in seiner Bedeutung und seinen Folgewirkungen gar nicht überschätzen. Es ist das bedeutendste der Anwerbeabkommen, die anderen kommen dazu: das erste war das mit Italien, dann kamen die mit Spanien und Griechenland, dann das mit der Türkei, dann mit Marokko, Portugal, Tunesien und Jugoslawien. Diese Abkommen haben Geschichte und Geschichten geschrieben, Lebensgeschichten, Staatengeschichte.

Die Hauptgeschichte begann am letzten Montag im Oktober 1961, nach einem viel zu warmen Herbst. Sie begann so, dass es damals niemand merkte, sie begann irgendwie mickrig, ohne Trara, ohne Staatsbesuch, ohne Nationalhymnen, ohne feierliche Reden, ohne Händedruck. Als staatsrechtlich bedeutsamen Akt verstand es niemand, dass da ein paar Seiten Papier hin- und hergeschickt wurden. Im Text dieser zwei Seiten ging es ja nur um eine Art Liefervertrag: Das Auswärtige Amt in Bonn gab, weil die bundesdeutsche Wirtschaft drängte, in einem kurzen Schreiben an die türkische Botschaft eine Bestellung auf und die Botschaft beehrte sich mitzuteilen, dass sie gerne liefern werde. Es handelte sich nicht um die Lieferung von Haselnüssen für bundesdeutsche Kantinen, sondern um die Lieferung von billigen Arbeitern für die bundesdeutsche Wirtschaft. Die Arbeiter, die man »Gastarbeiter« nannte, gestalteten das Wirtschaftswunder mit.

Multikulturell, multireligiös, multiverstört

Ein gutes halbes Jahrhundert später gibt es deutsche Spitzenpolitiker, die türkische und andere ausländische Namen tragen; noch immer nicht sehr viele, aber immerhin. Es gibt Allianzmanager, IT-Spezialisten, Feuerwehrkommandanten und Tennisvereinskassierer mit vielen Ö und Ü im Namen. Ein migrantischer Unternehmertypus ist gewachsen – ziemlich fleißig, ziemlich zuverlässig und sehr dienstleistungsstark. Wie gesagt, Deutschland hat sich verändert, mindestens so sehr wie das Ruhrgebiet im 19. Jahrhundert, als dort die polnischen Einwanderer kamen und blieben. Deutschland ist, ob man das Wort mag oder nicht, multikulturell geworden, multireligiös – und bisweilen auch multiverstört, wie so manche furchtbaren Ausschreitungen zeigen.

Wie die Milch und die Gesellschaft haltbar werden

Die Deutschen mit fremden Namen bringen andere Traditionen, andere Denkweisen und Erfahrungen mit als diejenigen Deutschen, die als Wolfgang Schäuble, Ursula von der Leyen, Thomas de Maiziere, Horst Seehofer oder Markus Söder amtlich registriert sind. Diese anderen Erfahrungen kann man nicht sterilisieren und nicht homogenisieren. Solche Verfahren nutzen der Milch und verlängern deren Haltbarkeit – aber sie nutzen nicht der deutschen Gesellschaft; diese Gesellschaft lebt von der Vielfalt, die aber ein gemeinsames Fundament braucht, nämlich die Grundrechte des Grundgesetzes. Darüber muss sich die Gesellschaft einig sein. Dann kann der Respekt voreinander wachsen, dann gedeiht die Freiheit.

Multikultur schmeckt allen, solange man sie essen kann

Als ich schon vor längerer Zeit Student der Rechtswissenschaften war, diskutierten wir im strafrechtlichen Seminar über die Eigentumsdelikte und über die Probleme, die sich ergeben, wenn ein Dieb Nahrungsmittel stiehlt und diese sofort verputzt. In diesem Zusammenhang sagte der Strafrechtsprofessor den schönen Satz: »Die Insichnahme ist die intensivste Form der Ansichnahme.« Es ist schade, dass dieser schöne Satz nur im Strafrecht gilt. Wäre nämlich der Umsatz der ausländischen Gaststätten in Deutschland ein Indikator für Integration in Deutschland – es könnte kaum bessere Werte geben. Aber Integration ist sehr viel mehr als die Addition der Dönerbuden in den deutschen Fußgängerzonen. Integration ist mehr als das In-sich-Hineinstopfen von Dingen, die einem schmecken, und sie ist mehr als die Annahme von Leistungen, die man gerade braucht.

Multikultur schmeckt allen, solange man sie essen kann. Wenn es nicht ums Essen geht, sondern darum, den Neubürgern in diesem Land Rechte zu gewähren, tat man sich lange sehr schwer. Das hat sich geändert, das ändert sich. Integration verlangt ja nicht nur von den Neubürgern viel, sondern auch einiges von den Altbürgern. Integration stellt alte Gewissheiten in Frage. Einwanderung verändert die Gesellschaft: Die meisten Deutschen haben es sich lange bewusst gemacht, wie tief diese Änderung geht. Wir Altbürger haben, als uns klar geworden ist, dass die meisten Einwanderer nicht mehr in ihre alte Heimat zurückkehren, viele Jahre lang mehr oder weniger fordernd auf deren Integration gewartet und geglaubt, wir erbrächten unsere eigene Integrationsleistung schon damit, dass wir Dönerkebab essen. Aber, der Umsatz der ausländischen Gaststätten in Deutschland ist kein Gradmesser für Integration.

Positive Diskriminierung

Integration ist zum Beispiel auch positive Diskriminierung. Positive Diskriminierung bedeutet Förderung: Kinder im Berliner Problemquartier Neukölln-Nord müssen viel mehr gefördert werden als die im feinen Zehlendorf, Schulklassen im Münchner Hasenbergl müssen erheblich kleiner sein als die in München-Grünwald. Und das sind die nächsten Schritte auf dem Weg der Integration: Problemschulen brauchen bessere Ausstattung als andere und sie brauchen die besten Lehrer. Das kostet Geld. Ein beitragsfreier Kindergarten kostet Geld, Sprachförderung kostet Geld, Ganztagsschulen kosten Geld. Wenn »Du Christ« ein gängiges Schimpfwort geworden ist an den Schulen, dann müssen Lehrer auch Sozialarbeiter sein in den Milieus, die gegen Integration wirken und in denen die Religion Abgrenzungsmerkmal ist.

Integration heißt Schule, Schule und nochmals Schule: Die Schule ist nämlich der Ort, an dem die Welten aufeinandertreffen, mit verbaler und auch körperlicher Gewalt. Die Verwandlung des deutschen Bildungssystems in ein System der Schicksalskorrektur und in ein System der Förderung spezieller Talente ist teuer. Aber es ist noch viel teurer, dies alles nicht zu tun. Wer das Geld nicht phantasievoll in Integration investiert, wird es phantasielos in Hartz IV und in Gefängnisse investieren müssen.

Heimatabend, Sauerkraut, Demokratie

Immer wieder ist in Deutschland über »Leitkultur« gestritten worden. Leitkultur hat nichts mit Heimatabend, Sauerkraut, nationalen Überlegenheitsgefühlen oder Deutschtümeleien zu tun. Leitkultur ist eine bürgerliche Kultur des Zusammenlebens: Leitkultur sind Demokratie und Rechtsstaat, sind die Grundrechte. Das klingt simpel. Der Alltag zeigt, dass es so simpel nicht ist. Diese Leitkultur fordert viel, nämlich Toleranz von beiden Seiten, von den Alt- und Neubürgern – und führt dann zur Integration. Toleranz nimmt niemandem seine Religion, sein Kopftuch, seine Lebensgewohnheiten weg. Toleranz setzt aber voraus, dass die heiligen Bücher, wie immer sie heißen, nicht über oder gegen die Leitkultur gestellt werden. Auch der Koran steht nicht über dem Grundgesetz. Das ist das Fundament für die Einwanderungsgesellschaft.

Vielleicht ist ein anderes Wort besser als das Wort Toleranz: Respekt. Toleranz hat manchmal etwas Unentschiedenes, etwas Gleichgültiges auch. Respekt ist daher besser, darin stecken Beachtung und Achtung. Dieser Respekt ist die wichtigste Tugend für das neue Deutschland. Integration basiert auf dem Respekt voreinander. Altbürger und Neubürger, Christen und Muslime, gläubige und nichtgläubige Menschen, die Bürgerinnen und Bürger unterschiedlichster Herkunft, müssen

Respekt voreinander und füreinander haben. Das neue deutsche Motto lautet: Einigkeit, Respekt und Freiheit – gebettet auf ein gutes Recht.

Die Deutschen als Türken der USA

Vielleicht muss man, um diese neuen Zeiten anzukurbeln, einmal an ganz alte Zeiten erinnern. Es gab nämlich einmal eine Zeit, da waren die Deutschen die Türken der USA. Das ist gut 150 Jahre her. New York war damals, nach Berlin und Wien, die Stadt mit den meisten deutschsprachigen Menschen. Damals wanderten Jahr für Jahr gut hunderttausend Deutsche in die USA ein, 1854 waren es 215 000. Sie taten sich sehr schwer mit der Integration, blieben am liebsten unter sich. Die Deutschen bauten sich ihre eigenen Kirchen, kauften in deutschen Geschäften, lebten in deutschen Vereinen, gingen in deutsche Theater, trugen deutsche Trachten, kochten deutsches Essen und setzten sich gern in den Biergarten, zumal am Sonntag. Den eingesessenen amerikanischen Puritanern, die den Tag des Herrn fromm und leise zum Bibellesen nutzten, gefiel das überhaupt nicht. Sie erklärten die Biertrinkerei zu unamerikanischen Umtrieben und zogen in Wort und Tat gegen das deutsche Laster zu Felde. Die ausländerfeindliche, genauer gesagt die deutschfeindliche Stimmung wuchs zum Deutschenhass. Das deutsche Theater in New York wurde angezündet.

Americans only

Die Deutschen waren, wie gesagt, die Türken der USA. Die Streitpunkte damals waren natürlich nicht das Kopftuch, das Schächten, die Scharia und der Dschihad. Aber der Sammelvorwurf gegen die Deutschen lautete genauso wie der heute gegen Türken in Deutschland oder gegen Flüchtlinge: »Die integrieren sich nicht, die bleiben unter sich.« In Chicago heizte eine ultrakonservative politische Partei namens »Americans only« – Ausländer raus – den Konflikt an, ihr Kandidat Dr. Levi Boone wurde Bürgermeister. Der neue Bürgermeister erhöhte die Alkoholsteuer um sechshundert Prozent und verbot den Bierausschank am Sonntag. Am ersten Sonntag nach dem Verbot, es war der 21. April 1855, schickte er die Polizei zur Kontrolle in die Wirtschaften. Als an die zweihundert deutsche Gäste und etliche Wirte wegen Zuwiderhandlung verhaftet und eingesperrt wurden, kam es zum deutschen Aufstand. »Beer Riots« heißt das in den Archiven. Das klingt lustiger, als es war. Die Polizei schoss in die aufgebrachte Menge, aus der Menge wurde zurückgeschossen.

Die deutsche Auswanderungsgeschichte

Um ihre Interessen zu wahren, beteiligten sich die Einwanderer zunehmend an der Politik, Bürgermeister Boone wurde ein Jahr nach den Unruhen abgewählt, die Prohibition wieder aufgehoben. Aber Integration blieb eine mühsame Geschichte. Im Jahr 1859, als die deutschen Immigranten zum hundertsten Geburtstag von Friedrich Schiller im ganzen Land große Feste feierten, wurde in Chicago erstmals ein Deutscher zum Sheriff gewählt – ein Aufschrei bei den eingesessenen Amerikanern war die Antwort. »Wie schändlich wird es sein«, schrieb die Chicago Times, »wenn im vorkommenden Falle ein Deutscher einen Amerikaner hängen wird!«.

Diese Geschichten sind kaum bekannt hierzulande. Es gibt keine Erinnerung. Die Auswanderung kommt im kollektiven deutschen Gedächtnis kaum vor, sie ist nicht Teil der erinnerten nationalen Geschichte. Wäre in Deutschland die eigene Auswanderungsgeschichte präsent, hätten die Probleme der Einwanderung und Integration wohl nicht so lange brachliegen können. Vielleicht hätten die Deutschen, ihre eigene Migrationsgeschichte vor Augen, nicht diese Heidenangst vor der Einwanderung gehabt und davor, das Kind beim Namen zu nennen; vielleicht hätten sie, statt den jahrelangen Glaubensstreit um das Wort »Einwanderungsland« zu führen, sich der Probleme angenommen, die sich daraus für Deutschland ergeben; vielleicht wären sie einerseits gelassener, andererseits sensibler für die Erfordernisse der Integration gewesen – und vielleicht nicht so anfällig für einen deutschen Levi Boone, der im Jahr 2010 Thilo Sarrazin hieß; er prognostizierte, dass sich Deutschland »abschafft«, weil es zu viele angeblich integrationsunfähige Türken hat.

Reichtümer, Schätze, Geschichten

In Deutschland wird viel über die Probleme der Einwanderung geredet, aber viel zu wenig über die Reichtümer und Schätze, die das Land dabei gewinnt. Private Initiativen und Stiftungen haben damit begonnen, die Lebensgeschichten der Einwanderer zu sammeln. Das hat wenig mit Sentimentalität zu tun; es geht vielmehr darum, sich die Quellen der jüngsten Geschichte zu sichern. Deshalb sind die Bemühungen um ein Migrationsmuseum in Deutschland kultur- und gesellschaftspolitisch so wichtig. Es gibt so viele kleine Geschichten, die auch davon erzählen, wie sich der Alltag im europäischen Deutschland in wenigen Jahrzehnten verändert hat. Diese Geschichten sind jetzt Teil der deutschen Geschichte.

*Auszug aus dem Festvortrag »Einigkeit, Respekt und Freiheit«
zum Tag der Deutschen Einheit am 3. Oktober 2015 in Rastatt*

1848 stellte Jacob Grimm im Paulskirchen-Parlament zu Frankfurt den Antrag, den Grundrechten des deutschen Volkes folgenden Satz voran zu stellen: »Deutscher Boden duldet keine Knechtschaft. Fremde Unfreie, die auf ihm verweilen, macht er frei«. Was wäre passiert, wenn dieser Antrag angenommen worden wäre und noch heute so im Grundgesetz stünde?

Hoffen auf Heimat

**Warum die die Brüder Grimm ein Vorbild sind
und ihre Märchen so lehrreich:
Es steckt darin die Kraft der Provinz.**

E uropa – das sind nicht die vereinigten Staaten von
Europa, das sind die vereinigten Provinzen von Europa: Burgund, Brabant, Bayern, Böhmen, Bosnien,
Pommern, Flandern und Asturien, Schlesien, Jütland
und die Lombardei, Cork, Navarra, Latium, Piemont und Pannonien. Provinz ist ein gutes Wort, Provinz ist ein reiches Wort.
Provinz ist, wo Zusammenhänge überschaubar sind.

Die Kraft der Provinz

Die Brüder Grimm waren gesegnet mit der Kraft der Provinz,
ihr Interesse an der Sprache war patriotisch und kosmopolitisch
zugleich. Die Brüder Grimm hingen an ihrer Heimat im Hessischen, sie hingen an der Provinz »wie die Katzen am Haus«, so
schrieb Carl Zuckmayer in seiner Monographie über die Brüder
Grimm. Jacob Grimm hat seine Antrittsvorlesung in Göttingen,
vom heimatlichen Kassel für den Autofahrer heute nicht viel
weiter als einige Zigarettenlängen entfernt, über das »Heimweh« gehalten. Und für die Anhänglichkeit der Brüder zueinander, ihre Abhängigkeit voneinander, gibt es vielleicht im Märchen Beispiele, aber nicht in der deutschen Geistesgeschichte.

Die Brüder Grimm lebten in der Provinz, in Kassel, in Marburg, in Göttingen, bevor der Verfassungsbruch des Königs von Hannover, der »monarchische Staatsstreich« (Thomas Nipperdey) des Königs Ernst August sie nach Berlin vertrieb. In der Provinz erschienen die Bände eins, zwei und drei der Grimm'schen Kinder- und Hausmärchen, in der Provinz erschienen die vier Bände der deutschen Grammatik, die ein Meilenstein der historischvergleichenden Sprachwissenschaft ist; in der Provinz erschienen die Deutschen Heldensagen von Wilhelm Grimm, in der Provinz entstand der gewaltige Plan zum gewaltigen »Deutschen Wörterbuch«, der dann in Berlin ausgeführt wurde – 1854 erschien der erste Band; abgeschlossen wurde das 33 Bände zählende Werk im Jahr 1971 mit dem Erscheinen des Quellenverzeichnisses; an der Vollendung dieses großen Werks arbeiteten die Akademien der zwei deutschen Staaten gemeinsam. So weit, weit über hundert Jahre weiter, reichte die Kraft der Brüder Grimm, sie brachten es fertig, ihr Werk brachte es fertig, dass die verfeindeten deutschen Bruderstaaten auch in Zeiten des Kalten Kriegs zusammenarbeiteten, dass sie bei der Arbeit am großen Werk brüderlich waren.

Wenn einer auszieht, das Fürchten zu lernen

Das ist die Kraft der Provinz. Das große Viergestirn – Wieland, Goethe, Herder und Schiller – wirkte in Weimar, also in der Provinz. Es gibt eine Weimarer Klassik, keine Berliner Klassik. Die Märchen der Brüder Grimm spielen in der Provinz, die Provinz ist sowohl *hortus insectorum* als auch ein geistiger Raum. Wenn einer von dort auszieht, das Fürchten zu lernen – mit den Erfahrungen, die er dort gemacht hat, kann er auch die Gefahren der Nicht-Provinz bestehen. Die Märchen sind der Hort der Provinz, die Kinder- und Hausmärchen sind sein Schatz.

Die Brüder Grimm haben diese Schätze gesammelt und bearbeitet – man muss aufhören damit, die Grimms als Märchenonkel der Nation in einer biedermeierlichen Gelehrtenidylle zu verorten. Erstens weil in den Märchen mehr steckt als Idylle, zweitens weil die Grimms mit dem Spitzwegimage wenig zu tun haben, das ihnen verpasst worden ist. Man hat die Grimms romantisch verniedlicht, man hat sie entpolitisiert, verbiedermeiert, man hat sie zu weltfremden Stubengelehrten gemacht.

Die Entstehung der Germanistik aus dem Geist der Demokratie

Stubengelehrte hätten nicht aufgemuckt gegen den König. Die Grimms waren keine Politiker, das war nicht ihr Beruf und nicht ihre Berufung; aber sie waren politische Professoren. Als der König von Hannover die Grimms zwingen wollte, ihren Eid auf die Verfassung zu brechen, da sprach Jacob Grimm das schöne Wort: »Wenn die Wissenschaft hier kein Gewissen mehr haben darf, muss sie sich eine andere Heimstatt suchen«. Das ist kein Satz von einem biedermeierlichen Mucker. Das ist ein politischer Satz. Das ist »die Entstehung der Germanistik aus dem Geist der Demokratie«, wie 1996 die Gedenkveranstaltung der Universität Frankfurt überschrieben war, mit der der 150. Jahrestag der ersten Germanistenversammlung von 1846 gefeiert wurde.

Zwei der Göttinger Sieben

Die Brüder Grimm waren zwei der Göttinger Sieben – dieser sieben Professoren, die am Beginn der deutschen Demokratiegeschichte stehen. Die sieben aus ihrem Amt enthobenen Professoren der Universität Göttingen waren im Einzelnen der Staatsrechtler Wilhelm Eduard Albrecht, der Histori-

ker Friedrich Christoph Dahlmann, der Orientalist Heinrich
Ewald, der Literaturhistoriker Georg Gottfried Gervinus,
die Germanisten Jacob und Wilhelm Grimm und der Physi-
ker Wilhelm Eduard Weber. Sie verweigerten dem neuen König Ernst August den Huldigungseid, als dieser, nachdem ihm
das Königreich Hannover zugefallen war, die geltende Verfassung aufgehoben hatte. Sie hielten es mit Kant und seiner Forderung: »Das Recht muss nie der Politik, wohl aber die Politik dem Recht angepasst werden« – und das lebten sie auch so
und das wurde 1837 zum ersten Mal ganz deutlich. Sie wurden entlassen; und drei von ihnen, der Historiker Dahlmann,
der Germanist Gervinus und Jacob Grimm, wurden zur Emi-
gration gezwungen. Das war 1837, ein Jahr später schrieb Jacob Grimm eine Schrift über seine Entlassung, von der Chris-
ta Wolf 1989 schrieb: »Ich wäre dafür, Jacobs Schrift in die
Lehrpläne der Oberschulen aufzunehmen, als ein hinreißen-
des Beispiel für die stilbildende Kraft von Charakterfestigkeit
und Überzeugungstreue«.

Die Brüder Grimm als Stubengelehrte

Der Politikwissenschaftler Wilhelm Bleek meint, die Brüder
Grimm »mögen ihren Schritt noch so unpolitisch und anti-
revolutionär verstanden haben; sie wurden durch die Protes-
tation doch zu anerkannten Sprechern des rechtsstaatlichen
Liberalismus. Sie weckten in der vormärzlichen Zeit von Repression und Restauration Erwartungen und Hoffnungen, die
auf Erfüllung drängten«. So war es – die Wirkungsgeschichte
des Bürgermuts der Göttinger Sieben war in ihrer Zeit unge-
heuer. Vor allem das liberale Bürgertum, dessen Hauptvertre-
ter die Gelehrten waren, empfand sich von da an mehr an Gesetz und Verfassung gebunden als dem Monarchen gegenüber
verpflichtet. Die Göttinger Sieben sind ein frühes Beispiel zivilen Ungehorsams.

Die Brüder Grimm als Stubengelehrte? Ein Stubengelehrter
hätte in der Paulskirche, in der ersten deutschen Nationalver-
sammlung, nicht an so herausgehobener Stelle gesessen wie
Jacob Grimm: in der ersten Reihe, im Mittelgang, auf einem
gesonderten Sitz, unmittelbar gegenüber der Rednertribü-
ne und dem Präsidium. Ein Stubengelehrter hätte dort nicht
am 4. Juli 1848 den bekenntnishaften Vorschlag gemacht, den
künftigen »Grundrechten des deutschen Volkes« folgenden
ersten wunderbar farbigen, kräftigen, poetischen Artikel vo-
ranzustellen: »Alle Deutschen sind frei, und deutscher Boden
duldet keine Knechtschaft. Fremde Unfreie, die auf ihm verweilen, macht er frei«.

Ein Demokrat mit revolutionären Anwandlungen

Wäre dieser Antrag, weil er der Mehrheit zu radikal war, nicht
mit 192 gegen 205 Stimmen verworfen worden, und stünde dieser Satz auch noch heute so im Grundgesetz – es hätte
in der Bundesrepublik keine so schändliche Ausländer- und
Asylpolitik betrieben werden können, wie sie betrieben worden ist und wie sie die EU immer noch betreibt: » (...) deutscher Boden duldet keine Knechtschaft. Fremde Unfreie, die
auf ihm verweilen, macht er frei.« Das ist ein Satz von einer
Strahlkraft, wie ihn erst hundert Jahre später der Artikel 1
des Grundgesetzes erreicht. Die persönliche Freiheit des Menschen im Grimm'schen Artikel 1 war das Urgrundrecht, das
heute die Menschenwürde im Artikel 1 des Grundgesetzes ist.
Ist das die Botschaft eines unpolitischen Stubengelehrten?
1848/49 – das waren die politischen Gründerjahre und die
Grimms gehörten zu den Gründervätern.

Gewiss, Grimm war kein politischer Volkslehrer wie Karl von
Rotteck, er trat nicht auf bei den Konstitutionsfesten und Volks-
versammlungen, er war keiner der Professoren, die sich in der
Tagespublizistik engagierten, damals, als sich die Zahl der Zei-

tungen binnen weniger Jahre in Deutschland verdoppelte. Grimm hat kein konkretes politisches Programm formuliert, er ließ sich *in politicis* durchaus vom Gefühl tragen, das vaterländisch und zugleich universalistisch war und das ihn erst dorthin und dann dahin trug. Lange Zeit war Jacob Grimm ein konstitutioneller Monarchist, später wurde er ein Republikaner, ein Demokrat mit revolutionären Anwandlungen.

Revolution und Repression

Die Hurrapatrioten und Nationalisten haben das als Verirrung, als eine Art Demenz abgetan: Wilhelm Scherer, der 1885 die erste Biographie über Jacob Grimm publiziert hat, bemerkt regelrecht entsetzt, wie Grimms »ursprünglich konservativer Sinn – mehr nach links abdrängt«, als nämlich preußische, österreichische, hessische, bayerische und württembergische Truppen im Frühjahr 1849 die bürgerliche Revolution beendet und Aufständische zusammengeschossen hatten, die die Reichsverfassung verteidigen wollten. Die ultrakonservativen Regierungen, die – nicht nur in Preußen – wieder an die Regierung kamen, setzten alles daran, mit den Mitteln der Repression, der Zensur und der Manipulation der Presse die Erinnerung an die Revolution, an die Leidenschaft der Gelehrten und ihre politische Botschaft aus dem öffentlichen Bewusstsein zu tilgen.

»Je älter ich werde, desto demokratischer gesinnt bin ich«

1858 schrieb Jacob Grimm, dem der »Polizeigeist« Preußens unheimlich war und der immer eher ein Groß- als ein Kleindeutscher war, in einem Brief: »Es kann nur durch rücksichtslose Gewalt geholfen werden. Je älter ich werde, desto demokratischer gesinnt bin ich (...) die Verfassung in das Geleise der bestehenden Verhältnisse zu zwängen, kann zu keinem

Heil führen«. Bei solchen Sätzen wurde der Biograph von 1885 ganz kirre. Sie passten absolut nicht in das deutschnationale Bild, das man sich von Grimm machen wollte. Biograph Scherer ärgert sich: »Wie ganz hatte ihn der prophetische Sinn verlassen, wenn er sich mit dem Ausblick auf eine Revolution befreunden konnte!«

Ich habe in den Reprints von zeitgenössischen Zeitschriften geblättert und ein Märchen gefunden, ein politisches Märchen. Es ist nicht von den Brüdern Grimm, aber es beschreibt, so denke ich, recht anschaulich ihren politischen Gemütszustand in ihrem letzten Lebensjahrzehnt. Es handelt sich um »Die Geschichte von den drei Weisen aus dem Abendlande, ein Evangelium am Weihnachtsabend«, erschienen 1850 in den Spitzkugeln Nr. 11, einer satirischen, radikal-demokratischen Zeitschrift, die wegen Zensur unter wechselnden Namen erschien. Nun also diese bezeichnende Geschichte über die politischen Zustände in der Mitte des 19. Jahrhunderts, in der Hoch- und Endzeit des Schaffens der Brüder Grimm:

Und Germania tat so

»Es begab sich aber zur Zeit des Kaisers Herodes, welcher wohnete am Eispol im Jahre eintausend achthundert und achtundvierzig, dass eine Stimme vom Himmel erscholl, welche den Völkern zurief: ›Heute ward euch ein Kindlein geboren, des Name sollt ihr Freiheit heißen!‹« – Und die Völker jubelten und steckten dreifarbige Cocarden auf, und tranken eine Menge Punsch und Weißbier auf die Gesundheit des neugeborenen Kindleins, und wickelten es in Windeln, und übergaben es den deutschen Professoren, dass sie es pflegen sollten in der Paulskirche zu Frankfurt am Main.

Die deutschen Professoren aber waren schlechte Wärterinnen, und wussten nicht umzugehen mit einem so zarten Kind, und fütterten es, der Eine mit saurer Weisheitsmilch, der Andere mit Gothaer Wurst, der Dritte mit Klößen aus Volkssouveränität und roter Republik zusammengeknetet, und (...) steckten ihm Lutschbeutel deutsche Einheit in den Mund. Und also wurde es verpöppelt. Die Mutter Germania aber weinte, dass ihr Kind so schlechten Eltern anvertraut ward. Und im Träume erschien ihr ein Engel und sprach: ›Stehe auf, Germania, nimm den Kind heimlich aus der Wiege und lege dafür einen Wechselbalg hinein, und fliehe mit dem Messias Freiheit über das Meer, denn der Kaiser Herodes hat Boten ausgesandt, und trachtet es zu tödten!‹ Und Germania tat also.

Eine Metzelei gegen die Demokratie

Der Kaiser aber wiegelte die Fürsten auf und suchte ihnen plausibel zu machen, dass es sich nicht regieren lasse, so lange das Kindlein in Freiheit lebe und beredete sie, dass sie es tödteten. Und alsobald ging ein herrliches Kriegsheer gen Frankfurt, vertrieb die Wärterinnen aus dem Tempel des heiligen Paulus, und suchten das Kind zu fahen, um es zu tödten. Aber eine kleine Zahl muthiger Männer ergriff den Wechselbalg in der Meinung, es sei dies der rechte Messias, und floh damit nach Württemberg. Darob ergrimmte Herodes und befahl Alles zu tödten, was nur einen Gedanken von Freiheit in der Brust trage. Und es begann eine blutige und grausige Metzelei gegen die Demokratie, weil man sie in Verdacht hatte, dass sie das Kind der Freiheit heimlich verberge, um es seiner Zeit auf den Thron zu setzen. Herodes rieb sich nach gethaner Arbeit vergnügt die Hände, und streckte sich auf das Lager, denn er glaubte das Kindlein getödtet.

Das Kindlein Freiheit

Aber als er schlief, erschien ihm ein Kobold und raunte ihm grinsend ins Ohr: ›Das Kindlein lebt und ist munter und gesund. Es lässt sich durch Gewalt nicht tödten!‹ – Das sprang Herodes wütend auf und schrieb an die Fürsten: ›Lasset uns die drei weisesten Männer unserer Länder zusammen treten, dass sie berathen, wie man das Kindlein fein säuberlich um die Ecke bringe (...).‹

Germania aber hat sich damit geflüchtet in die Herzen der wahren und aufrichtigen Demokraten, und erst wenn das letzte Herz des letzten Demokraten durchstochen ist: Dann wird man das Kindlein Freiheit getödtet haben!«

Was lernen wir von den Brüdern Grimm?

Das Kindlein Freiheit – es war das Kindlein, das den Brüdern Grimm zeitlebens angelegen war und das Jacob Grimm, je älter er wurde, in seinen Briefen immer radikaler verteidigte. Die Geschichte vom Kindlein Freiheit und den Gefahren, denen es ausgesetzt ist, spiegelt die politische Haltung der Grimms in ihrem letzten Lebensjahrzehnt. Jacob Grimm war ja selbst einer der Professoren im Paulskirchenparlament gewesen, mit denen die soeben erzählte Geschichte ihren milden Spott treibt – und er war später nicht mehr so sehr zufrieden mit seinem, wie er meinte, eher milden Wirken dort.

Was lernen wir von den Brüdern Grimm? Wir lernen, welch wunderbares Werk die Gemeinsamkeit schaffen kann. Wir lernen, dass Märchen mehr sind als possierliche Erzählungen. Wir lernen, dass der Schutz der Freiheit eine Lebensaufgabe ist. Wir lernen, wie ein großer Gelehrter wie Jacob Grimm lernte, ein Demokrat zu werden. Wir lernen, wie zwei Gelehrte sich getraut haben, ein gewaltiges Werk anzupacken, von dem sie wussten, dass sie selbst es nicht würden vollenden können.

Dankesrede bei der Verleihung des Brüder-Grimm-Preises am 4. Februar 2013 an der Universität Marburg

Barrierefreiheit meint nicht einfach nur Auffahrtsrampen und Einstiegshilfen in Bussen und Zügen. Barrierefreiheit definiert sich in einer tiefen sozialen Dimension. Wer die Barrieren wegräumen hilft, ist nicht nur Sozialarbeiter; er ist Demokratiearbeiter.

Hoffen auf Wertschätzung

Glanz, Elend und Konfusion der Inklusion

Inklusion ist ein Modewort geworden. Es geht dabei aber nicht um Modisches, sondern um Wichtiges, um Demokratisches: um die Eingliederung der Menschen mit Behinderung in die normale Alltagswelt, so gut es nur geht. Inklusion heißt Abbau von Barrieren, Inklusion heißt Zugänglichkeit, und zwar nicht nur zu Gebäuden und Verkehrsmitteln. Inklusion ist kein bautechnisches, sondern ein gesellschaftspolitisches Prinzip. Gemeint ist die Zugänglichkeit der Gesellschaft insgesamt, die Integration im Arbeits- und Freizeitleben. Inklusion heißt Anerkennung und Wertschätzung für Menschen mit Behinderungen.

Wo der Joghurt steht

Das ist ein gewaltiger Anspruch, ein hochgestecktes Ziel. Es ist eine Realvision, die das Grundgesetz seit 21 Jahren, seit 1994, so formuliert: »Niemand darf wegen seiner Behinderung benachteilig werden.« Die UN-Behindertenrechtskonvention buchstabiert dieses Grundrecht durch. Deutschland hat diese Konvention vor sechs Jahren ratifiziert. Zehn Millionen Menschen in Deutschland leben mit einer Behinderung, das sind fast zwölf Prozent der Bürgerinnen und Bürger. Für sie gilt das Behindertengrundrecht: das Grundrecht auf Inklusion.

Obwohl der gute Wille da ist, fehlt es noch hinten und vorne. Die zuständige UN-Kommission hat im Frühjahr 2015 sehr mahnende Worte für Deutschland gefunden. Warum müssen Experten immer wieder vergeblich dazu anhalten, dass es gerecht zugeht: im Betreuungsrecht oder im Wahlrecht, überall dort, wo es um Selbstbestimmung geht und um die Teilhabe an der Gesellschaft. Warum laborieren Verbände und Politik seit Jahren an nationalen Aktionsplänen zur Umsetzung der UN-Behindertenrechtskonvention herum? Warum fällt das so schwer? Weil es nicht nur um schnelle Aktionspläne geht, sondern um Wertschätzung und Respekt. Das bedeutet nicht nur, einem Blinden im Supermarkt zu zeigen, wo der Joghurt steht, psychisch Kranken unermüdlich Zuspruch zu geben und einem Rollstuhlfahrer über eine der wenigen Stolperschwellen zu helfen, die noch verblieben sind. Bautechnisch tut sich ja viel. Aber noch viel notwendiger ist eine neue Kultur des Helfens, ein Sinneswandel.

Präsentation, Demotivation, Resignation

Integration, Inklusion: Diese zwei Begriffe gehen durcheinander, sie werden manchmal synonym gebraucht; manchmal wird von Inklusion geredet als einer Steigerungsform, als einer besonders anspruchsvollen Form der Integration. Wenn man sich die lateinischen Ursprünge der Wörter anschaut, sagt das schon einiges: *integrare* heißt wiederherstellen, zusammenschließen. Und *Inclusio* bedeutet den Einschluss, die Zugehörigkeit. In der Sonderpädagogik versteht man unter Integration die Wiedereingliederung der Kinder, die bisher ausgegliedert waren. Das Wort Inklusion macht deutlich, dass räumliche Wiedereingliederung nicht reicht. Die bloße Anwesenheit eines Kindes mit Behinderung oder Beeinträchtigung in einer Regelklasse bewirkt nicht viel, bisweilen sogar das Gegenteil von dem, was man sich erhofft: Wenn nicht mehr passiert als räumliche Eingliederung, wenn es keine gezielte Förderung, wenn es keine kluge Einzelfallpädagogik gibt – dann ist solche Integration leere Präsentation, die womöglich nur Demotivation und Resignation mit sich bringt. (Anmerkung: Das ist in Nordrhein-Westfalen passiert; unter anderem deshalb hat die rot-grüne Regierung unter Ministerpräsidentin Hannelore Kraft im Mai 2017 die Landtagswahl verloren). Inklusion ist, das zeigt sich in der Schule ganz besonders, nicht etwas, das man einfach zwangsweise verordnen kann: »ab morgen Inklusion«. Inklusion ist ein mühevoller, langsamer, sensibler Lernprozess für alle Beteiligten, für behinderte und nichtbehinderte Kinder, für ihre Lehrer und für ihre Eltern.

Inklusion ist kein Sparmodell

Inklusion verlangt auch einen Lernprozess von den beteiligten Schulbehörden. Zu allererst müssen diese Behörden lernen, dass Inklusion kein Sparmodell ist. Inklusion bedeutet nicht einfach, dass man sich das Geld für Förderschulen sparen kann. Inklusion bedeutet, dass dieses Geld und noch viel mehr Geld für individuelle Förderung an den Regelschulen eingesetzt werden muss. Inklusion bedeutet, dass die Expertise der Sonderpädagogen und Sonderpädagoginnen weiterhin gefordert und notwendig ist – nur eben nicht an Sonderschulen, sondern an den inklusiven Schulen.

Stell Dir vor es ist Schule – und alle können kommen

Die Passauer Bildungswissenschaftlerin Christina Schenz hat das wunderbar beschrieben: »Inklusion heißt grundsätzlich: Eine Schule für alle zu sein – für Hoch- und Tiefbegabte, für

Mädchen und Jungen, für Kleine und Große, für Rollstuhlfahrer und Fußgeher. Kein Kind soll ausgegrenzt werden. Damit entfällt die Schwierigkeit des Sortierens.« Denn welche Schulempfehlung sollte man denn im Trennsystem beispielsweise »einer mathematisch hochbegabten, aber blinden Schülerin mit Migrationshintergrund und deshalb schlechten Deutschkenntnissen sinnvollerweise geben können? Eine Schule für Hochbegabte? Eine für Sinnesbehinderte? Eine Hauptschule, damit sie Zeit hat, zunächst Deutsch zu lernen, bevor sie ihre Begabungen in Mathematik weiter ausleben kann? Oder doch lieber gleich in eine Sonderschule, weil dieses Kind sowieso in keine Vorstellung von Normalität passt? Inklusion heißt also: Stell Dir vor, es ist Schule – und alle können kommen.«

Inklusion, Konfusion

Natürlich: Es gibt soziale Ungleichheit in der Gesellschaft – und das kann Schule nicht ändern. Sie kann aber soziale Herkunft und Bildungschancen entkoppeln. Das Problem an den Schulen sind vor allem die vielen Kinder, die unter ESE-Förderbedarf laufen, die »emotional und sozial entwicklungsgestörten«, im Klartext die verhaltensgestörten Kinder – oft kommen sie aus verwahrlosten Familien. Diese Behinderung ist eine typische »Armutsbehinderung«. Die ESE-Kinder mischen jede Klasse auf. So kommt es, dass den Kindern, die ohnehin schulisch zu kämpfen haben, nun auch noch die Aufgabe zugemutet wird, die behinderten und psychisch Auffälligen zu integrieren. Wohlfahrtsverbände schicken Integrationshelfer in die Schulen; das sind ganz junge Leute, die ihr freiwilliges soziales Jahr machen; für Qualifizierte reicht das Geld nicht. Die gut ausgebildeten Sonderpädagogen dagegen hopsen von Klasse zu Klasse, die paar Stunden, die ihnen pro Klasse bleiben, reichen hinten und vorne nicht. Das ist nicht Inklusion, das ist Konfusion.

Was ist Inklusion? Es ist das Gegenteil von Exklusion. Eine Exklusionsgesellschaft, eine Ausschlussgesellschaft also, wäre eine undemokratische Gesellschaft. Inklusion ist Demokratie, gelebte Demokratie. Inklusion ist eine Realvision. Inklusion ist »egalitäre Differenz«. Das ist ein von Axel Honneth formulierter und von der Pädagogin Annedore Prengel geforderter Slogan. Egalitäre Differenz meint die gesellschaftliche Zielsetzung, dass Menschen trotz ihrer Unterschiedlichkeit gleichberechtigt leben können – das gilt für den Zugang zur Bildung und für die Partizipation an der Gesellschaft. Inklusion bedeutet Wertschätzung. Und das ist nicht nur ein pädagogischer und ein emotionaler Begriff, sondern ein demokratischer. Ja: Inklusion ist ein demokratischer Begriff und eine demokratische Notwendigkeit.

Barrieren und Demokratie

Demokratie ist sehr viel mehr als eine Wahl. Demokratie findet an jedem Tag statt, sie muss an jedem Tag stattfinden, nicht nur alle paar Jahre, an einem der Urnen-Tage. Demokratie ist ein Prinzip, ein Grundprinzip. Sie ist ein gesellschaftliches Betriebssystem. Es ist ein Betriebssystem, bei dem alle, die in einem Land wohnen, etwas zu sagen haben – auch diejenigen, die nichts sagen können, weil sie eine Behinderung haben, die ihnen das Sprechen verwehrt. Demokratie heißt: Jeder hat eine Stimme, keiner ist mehr wert als der andere, alle sollen mitbestimmen, was zu geschehen hat. Junge und Alte, Altbürger und Neubürger, Menschen mit und ohne Behinderungen. Demokratie funktioniert daher nicht gut, wenn viele Menschen nicht oder nicht mehr mitmachen, weil sie glauben, man habe ja eh keinen Einfluss. Demokratie funktioniert nicht gut, wenn sich immer mehr Menschen ausklinken, oder ausgeklinkt werden, weil sie keine Arbeit und das Gefühl haben, aus dem Nest gefallen zu sein. Demokratie funktioniert nicht gut, wenn ein Teil der Menschen nicht richtig teilhaben kann am Arbeits- und Freizeitleben.

Gehörlose und hochgradig Schwerhörige sind ohne Gebärdensprachendolmetscher oder technische Hilfsmittel weitestgehend von lautsprachlicher Kommunikation ausgeschlossen. Blinde Menschen erleben ihre Barrieren im Straßenverkehr, beim Einkaufen, im Kino, im Theater, am PC, im Internet. Für Menschen mit psychischen Beeinträchtigungen stellen oftmals schon starre Regelungen oder Fristen eine Barriere dar. Für Menschen mit kognitiven Einschränkungen ist die Komplexität der deutschen Laut- und Schriftsprache eine Barriere.

Sozialstaat und Demokratie gehören zusammen

Der Abbau solcher Barrieren ist eine demokratische Aufgabe. Wer dabei mithilft, leistet Demokratiearbeit. Davon profitieren nicht nur Menschen mit Behinderungen, sondern auch Kinder und alte Menschen, davon profitieren Menschen mit Migrationshintergrund, davon profitiert die ganze Gesellschaft und nicht zuletzt die Demokratie. Nicht der Mensch mit Behinderung passt sich an, sondern die Gemeinschaft sorgt dafür, dass ihre Angebote für alle zugänglich sind. Das ist Inklusion; das ist Demokratie. Demokratie arbeitet gegen Ausgrenzung, Demokratie kennt keine fest zugewiesenen Plätze. Demokratie sortiert nicht nach arm und reich, nicht nach Menschen mit und ohne Behinderung. Demokratie ist Integration und Inklusion. Die Unternehmen und Unternehmungen der Inklusion sind Schicksalskorrektorate.

Barrierefreiheit meint daher nicht einfach nur Auffahrtsrampen, Einsteighilfen in Bussen und Zügen und dergleichen mehr. Barrierefreiheit definiert sich in einer tiefen sozialen Dimension. Und wer die Barrieren wegräumen hilft, ist nicht nur Sozialarbeiter, er ist auch Demokratiearbeiter. Sozialstaat und Demokratie gehören zusammen, sie bilden eine Einheit.

Wer den Sozialstaat beerdigen will, der muss also ein Doppel-
grab bestellen. Inklusion ist eine lebensumspannende Aufgabe. Inklusion ist Alpha und Omega.

Inklusion ist ein verspätetes Gesellschaftsprojekt der Moderne. Inklusion ist die neue deutsche Einheit, die Einheit, die
noch zu bewerkstelligen ist. Deutschland war und ist gespalten,
und zwar nicht nur in die Gesellschaft der alteingesessenen
Altbürger und der zugezogenen Neubürger. Es gibt noch eine
ganz andere Spaltung – da war und ist erstens die Gesellschaft
der Menschen ohne Behinderung. Und da waren und sind zweitens die Menschen mit Behinderung, die an der Gesellschaft
wenig Anteil hatten und haben. Und dann ist unter den Behinderten noch die Spaltung zwischen den behinderten Kindern
der Armen und den behinderten Kindern der Reichen. Aufgehoben ist diese Spaltung noch lange nicht. Sie ist nicht mit ein
paar Federstrichen zu bewältigen. Sie ist eine Daueraufgabe.

Niemand darf wegen seiner Behinderung
benachteiligt werden

Zehn Millionen Menschen in Deutschland leben mit einer Behinderung, das sind fast 12 Prozent der deutschen Bürgerinnen und Bürger. Für sie gibt seit 1994 das schon genannte Grundrecht in Artikel 3 Absatz 3 Satz 2 des Grundgesetzes:
»Niemand darf wegen seiner Behinderung benachteiligt werden.« So steht es da. 45 Jahre nach dem Inkrafttreten des
Grundgesetzes mit seinem grandiosen Artikel 1 »Die Würde
des Menschen ist unantastbar« hat dieses neue Grundrecht
die Würde des behinderten Menschen in ganz besonderer
Weise berücksichtigt: ausdrücklich, klar, ohne Einschränkungen. »Niemand darf wegen seiner Behinderung benachteiligt werden«. Da gibt es noch viel zu tun, sehr viel. Wie viel,
das zeigt ein Blick in die UN-Behindertenrechtskonvention,
also in das Übereinkommen über die Rechte von Menschen

209

mit Behinderungen. Sie ist ein völkerrechtlicher Vertrag vom 13. Dezember 2006, der am 3. Mai 2008 in Kraft getreten ist. Ratifiziert haben diese Konvention mittlerweile 147 Staaten; Deutschland hat dies am 24. Februar 2009 getan. Seitdem ist das Grundrecht nach Artikel 3 Absatz 3 Satz 2 des Grundgesetzes klar spezifiziert.

Vier Frauen

Das Grundrecht für die Menschen mit Behinderungen erinnert an ein anderes Grundrecht, einen Satz weiter vorne im Grundgesetz, an das Grundrecht der Gleichberechtigung in Artikel 3 Absatz 2 Satz 2: »Männer und Frauen sind gleichberechtigt.« Dieser Satz hat eine lange Geschichte. Als der Satz, dass die Ehe auf der Gleichberechtigung der Geschlechter beruht, zum ersten Mal 1919 in die Verfassung, damals in die Weimarer Reichsverfassung, geschrieben wurde, war er eine blanke Lüge. Und er blieb eine Lüge, jahrzehntelang. Realität war das glatte Gegenteil. Dann kam das Grundgesetz. Der Grundsatzausschuss des Parlamentarischen Rats hatte eigentlich keine Lust auf Gleichberechtigung. Ihm wäre eine andere Formel lieber gewesen, etwa die des Staatsrechtlers Richard Thoma: »Alle Menschen sind vor dem Gesetz gleich. Das Gesetz muss Gleiches gleich, es kann Verschiedenes ungleich behandeln.« Wenn wir diese Formel ins Grundgesetz bekommen hätten, wären wir mit der Gleichberechtigung nicht sehr weit gekommen. Und wären unter den 65 parlamentarischen Räten nicht vier Frauen gewesen, es wäre bei dieser Formel juristischen Gelalles geblieben.

Eine Wanderpredigerin

Die sozialdemokratische Rechtsanwältin Elisabeth Selbert zog wie eine Wanderpredigerin durchs Land, mobilisierte Frauengruppen, Gewerkschaften, Betriebsrätinnen, redete den Parlamentarischen Räten ins Gewissen. Mit ihren drei Kolleginnen Helene Wessel, Helene Weber und Friederike Nadig setzte sie den revolutionärsten Satz des Grundgesetzes durch. »Männer und Frauen sind gleichberechtigt.« Als der Satz bei den Beratungen erstmals zur Diskussion stand, entfuhr es dem Abgeordneten Thomas Dehler von der FDP: »Dann ist das Bürgerliche Gesetzbuch verfassungswidrig.« Genau so war es. Gleichwohl oder gerade deswegen: Es geschah erst einmal nichts. Der Satz stand im Grundgesetz, er leuchtete schön, und die Männer warfen ihr Sakko darüber. Die Frau in der Gesellschaft der fünfziger Jahre wurde erst einmal zurückgepfiffen an Herd und Staubsauger. Das Bundesverfassungsgericht musste eingreifen; erst dann bequemte sich der Gesetzgeber 1958 zu einem Gleichberechtigungsgesetz. Und erst 1977 kam eine Scheidungsreform, die die Interessen der Frau einigermaßen zu wahren begann und die wirtschaftliche Abhängigkeit vom Mann beendete. Und dann dauerte es noch einmal dreißig Jahre, bis die Unterhaltsregelung einer geänderten Lebenswelt angepasst wurde, in der Frauen arbeiten wollen und dies auch tun.

Was Gesetze können

Daraus kann man zwei Lehren ziehen. Erstens: Gesetze können die Gleichberechtigung bremsen, Gesetze können sie aber auch fördern. Das gilt für das Grundrecht der Menschen mit Behinderung in gleicher Weise. Das Gesetz kann dieses Benachteiligungsverbot, das ein Integrations- und Inklusionsgebot ist, bremsen, es kann die Integration und die Inklusion aber auch fördern. Das Grundgesetz und die UN-Behindertenrechtskonvention fordern Förderung; aber dazu braucht es fordernde Gesetze. Zweitens gilt, das lehrt die Erfahrung aus

der allgemeinen Gleichberechtigungsdebatte: Verfassungs-
rechtliche Postulate allein helfen gar nichts, wenn sie nicht
ins Alltagsrecht übersetzt werden, wenn sie nicht en détail
konkretisiert werden – im Falle der Behinderten etwa durch
ordentliche Ausgleichsabgaben; durch einen Nachteilsaus-
gleich, der diesen Namen verdient, durch eine intelligente
Förderung der Integrationsfirmen und der sozialen Werkstätten, durch Anstrengungen nicht nur der Politik, sondern der
ganzen Gesellschaft. Es muss Fürsorge und Fürsprache geben, die nicht bevormundend ist.

Was Integrationsfirmen leisten

Das kann funktionieren, das funktioniert – zum Beispiel in
den Integrationsfirmen. Integrationsfirmen sind Firmen des
allgemeinen Arbeitsmarktes, deren Belegschaften zu dreißig
bis sechzig Prozent aus schwerbehinderten Menschen bestehen; diese Integrationsfirmen sind nur indirekt von der Sozialpolitik der Regierungen abhängig – weil sie ihr Geld zu
75 Prozent am Markt verdienen; sie sind in vielen Branchen
tätig, erwirtschaften mit ganz normalen Kunden rund 600
Millionen Umsatz im Jahr. Die Differenz muss aus der Ausgleichsabgabe finanziert werden – also aus dem Geld, das Firmen entrichten müssen, die nicht mindestens fünf Prozent
Schwerbehinderte beschäftigen, wie es gesetzlich eigentlich
vorgeschrieben ist. Die Ausgleichsabgabe ist kein besonders
stabiles, kein besonders verlässliches Fundament. Wie man
es stabiler und verlässlicher machen kann – das zu überlegen
ist eine wichtige politische Aufgabe.

Chancen für Chancenlose

Werkstätten und Integrationsfirmen sind das ausführende
Organ des Grundgesetzartikels 3 Absatz 3 Satz 2: Eigentlich

könnte, eigentlich sollte sich das jede Werkstätte und jede Integrationsfirma unters Firmenlogo und auf die Briefköpfe schreiben. »Niemand darf wegen seiner Behinderung benachteiligt werden – wir sorgen dafür.« Integrationsfirmen arbeiten auf dem freien Markt, sind aber gemeinnützigen Zwecken verpflichtet. Integrationsfirmen bieten Chancen für Chancenlose. Sie sind mit schwerbehinderten Menschen erfolgreich. Integrationsfirmen arbeiten, effektiv, effizient und wirtschaftlich, mit Leuten, die in »normalen« Firmen nicht einmal zum Vorstellungstermin geladen würden. Dort arbeiten Menschen, die unter Schizophrenie oder Depressionen leiden; manche trauen sich am Anfang nicht einmal zu telefonieren. Weil diese Leute meist lange Zeit nicht mehr gearbeitet haben, fallen ihnen zunächst die einfachsten Dinge schwer. Aber sie sind lernfähig und vor allem lernwillig und motiviert – und gemeinsam mit Sozialpädagogen oder Facharbeitern als Betreuer schaffen sie es Tag für Tag, ihre Aufgaben zu bewältigen.

Leiterplatten und Gehaltsabrechnungen

Diese Aufgaben bestehen nicht mehr nur, wie früher, in simplen Verpackungs- und Montagearbeiten. Heute bestücken sie Leiterplatten oder erledigen Büroarbeiten für die Industrieunternehmen in ihrer Region, sie erledigen Gehaltsabrechnungen und bieten Buchhaltungsdienste an. Integrationsfirmen betreiben Restaurants, Kantinen und Cateringfirmen, sie sind phantasievoll. Integrationsfirmen sind in gewissem Sinn Artisten. Warum? Weil sie täglich den Spagat zwischen den sozialen und den wirtschaftlichen Zielsetzungen schaffen müssen – und meistens auch schaffen. Aber es ist für die Menschen oft eine Kränkung, dass sie nur ein Taschengeld für ihre Arbeit verdienen. Das kann unter Marktbedingungen kaum anders funktionieren, zeigt aber, dass Markt und Integration gegenläufige Gesellschaftsmodelle sind.

Etwa 300 000 Menschen mit Behinderung finden derzeit Arbeit in den Werkstätten für behinderte Menschen. In diesen Werkstätten steht nicht der Wirtschaftlichkeitsaspekt, sondern der soziale Aspekt eindeutig im Vordergrund. Es gibt Menschen, die nur in solchen Werkstätten arbeiten können. Der Betrieb von solchen Werkstätten ist ein soziales Gebot – es kostet, aber auch diese Kosten sind notwendig, auch sie sind ein Gebot. Eine solche Werkstatt bietet einen besonderen Arbeitsplatz, vollkommenen Kündigungsschutz und eine Rente schon nach zwanzig Jahren Erwerbstätigkeit. Zu den Aufgaben der Einrichtungen gehört es, Behinderte in den ersten Arbeitsmarkt einzugliedern; allerdings schafft nur ein winziger Prozentsatz der Beschäftigten den Schritt in einen regulären Job. Ein Werkstattplatz ist daher für den Sozialstaat ungefähr zehnmal so teuer wie ein Arbeitsplatz in einer Integrationsfirma. Aber das Geld allein ist es gar nicht – das Wichtigste, das Entscheidende ist etwas anderes: Jeder soll arbeiten können nach seinen Fähigkeiten und seinen Möglichkeiten. Das gehört zum Wesen des Menschen. Arbeitslosigkeit führt zum Einschrumpfen der Lebensäußerungen. Arbeit strukturiert den Alltag, das Leben, ist Teilhabe an der Welt. Menschen mit Behinderung brauchen das in ganz besonderer Weise. Das gehört zu dieser deutschen Einheit.

Eine Zeitenwende

Von den etwa vier Millionen chronisch psychisch Erkrankten in Deutschland ist rund eine halbe Million im erwerbsfähigen Alter. Zehn Prozent der psychisch Kranken sind auf dem Ersten Arbeitsmarkt voll- oder teilzeitbeschäftigt. Rund zwanzig Prozent arbeiten in einer Werkstatt für Behinderte, ein weiteres Fünftel ist in Rehaeinrichtungen beschäftigt. Etwa die Hälfte aller chronisch psychisch Kranken hat noch keinerlei Anbindung an den Arbeitsmarkt. Dabei weisen Ärzte und

Verbände immer wieder auf den Stellenwert von Arbeit für die psychische Gesundheit hin. Immer wieder ist daher auf das Behindertengrundrecht hinzuweisen: »Niemand darf wegen seiner Behinderung benachteiligt werden.« Menschen mit Behinderungen haben ein Recht auf eine selbstbestimmte und umfassende Teilhabe in allen Bereichen des gesellschaftlichen Lebens.

Behinderte waren einst Objekte staatlicher Fürsorge; sie sind aber keine Objekte, sie sind Subjekte. Sie sind nicht Bittsteller, die an die Tür von Behörden klopfen müssen und auf deren Mitgefühl und Wohlwollen angewiesen sind. Sie haben einklagbare Ansprüche auf gleichberechtigte Teilhabe am gesellschaftlichen Leben und das Recht auf Selbstbestimmung und Selbstvertretung. Inklusion verlangt eine Zeitenwende. Sie wird viel Geld kosten. Aber sie wird die Gesellschaft wunderbar verändern.

Auszüge aus der Rede »Inklusion als zweite deutsche Einheit« für die Stiftung Attl am 29. Oktober 2015 im Rathaussaal Wasserburg

Die Würde des Menschen ist unantastbar.
Indes: Nirgendwo sonst wird der Mensch so viel
an- und abgetastet wie in der Arztpraxis
und im Krankenhaus.

Hoffen auf Heilung

Der Mensch als Kostenfaktor? Ein Plädoyer gegen die Ökonomisierung im Gesundheitswesen

Als mein Vater im Krankenhaus der Barmherzigen Brüder zu Regensburg im Sterben lag, ging ich dort oft an dem Porträt eines lächelnden Mönches vorbei. Es zeigt den Frater Eustachius Kugler. Ab und zu blieb ich ein wenig sinnierend vor dem Bildnis dieses Mannes stehen, über den in den Gottesdiensten meiner Kindheit oft gepredigt worden war. Dieser Frater Eustachius, so der Ordensname, wurde 1867, also in dem Jahr, in dem Karl Marx den ersten Band seines Werkes »Das Kapital« herausgab, als Sepperl, als sechstes Kind der Kleinlandwirtseheleute Kugler in Neuhaus, das zu meinem Heimatort Nittenau gehört, geboren. Er war von 1925 bis zu seinem Tod im Jahr 1946 Provinzial der Barmherzigen Brüder in Bayern und hat in Regensburg die großen Krankenhäuser seines Ordens gebaut.

Klassenlose Krankenpflege

Und weil in den sechziger Jahren, als ich ein Ministrant in der katholischen Pfarrei Nittenau war, im Vatikan der Prozess zur Seligsprechung dieses Fraters Eustachius Kugler ein-

geleitet worden war (mittlerweile ist Eustachius Kugler zur
»Ehre der Altäre« erhoben) habe ich damals in meiner katholischen Pfarrei viel von ihm gehört. In der Erinnerung geblieben ist mir vor allem eines: dass Eustachius in seinen Krankenhäusern die »klassenlose« Krankenpflege angeordnet
hat. Dem Oberkrankenpfleger gab er als Provinzial die Wei-
sung: »Tut mir vor allem die armen, die bedürftigen Schwer-
kranken pflegen, um die sich sonst niemand recht kümmert.
Wenn ein Bischof oder sonst ein höher Würdenträger als Patient kommt, dann braucht man nicht so zu laufen, weil genug andere da sind, die sie schon in jeder Hinsicht betreuen!«
Das hat mir schon damals, als Ministrant in Nittenau in der
Oberpfalz, recht imponiert – und der Satz gefällt mir heute
immer noch. Welche Anweisung der Ordensmann wohl heute geben würde? Würde er seine Ärzte auffordern, nicht auf
das Alter der Patienten als Behandlungsmaßgabe zu starren?

Der Wert des Lebens – abhängig vom Alter?

Nach aktuellen Untersuchungen entfallen ein Viertel der medizinischen Kosten eines Lebens auf das letzte Lebensjahr.
Es gibt daher Ökonomen, darunter der Wirtschaftsnobel-
preisträger Gary Becker, die fordern, die Gesundheitsausgaben gegen Ende des Lebens zu begrenzen. »Den Tod um
ein paar Monate hinauszuzögern, kann«, so argumentiert
der Nobelpreisträger, »Millionen kosten«. Der »technologi-
sche Imperativ« sei daran schuld, nämlich der Wunsch der
Mediziner, alles Gelernte und Mögliche anzuwenden, unge-
achtet eines sinnvollen Kosten-Nutzen-Verhältnisses. Be-
ckers Forderung, Gesundheitsausgaben bei alten Menschen
zu begrenzen, ist höchst umstritten. »Ältere Menschen kosten viel, aber sie haben in ihrem bisherigen Leben auch schon
mehr eingezahlt als junge«, halten ihm Kritiker entgegen.
Das eine Argument ist so ökonomisch wie das andere.

Ist der Wert des Lebens abhängig vom Alter? Oder abhängig davon, was dieser Mensch in die Krankenkasse einbezahlt hat? Im Übrigen fällt mir ein: Ja, im letzten Lebensjahr fallen die meisten Kosten an. Das kann aber gar kein Argument für die begrenzte Behandlung von Alten sein, denn dieses letzte Lebensjahr bezieht sich auf Alte und Junge. Wenn ein Mensch mit zwanzig stirbt, hat er unter Umständen mehr Kosten verursacht, als ein Mensch, der mit neunzig stirbt. Die Kosten fallen eben nur früher an.

Erst kommt das Fressen ...

Würde Eustachius die Ärzte ermahnen, die Hochbetagten nicht als Menschen dritter Klasse zu betrachten? Würde er sein Krankenhausmanagement davor warnen, die Gewinnerzielung zur allein handlungsleitenden Kategorie zu machen? Womöglich hielte er seinem Verwaltungschef eine Predigt darüber, was das Gleichnis vom Barmherzigen Samariter heute besagt. Womöglich würde er in einem Rundschreiben vor dem »Verlust des Mitgefühls« warnen und vor einer Entwicklung, in der das Geld nicht mehr ein Mittel zum Zweck der Versorgung von Kranken ist, sondern die Versorgung von Kranken ein Mittel ist zum Zweck der Gewinnerzielung.

Das Gold des Königs Midas

Und womöglich würde dann der Verwaltungschef dem Frater Eustachius folgendes antworten: »Lieber Provinzial, das haben Sie zwar schön gesagt, aber mit Mitgefühl allein schreiben wir hier im Krankenhaus rote Zahlen, und die Wahrheit ist leider die, die Bert Brecht in der Dreigroschenoper so formuliert hat: »Erst kommt das Fressen, dann die Moral«. Und dann würde der Ordens- und Gottesmann Eustachius wohl furchtbar zornig werden und sagen, dann könne man ja selbst in einem kirchlichen Krankenhaus statt ein Kreuz künftig ein Bild von König Midas in die Krankenzimmer hängen.

Es ist manchmal so, dass die Büsten und Bilder von Mönchen und auch die ganz realen und leibhaftigen Ordensschwestern, so es sie noch gibt, in katholischen Häusern mittlerweile bewusst für den »Standortvorteil« und als »Alleinstellungsmerkmal« gehandelt werden, also das Krankenhaus marktgängig machen sollen. Eine Theologin hat mir vom Manager eines katholischen Krankenhauses berichtet, der zu ihr gesagt hat: »Die Pinguine lassen wir hier noch rumlaufen, das ist gut für die Außenwirkung beim Patienten.«

Ratio, Rationalität und Rationalisierung

Der alte König Midas ist ein Repräsentant unserer Zeit. Er ist sozusagen der Schutzheilige der Ökonomisierung und der Schutzpatron der Rationalisierung. Eine enge betriebswirtschaftliche Rationalität ist an die Stelle der Ratio, der Vernunft der Aufklärung, getreten. Man nennt das Rationalisierung. Sie ist die Rückbeförderung des arbeitenden Menschen in die Unmündigkeit. Zu diesem Zweck bedienen sich die Unternehmen sogenannter Unternehmensberatungen, die das, was auch jeder Pförtner weiß, in die Sprache der Banken übersetzt: dass man sich das Geld für dreihundert Leute spart, wenn man dreihundert Leute freisetzt.

Die Bubis der Betriebswirtschaft

Eine solche Entlassung gilt als unternehmerische Leistung. Die eingesparten Kosten fallen in letzter Instanz auf das Gemeinwesen, auf den Steuerzahler. 30-jährige Bubis der Betriebswirtschaft, auf deren Laptop es kein Programm für »soziales Kapital« gibt, bestimmen nicht selten über Wohl und Wehe. So ökonomisiert und rationalisiert wurden und werden nicht nur Wirtschaftsbetriebe, sondern auch Universitäten, Kinderläden, Schwimmbäder, Bibliotheken – und Krankenhäuser, auch psychiatrische Kliniken, auch Alten- und Pflegeheime. Die Ökonomisierung ergreift auch das ärztliche Handeln und Denken. Und Ökonomisierung meint dabei nicht einfach Wirtschaftlichkeit, das wäre ja in Ordnung, sondern ein neues Denkprinzip und ein neues Menschenbild. Ein radikaler Ökonomismus glaubt ja, er könne auch noch aus einem Gefängnis ein Profitcenter machen. Er glaubt, dass die Summe der rationalisierten Betriebe sich zu einem wunderbaren Standort und zum Wohlstand des Gemeinwesens fügt. Es ist dies wohl ein Midasglaube. Midas ist das Urbild des Rationalisierers.

Befreiende Bäder

Midas, der König von Phrygien, wollte bekanntlich alles zu Gold machen, und wäre daran fast zugrunde gegangen. Er hatte sich, so geht die Sage, von Dionysos gewünscht, dass alles, was er berühre, zu Gold werde. Als Midas auf dem Heimweg einen Zweig streifte, einen Stein in die Hand nahm, Ähren pflückte, wurden Zweig, Stein und Ähren zu reinem Gold. Das gleiche geschah mit dem Brot, wenn er sich an den gedeckten Tisch setzte. Auch die Getränke und das mit Wein vermischte Wasser, das er sich in den Hals goss, wurde zu Gold. Midas lief Gefahr, vor Hunger und Durst zu sterben, so dass er schließlich Dionysos bat, ihn von dieser verhängnisvollen Gabe zu befreien. Der Gott befreite Midas durch ein Bad in einer Quelle, die seither Goldsand führt.

Unsere Gesellschaft braucht solche befreienden Bäder. Sie berauschte sich zu lange daran, alles zu Gold zu machen – und tut das manchmal immer noch: Sie privatisiert die Wasserversorgung, sie privatisiert das Schul- und Bildungswesen, sie vermarktet die Gene von Pflanzen, Tieren und Menschen. Da-

bei fehlt die Erkenntnis, die Midas gerade noch rechtzeitig
hatte. Diese Erkenntnis lautet: Man kann am eigenen Erfolg
auch krepieren. Der Unterschied zwischen Midas und dem radikalen Ökonomismus ist allerdings der, dass an der Sucht des
letzteren erst einmal die anderen krepieren – die eingesparten
Arbeitskräfte, die Freigesetzten, die Entlassenen, die nutzlos
Gemachten. Später leiden dann womöglich auch diejenigen,
die man Kunden nennt. Neuerdings nennt man auch in den
Krankenhäusern die Patienten immer öfter Kunden.

Die Börsen-Krankenhäuser

Der Staat suchte angesichts der gewaltigen Schulden der öffentlichen Hand sein Heil eine Zeit lang in der Privatisierung seiner Unternehmungen. Er ließ sich, wenn es etwa um
die Deutsche Bahn geht, nicht davon irritieren, dass die Bri-
tish Rail nach ihrer Privatisierung immer häufiger neben den
Gleisen fuhr. Über den letztlich gescheiterten Börsengang
der Deutschen Bahn gab es immerhin große Debatten in der
Öffentlichkeit. Vergleichbare Debatten hat es darüber, dass
Krankenhäuser an der Börse notiert sind, nie gegeben. Was
zählt mehr, wenn Krankenhäuser an der Börse notiert sind:
die Bedürfnisse des Shareholders oder die der Patienten? Der
dann doch gescheiterte Drang an die Börse hat der Deutschen
Bahn nicht gut getan: Die Renditeversprechen, mit denen In-
vestoren angelockt werden sollten, wurden teuer erkauft;
Personal wurde entlassen, Ausbesserungswerke wurden geschlossen, Prüfintervalle gestreckt – zum Schaden des Pro-
dukts und auf Kosten des Vertrauens der Kunden. Das eins-
tige Vorzeigeunternehmen Bahn ist mittlerweile eher zum
Symbol von Unzuverlässigkeit geworden.

»Pflege und Krankheit sind nicht börsen- und renditefähig«,
sagt der Münchner Pflegekritiker Claus Fussek. Die Praxis
lehrt aber anderes: Private Klinikketten sind an der Börse no-

tiert und machen respektable Gewinne. Auch kirchliche Krankenhäuser müssen wie andere frei gemeinnützige Krankenhäuser die schwarze Null und Investitionsmittel erwirtschaften. Und die privat-kommerziellen, oft großen Krankenhausketten betreiben eine Gewinnmaximierung, die über Preispolitik beim Einkauf, Einsparung beim Personal und Gewinngenerierung beim Patienten geht und eine zweistellige Rendite anpeilt. Der Aktionär will Rendite und der Geschäftsführer seinen Bonus. Indes: Gute Verwaltungsdirektoren und gute Geschäftsführer sollten langfristig denken statt von Jahresbonus zu Jahresbonus, was aber gegenwärtig nahe liegt, weil die Verwaltungsdirektoren und Geschäftsführer ja das Folgejahr vielleicht schon wieder woanders sind.

Das Fallpauschalen-Elend

Die deutsche Krankenhauslandschaft ist im Umbruch. Ländern und Kommunen fehlt das Geld für Investitionen. Zahlreiche kommunale Kliniken kommen aus den roten Zahlen nicht mehr heraus. Viele Dutzend Häuser wurden in den vergangenen Jahren geschlossen. Länder und Kommunen sehen angesichts ihrer leeren Kassen in der Privatisierung ihre letzte Rettung, manche Kliniken werden zu Dumpingpreisen verkauft. Die Fragen liegen auf der Hand: Wird in der Folge das Behandlungsspektrum eingeschränkt, nicht insgesamt, aber für langwierige, teure Krankheiten? Sind die Notarztdienste rund um die Uhr in Gefahr? Die Aktionäre wollen ja Geld sehen. Wo bleibt die Daseinsvorsorge, zu der der Staat verpflichtet ist, wenn sie Angebot, Nachfrage und Rentabilität angepasst wird? Wo bleiben Arme, Alte und chronisch Kranke?

Und wo bleiben die Kinder? Die Behandlung von Kindern – auch die Kinderorthopädie – ist im Entgeltsystem der Fallpauschalen völlig unterfinanziert. Kinderkliniken werden nicht nur beim Bau durch Spendenaktionen der Bevölkerung gestützt, auch die laufende Behandlung wird mit Spenden teilfinanziert. Kinderkliniken machen deshalb zu Recht mit Plakataktionen Widerstand gegen das Fallpauschalensystem. Das System der Fallpauschalen hat die Gesundheitsversorgung in ein rein monetär bemessenes System überführt.

Wieviel Gesundheit wollen wir uns leisten?

Es gibt freilich auch Fallpauschalen, die einen Anreiz für Operationen darstellen: Dies sind insbesondere Rückenoperationen, deren Zahl sich seit Einführung des neuen Abrechnungssytcms mehr als verdoppelt haben – nicht wegen des demographischen Wandels. Die Gesellschaft ist ja nicht binnen eines Jahrzehnts doppelt so alt geworden. Es ist auch nicht der technische Fortschritt; es ist die gute Honorierung dieser Operation. Die Fachgesellschaft der Neurochirurgie hat vor einiger Zeit vor nicht indizierten, also unsinnigen Operationen gewarnt. Es war ein Hilferuf, der bisher keine Folgen bei Politik und Kostenträgern hatte. Fast jeder niedergelassene Chirurg operiert heute an einem Krankenhaus als Honorararzt. Konservative Behandlung wird schlecht vergütet, operative Leistungen sind für das Krankenhaus und den Operateur lukrativ. Krankenhäuser schließen entsprechende Verträge mit niedergelassenen Ärzten ab, damit diese ihre Patienten aus der Praxis in ein Krankenhaus zur eigenhändigen Operation überweisen. Da kann die Indikationsstellung schon einmal großzügig ausfallen. Der GBA, der Gemeinsame Ausschuss von Ärzten, Krankenhäusern und Krankenkassen in Deutschland, spricht von mengenanfälligen Leistungen.

1990 lagen den Ausgaben im Gesundheitswesen bei etwa 150 Milliarden Mark, heute liegen sie bei 300 Milliarden Euro. Wie soll das weitergehen? Sollen die Ärzte medizinische Leistungen rationieren, sollen sie bestimmte Menschen von der Versorgung ausschließen? Da möge das Grundgesetz, da mögen die Grundrechte dazwischenfahren. Wie viel Gesundheit wollen wir uns leisten? Diese Frage muss die Gesellschaft beantworten. Mit dieser Frage darf man nicht den Arzt als Vertrauensperson (und Anwalt) des Patienten in Bedrängnis bringen.

Triumph der Medizin

Nun muss man nicht so tun, als ob bis gestern das Gesundheitswesen nur von bedürfnislosen Samaritern bevölkert gewesen sei und als ob jüngst eine feindliche Übernahme durch Leute stattgefunden hat, die mit ihrem schweren Geldbeutel auf Kranke werfen. Natürlich ist im Gesundheitswesen auch immer verdient worden – vielleicht von anderen Leuten als heute, und vielleicht mit anderen Methoden als heute. Die Grundregeln der medizinischen Betriebswirtschaft haben auch gestern und vorgestern schon gegolten: Danach gibt es zwei unerwünschte Zustände: Erstens die Gesundheit und zweitens den Tod. Am gesunden Menschen kann man nämlich noch nicht richtig verdienen und am toten Menschen verdient man gar nichts mehr. Nur ein kranker Kunde ist also ein guter Kunde. Diese Erkenntnis hat zum Triumph der Medizin geführt. Unter dem Titel »Knock oder Triumph der Medizin« kam 1923 in Paris ein Theaterstück des französischen Schriftstellers Jules Romains auf die Bühne.

Sonderliche Symptome

Das Stück handelt vom Landarzt Dr. Knock, der die Praxis seines verarmten alten Kollegen Papalaid übernommen und nun seinen Dienst in einem Bergdorf namens St. Maurice angetreten hat. Die Einwohner dort sind wohlauf und gesund und brauchen keinen Arzt. Der alte Paparlaid versucht seinen Nachfolger zu trösten und sagte: »Sie haben hier die beste Art von Kundschaft überhaupt. Man lässt Sie in Ruhe!«

Dr. Knock ist nicht gewillt, sich damit und also mit einem ärmlichen Leben abzufinden. Doch wie nur sollte der Neuling die vitalen Menschen in seine Praxis locken? Was nur sollte er den Gesunden verschreiben? Listig schmeichelt Dr. Knock dem Dorfschullehrer und bringt ihn dazu, Vorträge über die angeblichen Gefahren von Kleinstlebewesen zu halten. Er engagiert schließlich den Dorftrommler und lässt ihn ausrufen, der neue Doktor lade alle Bewohner zu einer kostenlosen Konsultation – um eine »unheimliche Ausbreitung von Krankheiten aller Art einzudämmen, die seit einigen Jahren in unserer einstmals so gesunden Region um sich greifen«. Das Wartezimmer füllt sich. In seinen Sprechstunden diagnostiziert Dr. Knock sonderliche Symptome und bläut den unbedarften Dörflern ein, dass sie seiner ständigen Betreuung bedürfen. Viele hüten fortan das Bett und nehmen nur noch Wasser zu sich. Am Ende gleicht das Dorf einem einzigen Hospital. Es bleiben noch so viele Menschen gesund, wie nötig sind, die Kranken zu pflegen. Der Apotheker wird ein reicher Mann; ebenso der Wirt, dessen Gasthof als Notlazarett allzeit ausgelastet ist.

Die Befindlichkeitsindustrie

Die Selbstwahrnehmung der Menschen als gesund verflüchtigt sich hier unter dem Diktat von Risikoabwägungen: Es gibt dann kaum noch Gesunde – nur Menschen, die nicht gründlich genug untersucht und aufgeklärt worden sind. Die böse Vision, die der amerikanische Ökonom Uwe Reinhardt Jahrzehnte später entwickelte, ist im Gebirgsdorf St. Maurice schon vorweggenommen: Der US-Ökonom entwarf die Vision der Industrienation, die sich in ein riesiges Krankenhaus verwandelt – und in dem die Bewohner entweder arbeiten oder als Patient liegen.

Vor ein paar Jahren hat der Wissenschaftsjournalist Jörg Blech in einem Buch mit dem Titel »Die Krankheitsfinder«

dargestellt, wie die bühnenreife Medizin dieses Theaterstücks im echten Leben von heute fortgeschrieben wird: Heute ist es ja kein verführerischer Dorfarzt, der gesunde Menschen in Patienten verwandelt. Heute sei eine ungleich größere Macht angetreten, um den Menschen die Gesundheit auszutreiben: »Ärzteverbände und Pharmafirmen predigen uns eine neue Heilkunst, die keine gesunden Menschen mehr kennt«. Und das Buch schildert, wie sie ein »Aging Male Syndrom«, ein »Käfig-Tiger-Syndrom«, »erektile Dysfunktionen« oder sonst schön benannte angeblich chronische Erschöpfungszustände behandeln und sich zu diesem Zweck der PR-Firmen bedienen, die dabei helfen, natürliche Wechselfälle des Lebens und normale Verhaltensweisen systematisch als krankhaft zu deuten, so wie dies einst der Dr. Knock unter Zuhilfenahme des Dorfschullehrers und des Dorftrommlers gemacht hat. Die moderne Befindlichkeitsindustrie aus Ärzten, Patienten und Pharmaindustrie erklärt jede Abweichung zur Krankheit und apostrophiert einen Zustand ohne Beschwerden als suspekt. Die Krankenkasse ist daher auch eine Art Gesundheitskasse geworden. Deshalb gibt es heute in Deutschland so etwas wie ein »Leiden an der Gesundheit« (so hat das der Psychiater Klaus Dörner genannt): »Je mehr ich für meine Gesundheit tue, desto weniger gesund fühle ich mich. In diesem Sinne ist Gesundheit eben nicht machbar, nicht herstellbar, stellt sich vielmehr selbst her. Gesundheit gibt es nur als Zustand, in dem der Mensch vergisst, dass er gesund ist«. Diese Selbstvergessenheit lassen nur wenige Menschen zu.

Eine merkwürdige Unzufriedenheit

Dies erklärt wohl die merkwürdige Unzufriedenheit der Deutschen mit ihrer Medizin: Sie haben im Ländervergleich die kürzesten Wartezeiten, die verlässlichsten Laborbefunde, die wenigsten Krankenhausinfektionen und die größten

Freiheiten bei der Arztwahl – sind aber mit ihrem Gesundheitswesen international am unzufriedensten.

Die Karlsruher Beschreibung des Gesundheitssystems

Es gibt so etwas wie die Ver-Knockisierung des Gesundheitswesens. Die Konstruktion des deutschen Gesundheitssystems tendiert grundsätzlich zur Kostenausweitung, so hat es das Bundesverfassungsgericht festgestellt: »Die deutsche gesetzliche Krankenversicherung ist ein im Umlageverfahren durch Versicherungsbeiträge finanziertes Gesundheitssystem zur medizinischen Vollversorgung von inzwischen nahezu 90 von Hundert der Bevölkerung. Die Versuchungsleistungen werden dabei weitgehend als Sachleistungen ohne direkte Kostenbeteiligung der Versicherten erbracht (...) Bedarfsfeststellung und Kostenkontrolle liegen nicht in einer Hand. Fragt ein Versicherter nach, definiert der Arzt den medizinischen Bedarf und erfüllt ihn dann; die Krankenkassen tragen die Kosten, die über Beiträge aufgebracht werden, mit denen im Wesentlichen kleine und mittlere Einkommen aus abhängiger Beschäftigung belastet sind. (...) Die kontinuierlich steigenden Ausgaben der gesetzlichen Krankenversicherung haben zur Steigerung im Beitragssatz und zu erheblichen Anhebungen der Versicherungspflichtgrenze geführt (...) Auch für die Zukunft wird mit steigenden Kosten bei den Gesundheitsleistungen gerechnet als Folge der zunehmenden Alterung der Gesellschaft, der hiermit verbundenen Abnahme der Beitragszahler aus aktiver Erwerbstätigkeit und der Eignungseffekte aus dem medizinischen und medizin-technischen Fortschritt. Die Vermeidung von weiteren Beitragssteigerungen ist seit Jahren ein vorrangiges Ziel der Gesundheitspolitik«. Soweit das Bundesverfassungsgericht in einem Beschluss des Ersten Senats vom 20. März 2001 (1BvR 491/96, zur Altersbeschränkung für Kassenärzte).

Das ist, knapp und leidenschaftslos, die Beschreibung des Ist-
zustandes des deutschen Gesundheitssystems durch das
höchste Gericht. Dank medizinischer Erfolge leben die Menschen heute deutlich länger, und selbst wenn sie schwer krank
werden, bedeutet das noch lange nicht, dass sie bald sterben
werden. Zwischen der Krankheit, der Morbidität, und der Sterb-
lichkeit, der Mortalität, liegt heute ein viel weiteres Lebensfeld
als vor hundert Jahren. Seit Jahrzehnten reiht sich daher eine
Gesundheitsreform an die andere. Es geht um Kosteneindäm-
mung. Kostentreibend neben dem medizinischen Fortschritt,
teurer Technik und längerer Lebensdauer der Menschen ist
insbesondere die Struktur des Gesundheitswesens mit einem
Dschungel an Institutionen, einer Unzahl an privaten und gesetzlichen Krankenkassen. Alle sind kompetenzmäßig anei-
nander gebunden, rechnen ab, konkurrieren miteinander und
kontrollieren einander. Bisherige Rezepte: Verdienstbeschnei-
dungen durch Kappungen, Leistungskürzungen, Privatisierung einzelner Kosten durch Selbstzahlung. All dies ist schon
gemacht worden – und den Fortgang der Versuche und Experimente samt den Diskussionen darüber, kann man täglich in
den Zeitungen und Nachrichtensendungen verfolgen.

Cash cows und poor dogs

Seit 2003 erfolgt in Deutschland die Abrechnung stationä-
rer Krankenhausleistungen nicht mehr wie früher über den
Krankenhaustagessatz, sondern über eine für die jeweilige
Erkrankung des Patienten bundesweit festgelegte Fallpau-
schale. Man unterscheidet daher heute immer mehr zwischen
Erkrankungen, mit denen man als Klinik Geld verdienen
kann und solchen, mit denen man Verluste macht. US-ameri-
kanische Gesundheitsmanager in ihrer schnoddrigen Art unterscheiden zwischen Kranken als *cash cows* und Kranken als
poor dogs. Cash cows, also Melkkühe – das sind Patienten mit

Krankheiten, bei denen ein Krankenhaus Gewinne macht, bei denen technisch aufwändige Maßnahmen notwendig sind: beispielsweise Hüft- und Kniegelenksoperationen, Nieren- und Knochenmarktransplantationen. Und *poor dogs* – das sind Patienten, mit denen eine Klinik kein Geld verdienen kann, mit denen sie womöglich draufzahlt. Zu den *poor dogs* zählen alte Patienten, Patienten mit vielen Krankheiten, chronische Kranke, Patienten, die sich wund gelegen haben, oder Rheumatiker.

Halten die Ärzte dem Druck stand?

Was wird aus den Heilberufen, was wird aus Krankenhäusern, wenn die Krankenhausverwaltungen solche Unterscheidungen zur Vorgabe machen? Es gibt natürlich auch Mittel und Möglichkeiten, auch aus einigen *poor dogs* noch *cash cows* zu machen – durch radikale Veränderung der Zeitabläufe in der Klinik: Weil Zeit Geld ist, muss einfach alles schneller gehen, die Arbeit wird verdichtet, die Liegezeiten werden verkürzt (was bei einem jungen Patienten sinnvoll, bei einem älteren dagegen fatal sein kann). Ein Beispiel: Ein Patient mit einer Lungenentzündung ist, wenn er eine oder zwei Wochen im Krankenhaus liegt, nach der Fallpauschalentlohnung ein *poor dog;* bei einem stationären Aufenthalt von nur drei Tagen kann aus ihm eine lukrative *cash cow* werden.

Werden die Ärzte dem Druck standhalten, der durch so ein kommerzialisiertes Gesundheitssystem auf sie ausgeübt wird? Dieser Druck ist erfinderisch. In zahlreichen privaten Krankenhäusern werden sogenannte Boniverträge für Chefärzte abgeschlossen, wie wir sie aus der Finanz- und Bankenwelt kennen- und fürchten gelernt haben. Bei diesen Verträgen erhält der Chefarzt am Jahresende ein Extrahonorar, wenn er auf eine bestimmte Zahl von besonders profitablen Leistungen kommt – dazu zählen die schon genannten Implantationen von

Prothesen oder auch Herzkatheteruntersuchungen. Kommt es eines Tages so weit, dass die Patienten hinter individuellen ärztlichen Maßnahmen geldgesteuerte Handlungsanweisungen vermuten können?

Hüftgelenke, Kniegelenke

Vor kurzem wurde mir folgende Begebenheit berichtet: Zum Jahresende wurde der Chefarzt eines privaten Krankenhauses von seinem kaufmännischen Direktor über das Jahresergebnis infomiert. »Lieber Professor«, begann der Direktor, »bei siebzig Prozent der Patienten konnten wir nach Einführung des Pauschalensystems einen Gewinn erzielen; bei dreißig Prozent haben wir jedoch deutlich rote Zahlen geschrieben. Ich freue mich, dass wir trotzdem insgesamt ein kleines Plus erwirtschaftet haben«. Auf dem Gesicht des Chefarztes machte sich Erleichterung breit. Doch dann fuhr der kaufmännische Direktor fort: »Bevor Sie nun wieder gehen, lieber Herr Professor, habe ich noch eine kleine Frage: Nennen Sie mir doch bitte ein wirtschaftliches Argument, warum ich jene dreißig Prozent Verlustpatienten – wir beide wissen, welche Krankheiten sie haben – im neuen Jahr noch aufnehmen und behandeln soll.« Zunächst etwas irritiert aber dann sehr bestimmt antwortete der Chefarzt: »Das wirtschaftliche Argument bin ich! In dem Augenblick, in dem Sie das machen, kündige ich sofort«. Das war eine respektable, eine wunderbare, eine mutige Antwort. Eine ganz andere Reaktion wurde mir von einem katholischen Krankenhaus in Mittelhessen erzählt. Dort weigerte sich der leitende Chirurg, allgemein-notfallchirurgische Patienten aufzunehmen – keine Verkehrsunfälle, keine Knochenbrüche. Er wollte sich nur noch auf Hüft- und Kniegelenksprothesen beschränken. So geschah es auch. Das Krankenhaus prosperierte nach wenigen Monaten, wurde höchst rentabel, konnte expandieren.

So aber etabliert sich eine Schnäppchenmedizin: Finanziell attraktive Patienten werden umworben. Unattraktive Patienten aber werden in die staatlichen und kommunalen Krankenhäuser der sogenannten Erstversorgung abgeschoben – die dürfen niemanden ablehnen. Es entwickelt sich hier ein bekanntes Muster: Gewinne werden privatisiert, Verluste sozialisiert. Es heißt bisweilen noch immer, das Gesundheitswesen leide auch an einem zu eingeschränkten Wettbewerb. Ich frage mich: Leidet es nicht eher daran, dass es ein Markt ist, an dem zu allererst verdient werden will? Gesundheit hat ja nicht nur mit körperlicher Intaktheit zu tun, nicht nur mit Pillen und Skalpell, sondern auch mit der Psyche: mit Vertrauen, Selbstvertrauen, mit Ängsten, mit Lebensunsicherheiten. Das Gesundheitssystem krankt wohl auch am mangelnden sich Kümmern, denn dies wird nicht bezahlt. Und es krankt an der Konkurrenz zwischen Ärzten, Labors und Krankenhäusern und um die Verdienste. Konkurrenz steht oft an Stelle der guten Kooperation, die dem Patienten das Gefühl vermitteln könnte, dass alle gemeinsam bestrebt sind, ihm zu helfen.

Zeit, Geborgenheit, Barmherzigkeit

Die Medizin ist zwar eine der größten Wirtschaftsfaktoren in Deutschland, aber sie ist keine Wirtschaftsbranche wie jede andere. Stetiges Wachstum bedeutet in anderen Branchen Prosperität. Stetiges Wachstum in der Medizin ist ein Zeichen von Krebs, sagt der Medizinjournalist Werner Bartens. Kaufleute und Betriebswirtschaftler haben aus der Medizin eine Industrie gemacht. Sie haben die Krankenbehandlung ökonomisiert. Das bekommt den Ärzten nicht – und den Patienten auch nicht. Für Kranke sind Faktoren wichtig, die in betriebswirtschaftlichen Programmen keine oder kaum eine Rolle spielen: Zeit, Geborgenheit – und, ja auch dies, ja, auch wenn es altmodisch klingt – Barmherzigkeit! Manchmal besteht ärztliche Kunst auch darin, abzuwarten und vorerst nichts zu tun; diese Kunst lässt sich nicht betriebswirtschaftlich optimieren. Von einem Oberarzt habe ich einmal den Satz gehört: »In dem Augenblick, in dem ärztliche Fürsorge vorrangig dem Profit dient – egal ob dem eigenen oder einem fremdem – hat er die wahre Fürsorge verraten«.

Die Würde im Krankenhaus

»Die Würde des Menschen ist unantastbar«, so steht es im ersten Artikel des Grundgesetzes. Der Sozialstaat ist die Einrichtung, die diese Würde organisiert. Er ist, trotz all seiner Mängel, eine der größten europäischen Kulturleistungen. Die Würde des Menschen ist unantastbar: Das gilt in besonderer Weise für kranke und für alte Menschen. Und das Krankenhaus ist ein wichtiger Ort, einer der wichtigsten Orte, an dem sich dieser Satz des Grundgesetzes bewähren muss. Die Würde des Menschen ist unantastbar: Dieser Satz bewährt sich im Krankenhaus dann, wenn dort die Menschen im Vordergrund stehen und nicht die Abläufe, wenn die Fürsorge das Wichtigste ist und nicht der Profit; wenn Geborgenheit und Barmherzigkeit ihren Raum haben. Die Würde des Menschen ist unantastbar. Der Satz bewährt sich dann, wenn ein Krankenhaus sich auf die demographischen Veränderungen in der Gesellschaft einstellt. Er bewährt sich dann, wenn ein Krankenhaus sozusagen geriatriefest ist.

Ein Krankenhaus steckt voller Technik. Auch im Krankenzimmer ist das so. Und dann ist es gut, wenn man kein achtzehnjähriger Technikfreak sein muss, um Notruf, Telefon und Fernseher bedienen zu können. Es ist gut, wenn das auch ein Achtzigjähriger hinkriegt. »Wenn Du im Krankenhaus bist«, so hat einmal ein schwerkranker Freund geklagt, »hast Du keine Privatsphäre mehr«. In jedem Hotel, so meinte er, gebe es ein Schild »Bitte nicht stören«. Im Krankenhaus gibt es das nicht, da kann jeder jederzeit hereinkommen, auch wenn man gar keinen Besuch will. Es muss auch im Krankenhaus eine Privatsphäre geben. Das ist ein kleiner, aber wichtiger »Würde-Punkt«. Die Würde des Menschen ist unantastbar. Das darf man hier auch einmal ganz körperlich, ganz leiblich verstehen. Wo sonst wird man so viel angetastet und abgetastet wie im Krankenhaus und beim Arzt? Bei diesen Vorgängen ist nicht nur der Mensch, sondern auch seine Würde antastbar.

Heilen und Trösten

Das Krankenhaus und die Arztpraxen sind wichtige Orte, mit die wichtigsten Orte, an denen sich dieser Haupt- und Eingangssatz des Grundgesetzes bewähren muss. Das Gesundheitswesen darf keine Fabrik sein, in der das Wichtigste ist, dass dort Geld gemacht wird. Das Krankenhaus wie die Arztpraxis muss ein Ort sein und bleiben, in dem geheilt wird. Die Würde des Menschen ist unantastbar. Um diese Würde geht es im Krankenhaus, um die Würde im Leben und im Sterben. Jede Reform muss sie achten und schützen.

Kaiser Joseph II., ein Sohn der Kaiserin Maria Theresia, hat im Foyer der im Jahr 1784 in Wien neu errichteten Frauenklinik eine Tafel mit folgender Aufschrift anbringen lassen: »In diesem Haus sollen die Patienten geheilt und getröstet werden«. Wir brauchen viele solcher Tafeln. Wir brauchen den Geist und auch das Denken, das in diesen Worten steckt: »In diesem Haus sollen die Patienten geheilt und getröstet werden!«

Aus einem Vortrag zum 70. Jubiläum des Caritas-Krankenhauses in Bad Mergentheim am 8. Oktober 2016

Die zehnte Lobpreisung – sie steht nicht in
der Bergpredigt: Selig sind die Unruhegeister,
denn sie werden uns die Heimat erhalten.

Hoffen auf produktive Unruhe

Naturschutz als Exempel:
Was Biber und Bürger bewegen können.

D er Bund Naturschutz hatte mir ein Paket mit Zeitschriften und sonstigen Materialien geschickt – darunter war auch ein Prospekt über den Biber. Und darin standen nun spektakuläre Dinge zu lesen. Was der Biber so alles kann: »Mit seinen selbst schärfenden Nagezähnen und unglaublicher Bisskraft bearbeitet er Baumstämme, als wären es Karotten.« So komme er, zumal im Winter, an die nahrhafte Rinde von dünnen Ästen und Zweigen; und dann nutze er die abgenagten Äste und Bäume als Baumaterial. Der Biber, so hieß es, sei ein ökologischer Baumeister – ein Freund und Helfer, der neue Feuchtgebiete schaffe und damit ein kleinräumiges Mosaik verschiedener Biotope, ja er arbeite »Hand in Pfote« mit der Wasserwirtschaft beim Aufbau eines naturnahen dezentralen Hochwasserschutzes. Zusammenfassung: Wo immer der Biber anpacke, »macht er die Landschaft abwechslungsreicher«.

Das würde man vom Menschen auch gern sagen, dass der, wo immer er anpackt, die Landschaft abwechslungsreicher macht. Was Biber alles bewegen können. Sie sind sozusagen ein Vorbild für die Bürger, die etwas bewegen wollen. Die Biber sind auch ein Vorbild für den Bund Naturschutz, unter anderem deswegen, weil sie nicht erst, wie dieser, seit hundert, sondern schon seit 15 Millionen Jahren in Bayern nagen. Der Biber kann, je nach Härte des Holzes, in einer Nacht einen fünfzig Zentimeter dicken Baum fällen.

15 Millionen Jahre nagen

Beim Nachdenken über diese Meisterleistung am harten Holz kann einem der Soziologe Max Weber einfallen. Der hat 1919, also sechs Jahre nach der Gründung des Bund Naturschutz, in einer Schwabinger Buchhandlung seinen Vortrag »Politik als Beruf« gehalten. Darin findet sich der berühmte Satz über die Politik, die »ein langsames Bohren von harten Brettern mit Leidenschaft und Augenmaß zugleich« bedeute. Ob Max Weber, als er das schrieb, an den Biber gedacht hat? Beim Bearbeiten von Hartholz ist der Biber gewiss ein Vorbild für jeden Politiker und für jeden engagierten Bürger auch: »Die selbstschärfenden Zähne«, so steht es im Prospekt vom Bund Naturschutz, »sind wahre Stemmeisen; mit einer Kraft von 120 Kilopond schneiden sie sogar Eichenholz«. Von einem so effizienten Umgang mit harten Brettern kann der bayerische Ministerpräsident nur träumen. Auf diese Weise wird das *animal laborans* zum Vorbild für jeden *homo politicus*.

Bürger in Bewegung

Was Biber bewegen können. Was Bürger bewegen können. Demnächst soll in Berlin ein Einheitsdenkmal aufgestellt werden; es heißt: »Bürger in Bewegung.« Eine himmelwärts gebogene Waagschale soll an 1989 und 1990 erinnern, die Besucher können diese Schale begehen und bewegen. Ein Denkmal für »Bürger in Bewegung«: Das klingt so, als habe die offizielle Politik für Bürger in Bewegung viel übrig. Das stimmt aber nicht unbedingt. Die Bewegung des Bürgers wird übli-

cherweise erst dann gepriesen, wenn sie wunschgemäß ver-
laufen und wieder vorbei ist. Die Proteste gegen die Pershing-
raketen im Hunsrück in den achtziger Jahren und später
gegen den Castor im Wendland gehörten nicht unbedingt zu
den Bewegungen, über die man sich in den Parlamenten freu-
te – obwohl Gruppierungen wie die »Bäuerliche Notgemein-
schaft« den Atomausstieg mit herbeidemonstriert haben.
Auch die Menschen, die immer wieder gegen Stuttgart 21 pro-
testiert haben, wurden nicht als »Bürger in Bewegung« gelobt, sondern von vielen in die Parlamente gewählten Bürgern
als verbohrte »Wutbürger« diskreditiert. In Deutschland ist
die einzelgängerische Demokratie die gerngesehene Demokratie. Wenn sich die Individuen auf Straßen, Plätzen oder im
Internet zusammentun, dann gilt das immer noch als eher
suspekt.

Gegen die Vermarktung der Natur

Artikel 8 Grundgesetz, die Versammlungs- und Demonstrationsfreiheit, bewahrt das Erbe der aufregenden Zeiten, in denen die deutsche Demokratie auf den Straßen vorbereitet und
erkämpft worden ist. Dieses Wissen ist ziemlich verlorengan-
gangen. Die staatlichen Reaktionen auf die Proteste gegen
G-8-Gipfel (wie im Jahr 2007 in Heiligendamm) oder auf die
Proteste gegen den Castor oder Stuttgart 21 zeigen das deutlich. Ein braver Bürger hält angeblich das Maul und wird der
repräsentativen Politik nicht lästig – das ist, entgegen anders-
lautenden politischen Sonntagsreden, herrschende politische
Meinung. Er müsste aber willkommen sein, hoch willkommen: der Bürger, der mitreden und gestalten will, der das Gemeinwesen zu seiner Sache macht – mit Herz, Mund und Händen, wie es im alten Kirchenlied heißt. Die Demokratie braucht
neue Kraft. Die repräsentative Demokratie braucht direkte
Kräftigung. Sie muss zur partizipativen Demokratie werden.

Was Bürger bewegen können. Die Bürgerinnen und Bürger, die im Bund Naturschutz arbeiten, haben viel bewegt – vor allem seit 1969. Damals begann der Bund Naturschutz sich vom eher geselligen Verein zum politischen Interessenverband zu wandeln; seit damals legt der Bund Naturschutz Wert auf seine Unabhängigkeit von Staat und Verwaltung; seit damals entwickelt der Bund Naturschutz seine eigenen Formen des legalen zivilen Ungehorsams – gegen Baumaßnahmen, Rodungen, gegen die Vermarktung von Natur. Seit damals haben sich die Mitgliederzahlen vom Bund Naturschutz multipliziert. Das würden die politischen Parteien von sich auch gerne sagen. Aber ohne Mobilität gibt es keinen Mobilisierungsschub.

Widerstand gegen den Beton

Die Erfolge des Bund Naturschutz fußen nicht auf lautstarker Agitation, sondern auf kluger Aktion. Als die studentischen Achtundsechziger noch Ho-Ho-Ho-Chi-Min riefen, kaufte der Bund Naturschutz schon Sperrgrundstücke. Wie ein guter bürgerlicher Widerstand aussieht: das kann man im Bund Naturschutz erleben und erfahren. Was Bürger bewegen können, das hat dieser Bund in den vergangenen Jahrzehnten schon ziemlich eindrucksvoll gezeigt. Oft bestand diese Bewegung im phantasievollen Widerstand gegen den Beton: Verhindern, dass eine vermeintlich goldene Zukunft herbeibetoniert wird – das ist, wie sich zeigt, eine Daueraufgabe.

Bäche, Brachen, Tümpel

Jüngst wurden die Pläne der Energieallianz Bayern bekannt, auf dem Jochberg ein gigantisches Pumpspeicherkraftwerk zu errichten. Die Jochbergalm verschwindet dann unter zwei Millionen Kubikmeter Wasser. Der Jochberg ist nicht nur am

Walchensee. Er ist überall. Man kann die Natur nicht einfach der Wirtschaft und der Parteipolitik überlassen. Es ging und geht darum, das Verschwinden von Natur zu verhindern, geht darum, der Natur zu ihrem Recht zu verhelfen. Es geht darum, dass Kinder durch Erfahrung lernen dürfen, welcher Reichtum verschwindet, wenn Klatschmohn, Kaulquappen, Bäche, Brachen und Tümpel immer weniger werden.

Geburtstage der Demokratie

Was Bürger bewegen können. Es gibt Politiker, denen es reichen würde, wenn die Bürger nur alle paar Jahre einmal etwas bewegen – und dann bitte nur sich selbst, nämlich zum Wahllokal. Es gibt wirklich Leute, die die Demokratie für eine Kiste halten: 90 Zentimeter hoch und 35 Zentimeter breit. Oben hat die Demokratie einen Deckel mit Schlitz. Alle paar Jahre, in Deutschland immer an einem Sonntag, kommen die Leute zu diesen Kisten. Jede dieser Kisten heißt Urne, also genauso wie das Gefäß auf dem Friedhof, in dem die Asche von Verstorbenen aufbewahrt wird. Wahlurne – das ist ja eigentlich wirklich ein merkwürdiger Name, denn die Demokratie wird ja an diesen Wahltagen nicht verbrannt und beerdigt. Im Gegenteil: Sie wird geboren, immer wieder neu, alle paar Jahre. Wahltage sind so etwas wie die Geburtstage der Demokratie. Aber Demokratie erschöpft sich nicht in der Feier dieser Geburtstage. Demokratie ist viel mehr als eine Wahl; sie findet an jedem Tag statt. Demokratie muss den Alltag prägen. Demokratie ist nämlich nicht nur ein Wahlsystem, sie ist ein Betriebssystem, sie ist das erfolgreichste, beste und friedlichste Betriebssystem, das es für ein Land gibt. Demokratie ist ein Betriebssystem, bei dem alle, die in einem Land wohnen, etwas zu sagen haben: Jeder hat eine Stimme, keiner ist mehr wert als der andere, alle sollen mitbestimmen, was zu geschehen hat – und zwar nicht nur alle vier oder fünf Jahre.

Demokratie ist eine Gemeinschaft, die ihre Zukunft miteinander gestaltet – nach Regeln, über die man miteinander abgestimmt hat und die man auch miteinander fortentwickelt. Der Bund Naturschutz hat schon ganz schön viel entwickelt – von Bürgeraktionen bis hin zum Verbandsklagerecht. Der Bund Naturschutz hat gezeigt, dass es nicht gut ist, ruhig zu bleiben, wenn der Naturschutz unter die Räder kommt. Er hat gelehrt, dass bürgerliche Unruhe eine produktive Unruhe ist. Er hat gelehrt, dass der Unruhegeist ein demokratisches Elixier ist. Dieser Unruhegeist ist der Spirit einer Zivilgesellschaft – die Anreger und Aufreger braucht. Ohne den Bund Naturschutz gäbe es keinen Nationalpark Bayerischer Wald. Stattdessen gäbe es aber eine Donaustaustufe in der Weltenburger Enge, eine Autobahn quer durch das Fichtelgebirge und ein paar Atomkraftwerke mehr in Bayern. Natürlich hat der Bund Naturschutz nie allein agiert; er hat sich mit den Bürgerinitiativen und mutigen Aktiven vor Ort verbündet.

Ein deutscher Rütlischwur

In diesen Bündnissen findet und fand man Anschluss an die frühen demokratischen Jahre, an die zornigen, leider ziemlich vergessenen Jahre kurz vor der Mitte des 19. Jahrhunderts, an die Jahre also, als die Deutschen die Straße als den Ort des Protestes entdeckten, als sich Erbitterung und Empörung über Behörden, Majestäten und Fabrikherren Luft machten in Protestmärschen, Demonstrationen und Manifestationen. Die Menschen damals, vor 165 Jahren, beschlossen, sich nicht mehr alles gefallen zu lassen. Es war dies ein deutscher Rütlischwur.

Die Hungrigen – so war das damals 1848/49 – wogen in den Bäckereien das Brot nach; war es in Ordnung, zog man weiter, war es zu leicht, wurde es genommen und verteilt. In hunderten Volksversammlungen wurde damals, vor 165 Jahren, zu

Zeiten der bürgerlichen Revolution über Gott und die Welt, den Straßenbau, die Industrieverschmutzung und über das allgemeine Wahlrecht gestritten. Artikel 8 des Grundgesetzes, die Versammlungs- und Demonstrationsfreiheit, bewahrt das Erbe der aufregenden Zeiten, in denen die deutsche Demokratie auf den Straßen vorbereitet und erkämpft worden ist. Diese Proteste damals waren eine politische Volks-Schule, man lernte zusammen mit den Studierten das Abc der demokratischen Rituale. Die Vertreter der herrschenden, konservativen Mächte wurden unruhig und schürten deshalb die Angst vor dem, was sie Umtriebe nannten. Sie schlugen die bürgerliche Revolution nieder: Ruhe war wieder Bürgerpflicht.

Unruhe ist etwas anderes als Randale

Das blieb dann ziemlich lange so: Ruhe ist die erste Bürgerpflicht, Unruhe eine Pflichtverletzung. Das wurzelt immer noch ein wenig im kollektiven Hintergrundbewusstsein. Unruhe hat einen schlechten Ruf in Deutschland. Unruhe wird in der Politik oft sehr schnell mit Gewalttätigkeit gleichgesetzt. Öffentliche Unruhe bedeutet aber nicht brennende Autos. Unruhe ist etwas anderes als Randale. Es gibt höchst sozialverträgliche, voranbringende Formen der Unruhe – sie tragen die innere Unruhe über gesellschaftliche Missstände protestierend auf die Straße. Der Bund Naturschutz im Verein mit Bürgerinitiativen hat in den vergangenen Jahrzehnten immer wieder gezeigt, wie das geht.

Die Zeit des Reichsforstmeisters

Man darf Unruhen nicht mit Unruhe verwechseln. Öffentliche Unruhe ist nicht per se gewalttätig, wie es die Autoritäten immer wieder glauben machen wollen. Das war 1832 nicht so, als die unruhigen Bürger aufs Hambacher Schloss zogen. Das war

1848 nicht so, als die wildesten Aktionen nicht etwa die Er-
stürmung von Rathäusern und Fabriken waren, sondern die
Veranstaltung von Katzenmusiken vor den Häusern von Politikern und Fabrikherren. Das war auch 1989 nicht so, als die
Bürgerinnen und Bürger der DDR sich ihre Freiheit erkämpf-
ten und das verwirklichten, was schon die Revolutionäre von
1848 gewollt hatten: Einheit in Freiheit. Und die Unruhe war
friedlich, als Bürgerinnen und Bürger ihren Repräsentanten
mühselig ökologische Verantwortung beigebracht haben. Die
gewalttätigsten Zeiten waren in Deutschland diejenigen, in
denen der NS-Staat keinerlei Unruhe geduldet hat; der Bund
Naturschutz spielt leider in dieser Zeit, als der »Reichsforst-
meister« Hermann Göring hieß, keine gute Rolle.

Unruhegeister, Unruhestifter

Die Zeiten widerständig-produktiver demokratischer Unruhe waren kurz in der deutschen Geschichte. Deutschland hat Unruhe nie lang ausgehalten: Der Zug der zornigen Bürger aufs Hambacher Schloss, der Widerstand gegen
die Bismarck'schen Sozialistengesetze, der Sturz der Mon-
archie nach dem Ersten Weltkrieg, die Errichtung der ersten
deutschen Demokratie, die großen Proteste gegen Wiederbe-
waffnung und Notstandsgesetze in der Bundesrepublik – in
Deutschland hat das alles zu wenig Platz im öffentlichen Bewusstsein. Es war bisher so, als schäme man sich hierzulande
für die Tage der Fundamentalpolitisierung der Bevölkerung.

Vielleicht ändert sich das jetzt – seitdem die Bürger mit der
Verhinderung von umweltzerstörenden Monsterprojekten Erfolge feiern. Die Proteste gegen Wyhl, Wackersdorf und Gorle-
ben waren und sind Exempel des Bürgermuts und der Zivilcourage. Und die Kirchenasylbewegung war und ist so etwas
wie ein Exekutivorgan des Artikels 1 Grundgesetz: Die Würde
des Menschen ist unantastbar. Wer hat den politischen Reprä-

sentanten in Deutschland ökologische Verantwortung beigebracht? Es waren Unruhegeister und Unruhestifter. Es waren
Menschen, die einer zerstörenden Bewegung und einer zerstörenden Unruhe ihre bewahrende Bewegung und schützende
Unruhe kämpferisch entgegengesetzt haben.

Solche Unruhegeister sind Leute, die nicht akzeptieren wollen, dass man mit der Naturzerstörung einfach in Ruhe so wei-
termacht wie bisher. Unruhegeist ist ein demokratisches Elixier.

Der Stolz auf die Bürgerrechte

Als 1992 der neue Münchner Flughafen eingeweiht wurde, ging
der damalige bayerische Ministerpräsident Max Streibl mit
den Journalisten stolz und beseelt durch die großen Hallen.
Alles war blitzblank, weitläufig, weltläufig und edel; am Boden
glänzte der polierte Granit, an den Wänden prangte moderne
Kunst, aus den Lautsprechern klangen die Weltsprachen. Als
die Besichtigung nach zwei Stunden zu Ende war, fragte ein
Journalist den Ministerpräsidenten, ob er in all dieser Pracht
und Herrlichkeit etwas vermisse. Der Ministerpräsident stutz-
te kurz und sagte dann: »Es ist alles wunderbar, nur: Wenn
man hier ankommt, merkt man doch gar nicht, dass man in
München ist. Es könnte sich genauso um den neuen Flughafen
in Paris oder in Melbourne handeln. Woran soll man denn hier
erkennen, dass man in München gelandet ist?« Ein Kollege
schlug ihm daraufhin vor, man könne doch die nächste Lande-
bahn »in Brezenform« errichten. Das Gelächter war groß.

Wenn man dieser Geschichte nachhört, dann klingt hinter
der Lustigkeit der Begebenheit und der vermeintlichen Pro-
vinzialität des Politikers etwas sehr Ernsthaftes, Wichtiges,
Grundsätzliches. Die Geschichte führt zu einer Frage, die für
ein freiheitliches, soziales und demokratisches Gemeinwesen
noch sehr viel wichtiger ist als für einen Flughafen: Was ist das
Besondere, was ist das Erkennungszeichen, das ganz Unver-

wechselbare an einem Rechts- und Sozialstaat? Was ist der Kern, der Wesensgrund unserer Verfassung? Was sollte das Kostbare sein an dem Staat, den das Grundgesetz, das Bundesverfassungsgericht, die Gewerkschaften, die Parteien, die Kirchen, die Volkshochschulen, die Bürgerinitiativen, die Wohlfahrtsverbände, der Bund Naturschutz und die Zivilcourage der Bürgerinnen und Bürger geschaffen haben? Es sind drei Dinge: erstens ein ausgeprägtes Freiheitsbewusstsein, also ein Stolz auf die Bürgerrechte. Zweitens das Bewusstsein von sozialer Gerechtigkeit, also das Grundgefühl, dass es einigermaßen gerecht zugeht in diesem Land. Und drittens der Glaube daran, dass man in einer Demokratie die Zukunft miteinander gestaltet. Miteinander! Das heißt, dass die deutsche Demokratie keine Veranstaltung für Besserverdienende oder für eine sogenannte Elite ist. Demokratie muss von allen (oder jedenfalls von möglichst vielen) gelebt werden, sonst funktioniert sie nicht gut. Demokratie ist ja nicht etwas, was 1949 zusammen mit dem Grundgesetz vom Himmel gefallen ist.

Idiotie – der Rückzug ins Private

Demokratie muss man lernen, immer wieder, und immer wieder neu. Wie geht Demokratie? Die griechische Antike nannte den Rückzug ins Private Idiotie, der unpolitische Mensch war der Idiot. Vereine wie der Bund Naturschutz verhindern den Rückzug ins Private. Sie haben Platz für alle, die kleine oder große, die stille oder beherzte Schritte für Gemeinwesen und Natur tun wollen. Beim Bund Naturschutz ist der öffentliche Protest so gut aufgehoben wie die Waldsäuberungsaktion und der Bau von Vogelkästen. Demokratie muss man lernen und erfahren – so wie die Liebe zur Heimat und zur Natur auch. Demokratie beginnt in der Schule, sie ist ein Lebensprinzip. Auch der Bund Naturschutz ist eine Schule der Demokratie, eine Schulung in Demokratie, denn das Lernen der Demokratie ist ja learning by doing, Lernen in der Praxis, durch das praktische Tun. Arbeit gehört zum Leben und zum Wesen des Menschen. Deshalb darf die Demokratie auch nicht an den Werkstoren und an den Eingangstüren unserer Büros enden. Demokratie muss gelernt werden, immer wieder, so früh wie möglich, tagtäglich, ein Leben lang. Demokratie ist das ständige Nachdenken und Mitreden darüber, wie das Zusammenleben am besten geht. Demokratie funktioniert nicht gut, wenn immer mehr Menschen nicht oder nicht mehr mitmachen, weil sie glauben, man habe ja eh keinen Einfluss, und die Politiker machten ohnehin, was sie wollen. Demokratie funktioniert nur dann gut, wenn die Politiker, die gewählt worden sind, im Gespräch bleiben mit denen, die sie gewählt haben – und wenn die Bürger Interesse an diesem Gespräch zeigen.

Das versiegelte Land

Demokratie beginnt mit der Übernahme von Verantwortung. Und Verantwortung hat mit Antwort zu tun. Etwas verantworten bedeutet, der Gesellschaft Rechenschaft abzulegen für sein Tun, ihr eine Antwort zu geben: Verantworten heißt antworten. Verantworten heißt: sich von Dritten zur Rechenschaft ziehen zu lassen. Wer behauptet, nur für und vor sich selbst verantwortlich zu sein, handelt daher unverantwortlich. Zur politischen und gesellschaftlichen Verantwortung gehört also zuallererst die Antwort auf die große Frage: In welcher Gesellschaft wollen wir eigentlich leben? Wie wäre es mit einer Gesellschaft, die Heimat sein kann für Mensch und Tier? Wie wäre es mit einer Gesellschaft, in der die Natur noch Natur bleiben kann? Wenn die letzten Ausgleichsflächen verschwunden sind, ist es vorbei. Dann ist aus Deutschland ein flächendeckend versiegeltes Gewerbegebiet geworden.

Demokratie muss man lernen, europäische Demokratie ganz besonders. Die Menschen in Europa wollen spüren, dass diese

Europäische Union für sie da ist und nicht vor allem für Banken und den internationalen Handel. Sie wollen unter Sicherheit nicht nur die innere, sondern auch die soziale Sicherheit verstehen. Die Privatisierung von sozialer und ökologischer Verantwortung ist kein guter Weg für Europa. Diesen Weg sollte die EU so nicht weitergehen. Sie sieht noch immer fast alles durch die Brille der Wettbewerbsfreiheit. Deshalb kommen ökosoziale Belange, deshalb kommt das Gemeinwohl zu kurz. Wenn der Staat seine Aufgaben abwirft wie der Baum die Blätter im Herbst, wenn sich der Staat immer kleiner macht, dann wird auch der Bereich, den die Wähler mitbestimmen können, immer kleiner. Zu viel Entstaatlichung wird also zur Gefahr für die Demokratie. In dem Maß zum Beispiel, in dem kommunale Versorgungsbetriebe entkommunalisiert wurden, verlor die Kommune die Funktion, die sie hatte: Sie ist dann nicht mehr Schule der Demokratie, sondern Zwergschule. Europa muss noch lernen, dass nicht alle öffentlichen Güter dem privaten Wettbewerb zum Fraß gegeben werden dürfen. Und die Rechtsangleichung in Europa darf nicht unter das Motto gestellt werden, wie der Mensch noch fungibler für Wirtschaft und Wettbewerbsfähigkeit wird. Soeben hat sich die EU-Kommission dem Protest von mehr als 1,5 Millionen Europäern gegen die Privatisierung der Wasserversorgung gebeugt. Sie will nun die Wasserversorgung aus dem Entwurf ihrer geplanten EU-Konzessionsrichtlinie herausnehmen. Das ist ein wunderbarer Erfolg der ersten europäischen Bürgerinitiative. Das gibt Hoffnung.

Die Einwanderung des Bürgers ins bürgerliche Recht

Ruhe ist nicht mehr erste Bürgerpflicht. Produktive Unruhe ist erste Bürgerpflicht. Die moderne Zivil- und Protestgesellschaft erhitzt und informiert sich im Internet, dort konstituiert und organisiert sie sich, findet sie Zuspruch, verschafft sie sich Expertenwissen. Sie wird diskussionsfähig und streitbar – also politisch. Bürger ist der Bürger nach herkömmlichem altem Verständnis vor allem im bürgerlichen Recht, also dort, wo er, geregelt vom Bürgerlichen Gesetzbuch, mit seinesgleichen umgeht, Verträge schließt und Geschäfte macht; im Bürgerlichen Recht sind Schlichtungen gang und gäbe. Im gesamten öffentlichen Recht aber, dort also, wo der Staat agiert, gibt es den »Bürger« nur ausnahmsweise; es gibt stattdessen Wähler, Betroffene, Beteiligte und Dritte, es gibt Eigentümer, Entschädigungsberechtigte und Entschädigungspflichtige. Und in den meisten Lehrbüchern des Staats- und Verfassungsrechts ist es ähnlich: In den älteren Auflagen findet sich der Bürger nicht einmal im Stichwortverzeichnis; in den mittleren Auflagen findet man ihn als Kollektiv, nämlich als Bürgerinitiative. In die neueren Auflagen ist der Bürger dann endlich eingewandert, wohl deshalb, weil das Bundesverfassungsgericht immer öfter vom »Recht des Bürgers« spricht. Der Bürger ist das Subjekt der Demokratie.

Tarnung der Bequemlichkeit

Wer die Projekte der Zivilgesellschaft studiert, der entdeckt einen Reichtum an Ideen und Engagement, der die viel zitierten Nachtgedanken Heinrich Heines vertreibt. Nein, man ist nicht um den Schlaf gebracht, wenn man in der Nacht an Deutschland denkt. Es stimmt auch nicht, dass man eh nichts machen kann. Es stimmt nicht, dass die Probleme der modernen Gesellschaft so groß, so unübersichtlich und komplex sind, dass man besser gar nicht anfängt, sie anzupacken. Es stimmt nicht, dass die Übernahme von Verantwortung eine aussichtslose, heillose Sache ist. Das alles sind Ausreden, das alles sind Sätze zur Tarnung der Bequemlichkeit. Der Bund Naturschutz ist Beispiel dafür, wie sich mit großen und kleinen Aktionen Zivilgesellschaft gestalten lässt. Er lädt in so vielen Ortsverbänden Alte und Junge, Eltern und Kinder ein, gemeinsam Verantwortung zu übernehmen für die Natur. Er ist mit vielen seiner Veranstaltungen ein Ort einer neuen Lernkultur. Es geht in einem ganz umfassenden Sinn um die Wohlfahrt dieser Gesellschaft. Wohlfahrt ist nicht Dekadenz, sondern das Ergebnis der Übernahme von Verantwortung.

Die zehn Seligpreisungen

Der römische Dichter Ovid hat gesagt: Glücklich ist, wer das, was er liebt, auch wagt mit Mut zu beschützen. Wer sich in Bürgerinitiativen und Vereinen engagiert, der kennt die Mühen des Beschützens, der weiß, wie viel Zeit und Energie, wie viel Überwindung dafür aufgebracht werden müssen. Er kennt aber hoffentlich auch das damit verbundene Glück. In der Bergpredigt stehen neun Seligpreisungen. Zu einem hundertjährigen Jubiläum darf man vielleicht, ohne als blasphemisch zu gelten, heute eine zehnte hinzufügen – eine Lobpreisung der wackeren Demokraten: Selig sind die Unruhegeister, denn sie werden uns die Heimat erhalten.

Auszüge aus der Festrede zum 100. Jubiläum des Bund Naturschutz in Bayern am 29. 6. 2014 im Prinzregenten-Theater München

Hätte Angela Merkel die Flüchtlinge im Spätsommer 2015 mit Gewalt aufhalten sollen? Hätte sie die Richtlinien der Politik mit Reizgas bestimmen sollen?

Hoffen auf Politik

Angela Merkels Politik der drei Wörter: »Wir schaffen das!«

S ie hätte etwas anderes sagen können. Sie hätte sagen können: »Ich kann mich doch von weinenden Kinderaugen nicht erpressen lassen.« Österreichs Innenministerin Johanna Mikl-Leitner hat so dahergeredet; und es gab auch deutsche Staatsschützer, die so gesprochen und mit solchen Sätzen Herzlosigkeit als angebliche Verantwortungsethik gepriesen haben: Deutschland müsse ein Exempel statuieren. Dosierte Brutalität sei besser als undosierte Aufnahmepolitik.

Eine ungehaltene Rede

Hätte Angela Merkel also im Spätsommer 2015 das Herz und die Grenzen dichtmachen sollen? Hätte sie die Bundespolizei zur Flüchtlingsabwehr antreten lassen und die Richtlinien der Politik notfalls mit Reizgas, Schlagstöcken und Wasserwerfern bestimmen sollen? Hätte die Kanzlerin die Flüchtlinge mit Gewalt aufhalten, hätte sie Tote und Verletzte in Kauf nehmen müssen? Tote Flüchtlingskinder nicht am türkischen Strand bei Bodrum, sondern an der deutschen Grenze bei Passau? Hätte sie dann im Fernsehen, zusammen mit

Vizekanzler Sigmar Gabriel und Bundesinnenminister Thomas de Maizière, eine Erklärung abgeben müssen, um mit entschlossener Miene für die harte Linie zu werben: »Liebe Landsleute, diese Bilder sind nicht schön. Sie tun uns weh. Aber wir können das Leid der Welt nicht aufnehmen; es ist zu groß. Unser Land war lange großzügig. Aber die Grenze der Belastbarkeit ist erreicht. Deshalb wollen wir nun die Grenzen schließen und schützen. Die Mittel, die wir dabei einsetzen müssen, gefallen uns nicht. Es gibt leider keine anderen. Wir müssen diese Not, wir müssen diese Bilder gemeinsam aushalten um der Stabilität und der Ordnung in Europa willen. Deutschland hat, zusammen mit Österreich, Ungarn und anderen Staaten der Balkanroute, die Achse der tätigen Vernunft gebildet. Sie wird dafür sorgen, dass sich die Situation an unseren Grenzen beruhigt. Wir werden die Vereinten Nationen bitten, sich um die Flüchtlinge noch intensiver zu kümmern und wir werden die finanziellen Mittel für die UN-Flüchtlingshilfe deutlich erhöhen.«

Keine Probleme mit der AfD

Hätte es eine solche Politik, hätte es eine solche Erklärung gegeben – Deutschland wäre heute ein anderes Land, ein ungarisches: Aus dem Grundgesetz wäre vor Scham der Artikel 1 verschwunden, und es gäbe Untersuchungsausschüsse, um herauszufinden, wo er geblieben ist. Aber Merkel hätte heute, so sie bei solcher Politik Kanzlerin geblieben wäre, keine Probleme mit der AfD; dann wäre sie ja selbst AfD. Und die Wahl im September 2016 in Mecklenburg-Vorpommern wäre eine stinknormale Landtagswahl gewesen, für die sich kaum jemand interessiert hätte. Es kam anders: In Mecklenburg-Vorpommern gibt es zwar nur 1,3 Millionen Wahlberechtigte, etwa so viele wie in Hamburg. Aber dort liegt der Merkel-Wahlkreis; deshalb hatte diese Wahl, ein Jahr nach »Wir

schaffen das«, ein Jahr nach Aufnahme der von Ungarn miss-
handelten Flüchtlinge, Symbolkraft – obwohl die Kanzlerin
dort in für sie weniger stürmischen Zeiten auch nicht gut ab-
geschnitten hat (Anmerkung: Bei der Landtagswahl in Mecklenburg-Vorpommern am 4.September 2016 erzielte die SPD
30,6 Prozent, die CDU mit 19,0 landete erst hinter der AfD mit
20,8 Prozent auf Platz 3).

Das Entsetzen vom 27. August

»Wir schaffen das«: Diese 14 Buchstaben sind ein Jahr lang
gedreht, gewendet, geschüttelt, gelobt und gegeißelt worden.
War das einfach ein Mutmach-Satz für Staat, Gesellschaft
und Europa? War das eine Einladung an Flüchtlinge? Ein Ver-
sprechen, gar eine Verheißung? Der kleine Satz war eine Reaktion auf pöbelhafte Beleidigungen gegen die Kanzlerin im
sächsischen Heidenau. Er war eine Reaktion auf das Entsetzen vom 27. August, als auf der österreichischen Autobahn A 4
bei Potzneusiedl ein Lastwagen voller Leichen entdeckt worden war. Er war eine Reaktion auf das Massensterben im Mittelmeer.

Ein Funken Hoffnung

Wir schaffen das: Es war ein Appell an die Menschlichkeit.
Der Satz war Ausdruck einer anständigen inneren Haltung,
die noch kein Programm war und lange zu keinem Programm
führte; auch deswegen nicht, weil die Aufnahme- und Inte-
grationspolitik in Merkels eigener Fraktion sabotiert wurde.
Bisweilen konnte man den Eindruck haben, dass von einem
Teil der politischen Bürokratie Chaos in Kauf genommen wurde, um Merkels Aufnahmepolitik zu diskreditieren und eine
neue Abschreckungspolitik vorzubereiten; die wurde, unter
dem Mantel des »Wir schaffen das«, in den letzten Monaten

legislativ verwirklicht. Noch nie in der bundesdeutschen Geschichte war das Flüchtlingsrecht so scharf wie heute.

Wir schaffen das: Angela Merkel hat zu wenig Politik mit ihrem Satz gemacht. Aber dieser Satz wurde zeitweise zu einem Funken der Hoffnung für Hunderttausende Hoffnungsflüchtlinge; das hat neue Probleme geschaffen. Merkel hat ihren Satz trotzdem stehen und sich von schlechten Umfragewerten nicht abbringen lassen. Das ist Haltung – wie sie die Merkel-Kritiker sonst von Politikern fordern. Gewiss: Haltung ersetzt nicht gute Politik. Aber sie ist die Voraussetzung dafür. Im Gezeitenspiel der Stimmungen, im Wechsel vom Hui der Münchner Hauptbahnhofszenen vom September und dem Pfui der Kölner Hauptbahnhof-Szenen von Silvester, lässt sich sonst keine verlässliche Politik machen.

Politik der 15 Buchstaben

Ein Jahr nach Merkels 14 Buchstaben ist die Gesellschaft zerrissen, sie ist partiell schwer verängstigt. Eine Politik der 15 Buchstaben wäre jetzt notwendig: »Entängstigt euch!« Das funktioniert nur auf der Basis einer Leitkultur, die auf den Werten des Grundgesetzes aufbaut. Und das funktioniert nur dann, wenn sich die Menschen beheimatet und geschützt fühlen. Dann haben sie Kraft, selbst Schutz zu geben. Jeder zehnte Deutsche engagiert sich ehrenamtlich für Flüchtlinge. Das ist außergewöhnlich; das ist spektakulär. Das kommt im politischen Alltag viel zu kurz; der ist fixiert auf AfD und Pegida.

Es wird zu wenig geredet, geschrieben und gesendet von denen, die nicht damit protzen, angebliche Tabus zu brechen. Es gibt Zigtausende von Menschen in Deutschland, die den Flüchtlingen helfen beim Deutschlernen, beim Umgang mit den Behörden, beim Fußfassen in diesem Land. Sie handeln, wie sie selbst, wären sie Flüchtlinge, behandelt werden wollten. Das ist Mikropolitik, aber ohne diese Mikropolitik bleibt alles Reden von Integration Gerede. Zivilgesellschaftliches Handeln ist die Addierung und die Potenzierung von Mikropolitik. Diese Mikropolitik hat daher, wenn es gut geht, nicht nur die Kraft, einzelne Leben zu ändern, einzelne Schicksale zu verbessern, sie hat auch die Kraft, die Makropolitik Europas zu verändern, sie nämlich so zu verbessern, dass sie ihre nationalen Egoismen aufgibt.

Neue Bäcker braucht das Land

»Wir schaffen das«: Das konkretisiert sich im Konkreten. Ich habe vor einiger Zeit ein großes Berufsbildungswerk für Jugendliche in Abensberg in Niederbayern besucht. Dort werden Jugendliche ausgebildet, die als Flüchtlinge nach Deutschland gekommen sind. Die Ausbilder dort machen wunderbare Erfahrungen: Trotz traumatischer Erlebnisse in der alten Heimat, trotz einer völlig anderen Herkunftskultur, trotz aller Fremdheit haben es Jugendliche binnen eines knappen Jahres, oft gar nur innerhalb von acht Monaten, geschafft, Deutsch zu lernen und sich durch betriebliche Praktika Ausbildungsstellen in den verschiedensten Handwerksberufen zu erarbeiten. Sie schaffen das! Sie schaffen das – als Bäcker, Metzger, Friseure, Maurer, Heizungsbauer, als Maler und Hotelfachleute.

Wie Werte gelehrt und gelernt werden

Bei dieser Art von Fürsorge geschieht mehr, als diesen jungen Flüchtlingen eine Wohnung zu geben und Arbeit zu verschaffen. Es geschieht auch das, was man Wertevermittlung nennt. Wenn es richtig gut geht, dann erlernen die jungen Menschen hier nicht nur Berufe wie Bäcker, Metzger, Friseur, Maurer, Heizungsbauer, Maler oder Hotelfachkraft, sie lernen auch die Werte, für die dieses Land steht: die Gleichstellung der Geschlechter, die Religionsfreiheit, die Religionstoleranz und die Achtung von Minderheiten. All das kann man hundertmal in ein Gesetz schreiben, man kann die kräftigsten Integrationspflichtgesetze schreiben. Junge Menschen lernen all das nicht, weil es im Gesetz steht, sondern wenn und weil sie erleben, dass diese Werte gelebt werden.

Heimat in flüchtigen Zeiten

Der Mensch braucht Heimat auch in flüchtigen Zeiten. Wer seine Heimat verloren hat, der braucht wenigstens ein wenig Heimat in der Fremde. Wir schaffen das. Merkels Satz ist zum historischen Wort geworden. Es steht, vielleicht, hoffentlich, am Beginn des Versuchs, entheimateten Menschen wieder Heimat zu geben; dazu braucht es Einigkeit und Solidarität; es ist dies die Aufgabe des 21. Jahrhunderts. Das wird nicht immer so gehen, wie man es sich idealiter wünscht; der Deal mit der Türkei zeigt das. Und trotzdem: Lieber »Wir schaffen das« als »Wir Deutsche fürchten Gott, aber sonst nichts auf der Welt.« Merkels Satz steht neben dem von Willy Brandt: »Mehr Demokratie wagen.« Drei Wörter. Ein Wort. Ein Auftrag.

Auf der Basis eines Leitartikels, erschienen in der Süddeutschen Zeitung vom 3. September 2016

Abgeordnete sind nur ihrem Gewissen unterworfen, sagt das Grundgesetz. Wenn das so einfach wäre! Abgeordnete, die ihrem Gewissen folgen, müssen bereit zum Risiko sein: Sie können schnell zur Unperson werden.

Hoffen auf innere Weisung

**Wer das Gewissen zu oft bemüht,
nutzt es ab, fast wie eine Seife.
Wer es nie benutzt, ist gewissenlos.**

D er im Jahr 2013 verstorbene SPD-Abgeordnete Ottmar Schreiner, Gott hab ihn selig, war ein besonders
sozialer Sozialdemokrat. Er tat sich daher ungeheu-
er schwer mit der Agenda 2010 seines Bundeskanz-
lers Gerhard Schröder und den sogenannten Hartz-IV-Reformen. Die Schröder'schen Neuerungen verstießen gegen den
Kern seiner politischen Überzeugungen: »Soziale Sicherheit ist
das Fundament der Demokratie.« So sagte es der linke Sozialdemokrat Schreiner immer und immer wieder. In einem bewegenden Buch hat er sich seinen Zorn über Hartz IV und den
Agenda-Weg der SPD, den er für einen Irrweg hielt, von der Seele geschrieben. »Die Gerechtigkeitslücke« heißt dieses Buch.
Der Untertitel: »Wie die Politik die Gesellschaft spaltet«.

An Aufträge und Weisungen nicht gebunden

Fast hätte diese Agenda auch Ottmar Schreiner selbst gespalten. Bei der ersten Abstimmung darüber, am 17. Oktober 2003,
als Kanzler Schröder sein politisches Schicksal mit diesem
»Vierten Gesetz für moderne Dienstleistungen am Arbeitsmarkt« verband, als also das Schicksal der rot-grünen Regie-

rung auf dem Spiel stand, stimmte auch Schreiner zu. Er tat es
blutenden Herzens und schweren Gewissens, wie er bekannte. Und so ermöglichte er es, dass Kanzler Schröder anschließend kommentieren konnte: »Die Koalition steht geschlossen, wenn es darum geht, Deutschland zu modernisieren.«
Die CDU/CSU und die FDP, die heute Schröders Reformen über
den Schellenkönig loben, stimmten damals dagegen. Und erst,
als das Hartz-IV-Gesetz im Vermittlungsausschuss noch weiter verschärft worden war, bei der letzten Abstimmung darüber im Bundestag am 19. Dezember 2003, lehnte sich Ottmar
Schreiner dagegen auf und lehnte ab. Da waren, weil die Zustimmung der Opposition gewonnen war, Kanzler Schröder
und seine rot-grüne Regierung aber nicht mehr in Gefahr.

Die Abgeordneten des Deutschen Bundestags »sind Vertreter des ganzen Volkes, an Aufträge und Weisungen nicht gebunden und nur ihrem Gewissen unterworfen«. So steht es in
Artikel 38 des Grundgesetzes. Das klingt wunderbar klar und
einfach. Aber das Beispiel des Abgeordneten Schreiner zeigt,
dass es so einfach nicht ist. Die Abgeordneten sind nicht nur
ihrem Gewissen, sondern auch ihrer Fraktion und dem Frak-
tionsvorsitzenden unterworfen, ihrer Partei und dem Partei-
chef verpflichtet.

Wer quer im Stall steht

Der Abgeordnete hat eine Doppelstellung. Zum einen ist er,
wie gesagt, Vertreter des ganzen Volkes, an Weisungen nicht
gebunden und nur seinem Gewissen unterworfen. Zum anderen ist er Exponent jener Partei, der er sein Mandat verdankt.
Abgeordnete werden ja nicht nur wegen ihrer Tüchtigkeit gewählt; sie werden auch gewählt, weil sie von einer bestimmten
Partei nominiert worden sind. Und den Parteien wird in Artikel 21 des Grundgesetzes eine große Rolle bei der politischen
Willensbildung des Volkes zuerkannt. Politik ist eine Grup-

penveranstaltung. Und in jeder Gruppe gelten Regeln, zum Beispiel diese: Wer dauernd quer im Stall steht, der wird zum Außenseiter – und beim nächsten Mal zumeist nicht mehr aufgestellt.

Das Leibholz'sche Parteienstaat-Modell

Der einzelne Parlamentarier steht also zwischen zwei Prinzipien, die ihn im Fall eines Konflikts zu zerreißen drohen. Da ist der Artikel 38 Grundgesetz – und da ist der Artikel 21 Grundgesetz. Nur für die Anhänger des Parteienstaates gibt es dieses Dilemma nicht: Sie sind der Ansicht, dass der Parlamentarismus unabhängiger, über den Parteien stehender Abgeordneter ins 19. Jahrhundert gehört. Der Artikel 38 des Grundgesetzes samt freiem Mandat und Gewissen sei nur eine romantische Reminiszenz an diese Zeit. Der Staatsrechtler Gerhard Leibholz hat vor gut sechzig Jahren diese Lehre vom Parteienstaat entwickelt. Ihr Dogma lautet: Die Partei ist alles, der Abgeordnete nichts. Die Parteien seien gleichsam das Volk, die Abgeordneten nur Parteibeauftragte, argumentierte Leibholz. Und durch die jeweilige Mehrheit würde der Parteiwille zum Staatswillen. Dieses Parteienstaatsmodell versucht jedoch, eine Fehlentwicklung zum Ideal zu erheben. Es versucht, das Gewissen des Abgeordneten zu marginalisieren oder gar abzuschaffen. Das Leibholz'sche Parteienstaatsmodell macht das Parlament zur Fassade, hinter der Statisten agieren. Das ist verfassungswidrig. Wer das nicht will, der muss die Gewissensfreiheit der Abgeordneten akzeptieren, ja er muss sie begrüßen. Sie ist die Medizin gegen parteienstaatliche Exzesse. Medizin schmeckt bisweilen bitter.

Franz Müntefering, damals SPD-Fraktionschef, erklärte seinerzeit kategorisch, bei den Hartz-IV-Reformen gehe es nicht um eine Gewissensentscheidung, sondern nur um einen Ausgleich zwischen verschiedenen Interessen. Bei Themen wie

Abtreibung oder Klonen, wo ethische oder religiöse Grund-
überzeugungen eine wichtige Rolle spielten – da handle es sich
gewiss um eine Gewissensentscheidung. Da gehe es schließlich
um existenzielle Fragen. Aber ist soziale Sicherheit nicht genauso existenziell? Und wie steht es bei Entscheidungen über
Krieg und Frieden? Als 2001 im Bundestag 19 SPD-Abgeordnete unter Berufung auf ihr Gewissen gegen die Beteiligung
der Bundeswehr am Natoeinsatz in Mazedonien stimmten,
schurigelte sie der Fraktionschef; er drohte ihnen sogar an, sie
künftig nicht mehr für den Bundestag aufzustellen. Ihm wurde daraufhin von der öffentlichen Meinung Missachtung des
Grundgesetzes, Geringschätzung des freien Mandats und Verachtung der Gewissensfreiheit vorgeworfen. Aber auch die
Anklägerin, die öffentliche Meinung, muss sich widersprüchliches Verhalten vorwerfen lassen: Sie ist nämlich selbst schnell
geneigt, eine Fraktion, die sich nicht auf eine Linie einschwören
lässt, als Hühnerhaufen zu bezeichnen. Das provoziert gera-
dezu, dass Partei- und Fraktionsvorsitzende disziplinieren und
schurigeln. Und wenn es dann passiert, werfen die Kommen-
tatoren dies wiederum den Parteien vor.

Die Bibel kennt wenig Gewissen

Für das Gewissen des Abgeordneten gibt es kein Feststel-
lungs- und Kontrollverfahren, wie es dies lange Zeit für das
Gewissen des Kriegsdienstverweigerers gab. Das Gewissen
von Abgeordneten sei nicht überprüfbar, heißt es dazu in den
juristischen Kommentarwerken zum Grundgesetz. Ansonsten machen diese Kommentare um das Gewissen des Abgeordneten eher einen Bogen. Man hält das Gewissen, nicht
ganz zu Unrecht, für einen Begriff aus einer anderen Sphäre –
aus dem Bereich der Ethik, der Religion, der Bibel. Aber in der
Bibel kommt das Gewissen erstaunlicherweise kaum vor; im
Alten Testament überhaupt nur an einer Stelle, im Neuen Tes-

tament ebenfalls nur selten. Das Gewissen ist dort kein großes Thema – vielleicht, weil die Perspektive dort ja nicht so
sehr die Innenbespiegelung des Menschen ist, sondern eine
äußerliche, die den Menschen an seiner Tat und daran misst,
ob diese dem Nächsten wohltut oder schadet. Es kommt nicht
darauf an, dass man selbst ein gutes Gewissen behält, sondern darauf, dass es dem anderen gut geht.

Der innerste Kern der persönlichen Überzeugung

Ein narzisstischer Partei- oder Fraktionschef wird das auf
sich beziehen und sagen: Mir geht es nur gut, wenn ein Abgeordneter nicht ausschert. Aber: Er hat nicht die Hoheit, darüber zu entscheiden, wann eine Entscheidung eine Gewissensentscheidung ist. Gewissen ist nichts Generalisierbares,
sondern etwas höchst Individuelles. Es ist der innerste Kern
der persönlichen Überzeugung – und wo der jeweils berührt
ist, das kann nur jeder für sich entscheiden. Das macht die
Beschreibung so schwierig. Das Bundesverfassungsgericht
hat es versucht: Eine Gewissensentscheidung sei »jede ernste sittliche Entscheidung, die der Einzelne als für sich bindend
erfährt, so dass er gegen sie nicht ohne ernste Gewissensnot
handeln könnte«.

Hier stehe ich! Ich kann nicht anders

Diese Gewissensnot verlangt nicht, dass das Pathos mit allen
Glocken läutet. Ein Abgeordneter muss nicht so auftreten, wie
man es Martin Luther auf dem Reichstag zu Worms im Jahr
1521 nachsagt: »Hier stehe ich! Ich kann nicht anders, Gott
helfe mir! Amen!« Diese berühmten Worte, die nicht ganz so
markig gesprochen waren, sind mittlerweile gar auf Luther-
Socken zu lesen. Solche Plakativität wäre lächerlich, träte sie
alle paar Wochen oder Monate ans Pult des Bundestags.

Das Gewissen ist zwar keine Seife, nutzt sich aber auch schnell ab. Wer ständig damit hantiert, der ist unfähig zum Verhandeln, zum Kompromiss, zur Politik. Wer andererseits nie Probleme mit dem Gewissen hat, ist womöglich gewissenlos. Für einen solchen Politiker gilt der Satz des Schriftstellers Stanislaw Jerzy Lem aus den »Unfrisierten Gedanken«: »Sein Gewissen ist rein; er benutzt es nie.« Wer eine Gewissensentscheidung trifft, muss auch gewissenhaft mit denen umgehen, denen er damit einiges zumutet. Er müsse also auch versuchen, den Schaden für die Freunde zu begrenzen, so sagte es der alte Sozialdemokrat Erhard Eppler. Der hessischen SPD-Landtagsabgeordneten Dagmar Metzger hat er vorgeworfen, genau das nicht getan zu haben. Metzger hatte sich auf ihr Gewissen berufen, als sie in Hessen im Jahr 2008 den Machtwechsel hin zu einer von den Linken geduldeten rotgrünen Minderheitsregierung verhinderte.

Wenn man zur Unperson wird

Das Gewissen ist auch kein Busch, hinter dem man sich verstecken kann, weil man des Argumentierens müde ist. Gustav Heinemann, Gründungsmitglied der CDU, hat bei seinem Rücktritt als Bundesinnenminister im Kabinett Konrad Adenauer im Jahr 1950 seine Gewissensplagen beschrieben: Er könne als Pazifist nicht in einer Regierung bleiben, deren Kanzler, ohne mit dem Kabinett geredet zu haben, kurz nach dem Ende des Weltkriegs den Allliierten deutsche Soldaten anbiete. Für Heinemann ging es um die Lehren aus dem Krieg. Solche Gewissensentscheidungen tun weh. Wer nach seinem Gewissen entscheidet, riskiert etwas: Heinemann verlor sein Ministeramt, er wurde für Jahre zur politischen Unperson. Er verlor auch seinen Vorstandsposten bei der Firma Rheinstahl, obwohl ihm der Aufsichtsrat zugesagt hatte, nach seiner Zeit als Minister dorthin zurückkehren zu können. Dass er eines

Tages, als Mitglied der SPD, Bundespräsident werden würde, das stand bei seinem Rücktritt in den Sternen.

Herz, Verstand und Gewissen

Man muss sich bei Gewissensentscheidungen nicht immer ausdrücklich auf das Gewissen berufen. Manchmal sitzt die Unruhe auch woanders. Im April 1999 ging es im Bundestag um den Natoeinsatz deutscher Soldaten in Serbien. Natobomber hatten vorher versehentlich nicht den Feind, sondern Flüchtlinge aus Kosovo beschossen. Karl Lamers, außenpolitischer Sprecher der CDU/CSU im Bundestag, hat damals – er stimmte dem Militäreinsatz grundsätzlich zu – in beeindruckender Rede gesagt, »unser Gewissen« könnte angesichts der moralischen Motive ruhig sein; das sage einem der Verstand. Doch er gestand, dass »unser Herz nicht darauf hören will«. Vom Herzen steht zwar nichts im Grundgesetz. Ein guter Abgeordneter braucht es aber auch. Er braucht Herz, Verstand und Gewissen.

Erschienen in der Süddeutschen Zeitung vom 7. September 2013

Whistleblower praktizieren Widerstand im Alltag:
Dieser Widerstand besteht im Mut zu offener Kritik, in der
Demaskierung von Übelständen. In den Zeitungen werden
die Whistleblower als die Helden des Alltags gefeiert.
In Firmen oder Behörden, in denen sie beschäftigt
sind, gelten sie als Denunzianten. Und wenn echte oder
vermeintliche Staatsgeheimnisse verraten werden, gelten
die Whistleblower als Verbrecher. Ohne Loyalität kann
eine Gesellschaft nicht leben. Aber ohne die Zivilcourage
dessen, der Missstände aufdeckt, auch nicht.

Hoffen auf Widerstand

Die schwachen starken Whistleblower. Wenn Verrat nicht mehr Verrat ist, sondern zum Verdienst wird.

D arf ein Rechtsstaat Verbrechen begehen? Natürlich darf er das nicht. Ein Rechtsstaat darf nicht gegen Verfassung, Recht und Gesetz verstoßen. Und wenn er es trotzdem tut? Darf der Staat dann denjenigen bestrafen, der das aufdeckt und öffentlich macht? Muss man, zumindest dann, wenn man Staatsbediensteter ist, den Mund halten, wenn man von schweren Missständen erfährt? Und wann darf man wie den Mund aufmachen und wem gegenüber?

Welchen Schutz verdienen illegale Geheimnisse?

Das sind die rechtlichen Fragen, um die es im Fall Snowden geht: Gibt es ein Recht, rechtswidrige Zustände öffentlich zu machen? Edward Snowden hat aufgedeckt, dass amerikanische und britische Geheimdienste die halbe Welt abhören, dass sie dazu auch ihre Botschaftsgebäude nutzen, dass sie für Spionagezwecke die internationalen Kommunikationsverbindungen unter ihre Kontrolle gebracht haben – dies alles unter Verstoß gegen internationales Recht, Pakte und Vereinbarungen. Weil Snowden das öffentlich gemacht hat, wird er von der Staatsgewalt gejagt. Drei Delikte werden ihm vorgeworfen: Diebstahl von Regierungseigentum; widerrechtliche Weitergabe militärischer Informationen; Weitergabe nachrichtendienstlicher Informationen an Unbefugte. Er hätte unbedingt schweigen müssen, sagen die Behörden. Allenfalls hätte er sich an den Kongress wenden dürfen. Er habe Staatsgeheimnisse verraten. Sind illegale Geheimnisse wirklich Staatsgeheimnisse, die Strafrechtsschutz verdienen und denjenigen zum Straftäter machen, der sie aufdeckt? Ist der Verbrecher der, der ein Verbrechen anzeigt – und nicht der, der sie verübt?

Snowden – ein Nothelfer?

So sähen es Regierungen und Sicherheitsbehörden oft gern – und so wird das Strafrecht gern ausgelegt. Recht ist das nicht. In Deutschland ist es anders geschrieben: Tatsachen, die gegen die Grundordnung verstoßen, sind keine Staatsgeheimnisse; so steht es im Paragraf 93 Absatz 2 Strafgesetzbuch; aber nachfolgend wird dort diese Klarheit wieder aufgeweicht.

Der Staat darf nicht alles, was er tut, mit der Firewall des Strafrechts umgeben. Dann werden auch illegale Geheimnisse zu geschützten Geheimnissen; Staatsschutz nennt man das. Aber auch im US-Strafrecht gibt es den Rechtfertigungsgrund der Notwehrhilfe, also der Verteidigung anderer (defense of others). Ist Snowden ein Nothelfer? War Aufdeckung gerechtfertigt oder zumindest entschuldigt? Das US-Militärgericht hat das nicht geprüft, als es den früheren Soldaten Bradley Manning, der jetzt Chelsea Manning heißt, zu 35 Jahren Gefängnis verurteilt hat. Manning hatte Videos von der US-Kriegsführung an Wikileaks weitergegeben – unter anderem die 27 Minuten lange Szene, auf der man ein Kriegsverbrechen sieht: Die Besatzung eines Apache-Kampfhubschraubers erschießt mittels Bordwaffen zwölf Zivilpersonen auf einer Straße in Neu-Bagdad. Manning büßte für die Aufdeckung mit folterartiger

Untersuchungshaft, mit hoher Strafe und der unehrenhaften
Entlassung aus der Armee. Von der unehrenhaften Entlassung
der Todesschützen ist nichts bekannt.

Recht darf nicht Unrecht schützen

Gibt es also kein Recht, das Recht zu verteidigen, wenn es von
denen, die eigentlich dazu berufen sind, keiner tut? Hätten also auch die Informanten, die seinerzeit dem US-Journalisten
Seymour Hersh vom Massaker in My Lai berichteten, bestraft
werden müssen? Und der für die Aufdeckung mit dem Pulit-
zerpreis bedachte Hersh auch? US-Soldaten hatten in diesem
Dorf in Vietnam Frauen vergewaltigt und fast alle Einwohner
ermordet. Die öffentlichen Debatten darüber haben mit zum
Ende des Vietnamkriegs beigetragen. War das falsch? Wäre
My Lai eigentlich geschütztes Staatsgeheimnis gewesen? Es
gibt darauf eine klare Antwort: Schutzwürdig kann und darf
in einem demokratischen Verfassungsstaat nur ein Dienst-
oder ein Staatsgeheimnis sein, das mit dem geltenden Recht
im Einklang steht. Das Recht darf nicht Unrecht schützen. Der
große sozialdemokratische Jurist Adolf Arndt hat das 1963 in
der Neuen Juristischen Wochenschrift schön beschrieben.

Ein kleiner Angestellter

Damals wurde in der Bundesrepublik erstmals, natürlich
nicht unter diesem Namen, über einen Whistleblower-Fall
diskutiert. Werner Pätsch, ein kleiner Angestellter des Ver-
fassungsschutzes, hatte enthüllt, dass dieser Geheimdienst
deutsche Staatsbürger mit Hilfe der Alliierten verfassungswidrig überwachte. Pätsch war sozusagen ein deutscher Vor-
fahr von Snowden. Ausgehend von diesem Fall schrieb damals
Arndt: »In einer Demokratie gibt es an Staat nicht mehr, als
seine Verfassung zum Entstehen bringt. Deshalb ist es weder

zulässig, zwischen dem Schutz des Staates und dem Schutz der Verfassung zu unterscheiden, weil dieser Staat nur in seiner Verfassung schützbar ist; noch kann es ein rechtliches Erfordernis geben, etwas gegen das Recht zu sichern (zum Beispiel durch Geheimhaltung), was nach der verfassungsmäßigen Ordnung Unrecht ist.«

Ossietzky, Pötsch, Snowden, Manning

Die Snowden-Kritiker argumentieren so, wie 1963 im Verfahren gegen Pätsch der Bundesanwalt Walter Wagner argumentiert hat. Der scherte sich nicht darum, dass der Verfassungsschutz alliierte Vorbehaltsrechte illegal genutzt und Hunderte Bundesbürger grundrechtswidrig abgehört hatte – er sah Sachbearbeiter Pätsch als strafbaren Bösewicht, der sich, nachdem er sich beim Referatsleiter vergeblich beklagt hatte, an den Rechtsanwalt Josef Augstein, den Bruder des *Spiegel*-Herausgebers, gewandt hatte: »Wenn es gestattet wäre«, so der Bundesanwalt über den Sachbearbeiter Pätsch, »unbestraft Amtsgeheimnisse an den Mann zu bringen, dann wäre die Folge eine Zerstörung auch der Staatsordnung.«

So reden die, die Snowden, Manning und Pätsch als Kriminelle betrachten. So hatten schon die Reichsrichter geredet, die 1931 den späteren Friedensnobelpreisträger Carl von Ossietzky hinter Gitter brachten. Pätschs Richter haben 1963 anders geredet; sie sprachen ihn vom Landesverrat frei und verurteilten nur wegen »Verletzung der Amtsverschwiegenheit« zu vier Monaten mit Bewährung; in schwerwiegenden Fällen sei, so hieß es in diesem Urteil, die unmittelbare öffentliche Publikation zu akzeptieren. Leider ist diese Rechtsprechung nie mehr präzisiert worden.

Ossietzky, Herausgeber der Weltbühne, hatte dort 1929 einen Aufsatz mit dem Titel »Windiges aus der Luftfahrt« veröffentlicht, in dem über die illegale »Schwarze Reichswehr« und deren heimlichen Aufbau berichtet wurde. Dieser Publikation wegen wurde Ossietzky ebenso wie Walter Kreiser, der Autor des Aufsatzes, zu eineinhalb Jahren Gefängnis verurteilt. Begründung: Der einzelne Staatsbürger sei nicht berechtigt, gesetzwidrige Zustände öffentlich zu machen, von denen er wisse, dass diese im Interesse des Wohls seines Vaterlands geheim zu halten seien. Das Urteil verursachte internationale Empörung, zumal in der US-Presse. Die Empörung trug dazu bei, dass Ossietzky der Friedensnobelpreis für 1935 verliehen wurde.

Die Wahrheit der Ketzer

Als Ossietzky am 10. Mai 1932, in den letzten Monaten der Weimarer Republik, in Berlin-Tegel seine Haft wegen Landesverrat antreten musste, verabschiedeten ihn in einem nahegelegenen Wäldchen seine Freunde, darunter Arnold Zweig, Erich Mühsam, Alfred Polgar, Lion Feuchtwanger, Hermann Kesten und Roda Roda. Ernst Toller hielt eine kurze bittere Ansprache, in der er sich auf ein »nun wieder aktuell gewordenes Wort« des Dichters Christoph Wieland bezog. Es lautet so: »Wer sich erkühnen wird, Wahrheiten zu sagen, an deren Verheimlichung den Unterdrückern gelegen ist, wird Ketzer und Aufrührer heißen und als Verbrecher bestraft werden.« Die Vorhersage stammt aus dem Jahr 1812. Sie stimmt immer noch. Im demokratischen Rechtsstaat sollte es anders sein.

Am Rollstuhl festgebunden

Heute bezeichnet man diese Leute auch in Deutschland englisch: Whistleblower. Das schlechteste an einem solchen Whistleblower ist der Name. Die Leute, die man so bezeichnet, sind keine Pfeifen, sondern verantwortungsbewusste Leute. Sie rennen nicht mit einer Tröte, einer Vuvuzela oder sonst einem Blasinstrument durch die Gegend, um aus Jux und Tollerei Krach zu machen. Sie machen nicht leeren Lärm, sondern melden Missstände; oft solche an ihrem Arbeitsplatz – sei das der Staat, eine Fabrik oder ein Altenheim. Die Whistleblower wollen sich nicht damit abfinden, dass in ihrem Krankenhaus der kleine Personalschlüssel wichtiger ist als die Menschenwürde; oder dass in ihrem Altenheim die Arbeit nur dann zu schaffen ist, wenn man die Alten am Rollstuhl festbindet. Oft genug erleiden die Whistleblower Nachteile. Sie werden zwar in der Zeitung für ihren Mut gelobt, manchmal erhalten sie auch einen Preis für Zivilcourage; von ihrem Arbeitgeber werden sie aber gekündigt.

Gewissen an der Stechuhr abgeben?

Die deutschen Arbeitsgerichte haben diesen Preis meistens bestätigt – »Verletzung der Loyalität« gegenüber dem Arbeitgeber war die Begründung. Die Frage freilich lautet: Muss sich ein Arbeitnehmer Illoyalität gegenüber dem Arbeitgeber vorhalten lassen, wenn der Arbeitgeber illoyal gegenüber dem Gemeinwohl ist? Im Jahr 2011 trat daher der Europäische Gerichtshof für Menschenrechte in Straßburg einer von ihrem Arbeitgeber gekündigten Whistleblowerin als Streithelfer zur Seite. Die Altenpflegerin hatte nicht ins Blaue hinein eine Anzeige erstattet, sondern x-mal vergeblich bei ihrem Arbeitgeber Missstände moniert. Der Straßburger Spruch besagt: Ein Angestellter muss sein Gewissen nicht an der Stechuhr abgeben.

Wer Whistleblowern übel will, spricht von Wichtigtuerei oder von Denunziantentum. Indes: Ist die Krankenschwester eine Wichtigtuerin, weil sie unhygienische Zustände im OP nicht dulden will? Und war die Berliner Altenpflegerin, die sich in ihrer Not an den Europäischen Gerichtshof für Menschenrechte gewandt hatte, eine Denunziantin, weil sie die organisierte Entwürdigung der Alten in ihrem Heim nicht mehr aushielt? Muss die Altenpflegerin selber kündigen, wenn das so ist? Oder darf sie versuchen, für bessere Zustände zu sorgen – wenn es gar nicht anders geht, per Strafanzeige? Ist es eine Sauerei, wenn die Angestellte publik macht, dass in ihrem Heim alte Menschen aus Zeitnot am Rollstuhl festgebunden werden? Die Sauerei besteht doch vielmehr darin, dass das geschieht – und die Heimverwaltung trotz aller Hilferufe nicht reagiert! Gewiss: Es ist sehr heftig (und auch wenig diplomatisch), wenn eine Angestellte – wie die genannte Berliner Altenpflegerin – ihren Arbeitgeber wegen »Betruges« an alten Menschen anzeigt. Es kann dies aber auch ein Akt der Nothilfe sein, der Wahrnehmung berechtigter Interessen. So war es in dem in Straßburg entschiedenen Fall der Berliner Altenpflegerin. Es war dies kein Fall von Gschaftlhuberei, sondern von couragierter Kümmerei. Die deutschen Gerichte hatten das nicht sehen wollen, so dass der Gerichtshof in Straßburg helfend einspringen musste. Dieser Europäische Gerichtshof für Menschenrechte in Straßburg entwickelt sich zum Gebrechlichkeitspfleger für die nationale Justiz, zu einer Instanz, die deutschen Instanzen auf die Sprünge hilft.

Das Gammelfleisch-Mobbing

Die Straßburger Entscheidung hätte Anlass sein können, ein »Gesetz zum Schutz öffentlicher Interessen durch Förderung und Schutz von Hinweisgebern« (wie die SPD ihren einschlägigen Gesetzentwurf nannte) voranzutreiben. Da tut sich wenig, da tut sich nichts. Man könnte so ein Gesetz in Deutschland»Margit-Herbst-Gesetz« nennen. Margit Herbst war eine Tierärztin für Fleischhygiene, die nicht einfach zuschauen wollte, wie in ihrem Betrieb Tierkörper trotz BSE-Verdachts zur Weiterverarbeitung freigegeben wurden. Sie ging 1994 an die Öffentlichkeit – und wurde deswegen von ihrem Arbeitgeber verklagt und entlassen. Erst nach Jahren und vielen Gerichtsinstanzen bekam sie Recht. Man könnte das neue Gesetz auch »Brigitte-Heinisch-Gesetz« nennen. So heißt die schon genannte Altenpflegerin, die im Jahr 2003 x-mal vergeblich bei ihrem Arbeitgeber gravierende Missstände im Altenheim moniert und, als gleichwohl nichts passierte, Strafanzeige erstattet hat – und deswegen gekündigt wurde. Man könnte das neue Gesetz auch »Miroslaw-Strecker-Gesetz« nennen. Der Lkw-Fahrer Strecker informierte 2007 die Behörden, als er wieder einmal verdorbene Schlachtabfälle zur Lebensmittelfabrik fahren sollte. Er verhinderte so, dass 11,5 Tonnen Gammelfleisch in den Handel gelangten. Strecker wurde von seinem Arbeitgeber gemobbt und schließlich gekündigt. Dass ihm der Bundesverbraucherminister eine »Goldene Plakette« verlieh, war da nur ein billiger Trost.

Gemeinheit und Gemeinwohl

Diese Fälle – und es gibt noch viele mehr davon – finden sich in der Begründung zu dem genannten Entwurf zu einem »Gesetz zum Schutz von Hinweisgebern«, das die bayerische SPD-Bundestagsabgeordnete Anette Kramme mit Datum vom 7. Februar 2012 ausgearbeitet hat (Drucksache 17/8567). Er fand keinen großen Widerhall. So ein Gesetz könnte dafür sorgen, dass Hinweisgebern künftig nicht mehr so übel mitgespielt wird, wie dies Margit Herbst, Brigitte Heinisch und Miroslaw Strecker widerfahren ist. Der genannte Gesetzentwurf definiert, was ein guter Whistleblower ist: »Beschäftigte, die auf einen Missstand aufmerksam machen, der tatsächlich besteht oder dessen Bestehen die Hinweisgeberin oder der Hinweisgeber, ohne leichtfertig zu sein, annimmt.« Für diese Whistleblower soll künftig ein Benachteiligungsverbot gelten. Wenn der Arbeitgeber dagegen verstößt, wird das als Ordnungswidrigkeit gewertet und mit bis zu 50 000 Euro geahndet. Kündigungen »auf Grund rechtmäßiger Hinweise« –

siehe die genannte Definition – sind ausdrücklich verboten. Der Gesetzentwurf stellt es dem Whistleblower frei, ob er sich an den Arbeitgeber, an eine im Betrieb eingerichtete Stelle, den Betriebsrat, eine Behörde, die Polizei oder die Staatsanwaltschaft wendet. Eine bestimmte Meldereihenfolge muss nicht eingehalten werden. An die Öffentlichkeit darf er sich nur wenden, wenn »die zuständige Behörde« nicht angemessen reagiert hat oder wenn Gesundheits- oder Umweltgefahren drohen. Wer seinen Arbeitgeber vorsätzlich oder grob fahrlässig mit falschen Hinweisen schädigt, muss Schadenersatz zahlen. Und wenn es einen »begründeten Anfangsverdacht« dafür gibt, dass einer »böswillig« falsche Dinge meldet, darf natürlich der gesetzliche Schutz nicht gelten. Aber das versteht sich eigentlich von selbst. Geschützt werden soll ja das Gemeinwohl, nicht die Gemeinheit.

Wer pfeift, sündigt nicht

Im angloamerikanischen Rechtskreis wird der Aufdeckungsmut von Betriebsangehörigen schon seit längerem als Whistleblowing geschützt und honoriert: Wer pfeift, muss davor geschützt werden, dass er deswegen angerempelt wird. Das gilt allerdings, siehe Snowden, siehe Manning, nicht im Staatsbetrieb. Der Staat, der einerseits die Whistleblowerei in der Welt der Wirtschaft fördert, kennt andererseits keinen Pardon, wenn der Whistleblower einmal gegen ihn pfeift. Aber ansonsten genießen die Hinweisgeber im US-Recht tatsächlich sehr umfangreichen Schutz vor Benachteiligung und sie erhalten neuerdings sogar eine Belohnung – einen Teil derjenigen Summe nämlich, die das Unternehmen für eine Rechtsverletzung zu zahlen hat. Dergleichen gibt es in Deutschland noch nicht. Nur zögerlich akzeptiert die deutsche Rechtsprechung, dass es ein berechtigtes öffentliches Interesse an der Aufdeckung von rechtswidrigem Verhalten gibt.

Es gibt aber auch – und das ist die andere Seite der Geschichte – das berechtigte Interesse eines Unternehmens und seiner Mitarbeiter, nicht zu Unrecht von einem rachsüchtigen, vorsätzlich falschen oder fahrlässigen Whistleblower angeschwärzt zu werden. Semper aliquid haeret, heißt der klassische lateinische Spruch, und dieser Spruch gilt bei der Whistleblowerei in besonderer Weise: Es bleibt immer etwas hängen; und das, was zu Unrecht hängenbleibt, kann ein Unternehmen in den Ruin treiben. Es ist also nicht unproblematisch, wenn ein Gesetzentwurf zur Whistleblowerei anonyme Hinweise billigt. Deutsche Unternehmen, die mittlerweile aufgrund des US-Rechts über ein internes Hinweisgebersystem verfügen, machen die Erfahrung, dass sich in jedem zweiten Fall der Verdacht nicht bestätigt. Das heißt: Mitarbeiter wurden zu Unrecht beschuldigt. Deren Interessen, vor Falschanzeige bewahrt zu werden, sind aber ebenso schützenswert wie die der Whistleblower. Ein Whistleblower-Gesetz muss also nicht nur die berechtigen Interessen der Whistleblower, sondern auch die berechtigten Interessen derjenigen wahren, gegen die falsch gepfiffen wird.

Im Maul des Löwen

Ein kleiner Blick in die Geschichte: Im Dogenpalast von Venedig kann man noch heute ein steinernes Löwenmaul besichtigen, die bocca di leone : Das ist ein Briefkasten, der in den Zeiten der Adelsrepublik Venedig zur Denunziation aufforderte. Diese Beschwerdebriefkästen gab es damals zu Dutzenden. Man schrieb auf einen Zettel den Namen eines angeblichen Straftäters mitsamt dem Vorwurf – ob Steuerhinterziehung oder Mord – und steckte die Anzeige ins Löwenmaul. Der absolute Staat war für solche Meldungen dankbar, sie dienten seinem Überwachungssystem vortrefflich. Wer abgefeimt genug war, konnte auf diese Weise seine Feinde erledigen.

Auf solchen Erfahrungen ist wohl der Spruch über den Denunzianten gewachsen: »Der größte Lump im ganzen Land,
das ist und bleibt der Denunziant.« Der Satz wird Hoffmann
von Fallersleben zugeschrieben, dem Dichter der deutschen
Nationalhymne. Er hat seine Abscheu gegen das monarchische Spitzelwesen in diesen Satz hineingepackt, ein Spitzelwesen, mit dessen Hilfe damals Nationalliberale wie er und
auch die ersten deutschen Demokraten verfolgt wurden.
»Der größte Lump im ganzen Land ...«: Auf diesen Satz greifen heute noch all diejenigen gern zurück, die von einem gesetzlichen Schutz für Hinweisgeber nichts halten. Und die
Deutschen haben nach zwei Diktaturen, nach Gestapo und
Stasi, genug von einem System, das sich des Verrats und des
Denunziantentums bedient. Wahrscheinlich spukt die berechtigte alte Abscheu vor diesem Denunziantentum immer
noch durch den Hinterkopf der deutschen Richter, und zwar
auch dann, wenn es nicht um gemeine Denunzianten, sondern um mutige Hinweisgeber, um Whistleblower, geht.

Whistleblower auf dem Scheiterhaufen

Den alten Hoffmann von Fallersleben könnte man heute
durchaus als Whistleblower bezeichnen. Warum? Basierend
auf seiner nationalliberalen Gesinnung hatte er 1840/41 in
seinen Gedichten, die er ironisch als »Unpolitische Lieder«
betitelte, heftige Kritik an den herrschenden Zuständen ge-
übt. Deswegen verlor er 1842 seine Professur an der Universität Breslau – er wurde also gekündigt, genauso, wie es den
Whistleblowern von heute so oft ergeht. Auch Martin Luther war, wenn man den Begriff weit fassen mag, ein früher
Whistleblower. Er hat die Missstände in seiner Kirche ange-
prangert, wurde deswegen heftig gemobbt, war aber trotzdem erfolgreich. Von Luthers Vorgänger, dem Kirchenrefor-
mer Jan Hus, kann man das so nicht sagen. Er wurde 1415 auf

dem Konzil von Konstanz verbrannt. »Ketzer« nannte man ihn, und »Verräter«. Bei Dante stecken solche Verräter in der Hölle, und zwar dort, wo sie am tiefsten ist.

Wie man Zivilcourage kaputt macht

Verrat? Es gibt einen Verrat, der keiner ist: Es gibt den Hinweis auf Missstände, Regelverletzungen, auf skandalöses, gemeinwohlschädliches Verhalten, der sozialem Engagement entspringt und der Mut kostet – den Mut, sich gegen die zu stellen, die Unrecht tun und dies vertuschen; den Mut, es als David mit Goliath aufzunehmen; den Mut, die Gefahr nicht zu scheuen, beim Aufdecken von Missständen als Lügner und Nestbeschmutzer gebrandmarkt zu werden. Diesen Mut gilt es zu fördern und zu schützen. Es geht um Zivilcourage, es geht darum, dass Zivilcourage nicht zu einem existentiellen Risiko wird. Die echten Whistleblower sind keine Verräter, sie leiden aber oft am schlechten Ruf, den Denunzianten haben. Es sind Leute, die in den Zeitungen oft als die Heldinnen und Helden des Alltags gefeiert werden: Krankenschwestern, die intolerable Zustände im OP aufdecken, Lkw-Fahrer, die darüber berichten, dass sie Gammelfleisch in die Gaststätten transportieren müssen. Solche Skandale aufzudecken ist verdienstvoll – aber wenn der Hinweisgeber dann womöglich seinen Verdienst verliert, wenn er gekündigt wird oder sonstige existenzielle Nachteile erleidet, ist das bitter. Wenn ein Whistleblower-Gesetz solche Nachteile zu vermeiden oder wenigstens zu minimieren hilft, dann ist es ein gutes Gesetz. Zu einem guten Schutz gehört auch eine Beweislastumkehr: Nicht der Hinweisgeber muss beweisen, dass er wegen seiner Aufdeckung von Missständen im Betrieb gekündigt worden ist, sondern der Arbeitgeber muss beweisen, dass er nicht deswegen gekündigt hat.

Im Übrigen sind nicht nur die Schutzvorschriften für Hinweisgeber wichtig; es müssen auch Sanktionsdrohungen gegen diejenigen Chefs ausgesprochen werden, die Whistleblower vor versammelter Mannschaft herunterputzen. Arbeitsgerichte bewerten dies als entschuldbaren Ausrutscher. So etwas ist aber kein Ausrutscher: das ist eine perfide Art, Zivilcourage kaputt zu machen und abschreckende Exempel zu statuieren. Wer Whistleblower auf diese Weise öffentlich attackiert und schikaniert, zeigt nicht nur miserable Führungsqualitäten, er schadet auch seinem Betrieb. Ins Whistleblower-Gesetz gehört deshalb auch ein Satz wie folgt: Wer als Vorgesetzter Hinweisgeber benachteiligt, hat mit arbeitsrechtlichen Konsequenzen bis hin zur Kündigung zu rechnen.

Ein Geschenk für den Whistleblower

Woher der Name Whistleblower eigentlich genau kommt, ist unklar. Vielleicht vom britischen Polizisten, der mit der Trillerpfeife auf den flüchtenden Straftäter aufmerksam macht; vielleicht vom Schiedsrichter, der bei einem Regelverstoß das Spiel unterbricht. Das ist eine ordentliche gute Beschreibung auch für den Whistleblower: Er ist einer, der Missstände, nicht tolerierbare Gefahren und kriminelle Heimlichkeiten abpfeift. Vielleicht ist das sperrige Wort, vielleicht ist dieser Anglizismus ein Grund dafür, warum der Whistleblower im deutschen Recht nicht so recht heimisch wird: Man sollte also dem Whistleblower ein Geschenk machen und einen anderen Namen für ihn erfinden. »Hinweisgeber« ist schon einmal nicht schlecht. Hätte es mutige Hinweisgeber und Verantwortliche gegeben, die auf diese Hinweise gehört hätten – so hätten es die Medizinskandale von Contergan bis hin zu den giftigen Brustimplantaten womöglich nicht gegeben, so hätten das ICE-Unglück in Eschede und der Einsturz der Eishalle in Bad-Reichenhall womöglich vermieden werden können. Es wäre weise, es in Zukunft den Leuten, die solche Hinweise geben können, nicht allzu schwer zu machen.

Widerstand gegen die eigene Angst

Es geht dabei nicht nur um ein neues Gesetz. Es geht auch um den Abschied von einer alten deutschen Denkungsart, die mit »Dienst ist Dienst und Schnaps ist Schnaps« beschrieben wurde und die »Ruhe als erste Bürgerpflicht« postulierte. Dieser Denkungsart war und ist jede Art von Widerstand suspekt. Hinweisgeber sind nun aber nichts anderes als kleine Widerständler. Hinweisgeber, nennen wir sie noch einmal Whistleblower, praktizieren Widerstand im Alltag: Dieser Widerstand besteht im Mut zu offener Kritik, in der Demaskierung von Übelständen, im Widerspruch auch und gerade dann, wenn man sich damit Sympathien verscherzt. Manchmal ist Widerstand auch der Widerstand gegen die eigene Angst, gegen die eigene Bequemlichkeit, gegen das eigene Angepasstsein. In vielen Situationen spürt man: da müsste man doch ...! Aber man lässt es geschehen, schaut weg, verhärtet sich. Der kleine Widerstand in dieser Situation ist praktizierte demokratische Verantwortung. Demokratie heißt nämlich: Zukunft miteinander gestalten. Und diese Gestaltungsaufgabe hört nicht auf vor den Türen von Fabriken, Büros und sonstigen Betriebsstätten.

Der Whistleblower ist ein vorbildlicher Demokrat – weil für ihn Verantwortung kein bloßes Sprüchlein ist. Er sieht Verantwortung nicht nur bei den anderen, sondern bei sich selbst.

Auf der Basis eines Sendemanuskripts für den NDR/Glaubens-
sachen vom Juli 2011; des Weiteren: Süddeutsche Zeitung vom
4. August 2014

HERIBERT PRANTL

Jahrgang 1953, Mitglied der Chefredaktion der Süddeutschen Zeitung, Leiter der innenpolitischen Redaktion, Honorarprofessor an der juristischen Fakultät der Universität Bielefeld, Ehrendoktor der evangelisch-theologischen Fakultät der Universität Erlangen-Nürnberg, politischer Publizist, gelernter Richter und Staatsanwalt.

Zuletzt erschienen:
»Wir sind viele«, »Der Zorn Gottes« (2011),
»Die Welt als Leitartikel« (2012),
»Alt. Amen. Anfang.« (2013),
»Glanz und Elend der Grundrechte« (2014),
»Im Namen der Menschlichkeit: Rettet die Flüchtlinge« (2015),
»Kindheit. Erste Heimat« (2015),
»Trotz alledem: Europa muss man einfach lieben« (2016),
»Was ein Einzelner vermag« (2016),
»Gebrauchsanweisung für Populisten« (2017).

HERIBERT PRANTL

WAS EIN EINZELNER VERMAG

POLITISCHE ZEITGESCHICHTEN

Süddeutsche Zeitung Edition

Was ein Einzelner vermag
Politische Zeitgeschichten
ISBN: 978-3-86497-352-9 | 416 Seiten
24,90 €

Der Zorn Gottes – Denkanstöße zu den Feiertagen
ISBN: 978-3-86615-888-7 | 168 Seiten
14,90 €

Der Zorn Gottes zu den Feiertagen
Hörbuch (inklusive 12 Seiten Booklet)
ISBN: 978-3-86497-130-3 | Spielzeit: 70 Minuten
9,90 €

Alt. Amen. Anfang. –
Neue Denkanstöße
ISBN: 978-3-86497-167-9 | 184 Seiten
14,90 €

Kindheit. Erste Heimat –
Gedanken, die die Angst vertreiben
ISBN: 978-3-86497-302-4 | 176 Seiten
14,90 €

Die besten Seiten der **Streitkultur**

Wir sind viele
ISBN: 978-3-86615-999-0
48 Seiten
4,90 €

Der Zorn gegen den Finanzkapitalis-
mus, der die Menschen gepackt hat,
ist mehr als Wut. Zornige Menschen
wollen nicht akzeptieren, dass es angeblich keine Alternative gibt. Sie
stellen zornige Fragen – und damit
beginnt Veränderung.